AUTHORITY TO TREAD

AUTHORITY TO TREAD

전투기도

하나님 나라를 위해 하나님 권위로 생명까지 담보로 한 전투기도

레베카 그린우드 지음 | 홍성철 옮김

AUTHORITY TO TREAD

REBECCA GREENWOOD

Authority to Tread
Copyright © 2005 by Rebecca Greenwood
Originally published in English under the title
Authority to Tread by Chosen Books,
A division of Baker Publishing Group
Grand Rapids, Michigan, 49516, U.S.A. All Rights reserved.
Korean Translation Copyright ©2006 by Grace Publishing Company,Seoul, Korea.

이 책의 한국어판 저작권은 Baker Publishing Group과의 독점판권 계약에 의해
은혜출판사에 있습니다. 신 저작권법에 의하여 한국 내에서 보호를 받는 저작물이므로
무단 전재와 무단 복제를 금합니다.

추 천 서

피터 와그너(C. Peter Wagner)

"전략적 영적 전쟁에 관한 중보기도 안내서"

주께서는 새로운 지식으로 우리를 인도하신다. 그는 그리스도인들이 더 깊은 영적 지식을 가지고 사탄의 무리와 대항하여 싸우기를 바란다. 이 책은 영적 전쟁을 위한 실제적인 안내서이다. 당신은 우리의 삶의 생활방식에 영향을 주는 사회 조직과 우리가 걷고 있는 땅 위의 영적 분위기 가운데 도사리고 있는 대적의 계략을 완전히 폭로할 수 있다. 레베카는 어떤 지역에서 어떻게 크리스천이 대적들이 완전히 뿌리를 내린 사탄의 계략들을 폭로할 수 있는지 알려준다.

척 피어스 박사(Chuck D. Pierce) — 국제 시온의 영광 사역 총재(Glory of Zion International), 지구촌 추수 사역 부 총재(vice president, Global Harvest Ministries)

나는 1997년 네팔 기도 여행에 레베카와 동행했다. 그녀는 영적 전쟁의 모든 영역을 착실하게 실천해 온 사람이다. 나는 그녀가 영적 전쟁을 위한 해박한 지식을 가지고 그것을 가르치는 역할을 하게 된 것을 기쁘게 생각한다. 나는 레베카를 오랫동안 알아왔다. 그녀는 모든 영적 전쟁을 효과적인 수행을 실천해 온 중보기도자이다.

도리스 와그너(Doris Wagner) — 지구촌 추수 사역 행정 부 총재(executive vice president, Global Harvest Ministries)

나는 이 책 『전투기도(Authority to Tread)』가 하나님을 위해 위대한 일을 성취하는 사람들을 위한 교과서가 될 것을 믿는다. 나는 레베카를 지도해왔기 때문에 나는 그녀가 겸손하고 가르칠만한 은사를 가지고 있으며 하나님의 마음을 가지고 싸우는 사람이라는 것을 안다. 그녀의 책은 영적 전쟁에서 실패의 교훈뿐만 아니라 승리의 기쁨을 줄 것이다. 레베카는 이 시대에 필요한 중보기도자이며 영적 전쟁에 관한 해박한 전략과 지식을 가지고 있다.

알리스 스미스(Alice Smith) — (미국기도 센터)

나는 이 책 『전투기도(Authority to Tread)』는 영적 전쟁과 영적 도해에 관한 복잡한 신학적인 지식을 위한 논문이 아니다. 이 책은 모든 기도하는 크리스천을 위한 간략하고 실제적인 중보기도 지침서이다.

에디 스미스(Eddie Smith) — (미국기도 센터 총재)

나는 레베카가 이혼할 뻔한 사람들을 기도를 통해 회복시켰다는 이야기, 사탄을 숭배하는 대중음악 가수의 음악회가 기도를 통해 무산되었다는 이야기, 도시의 성인클럽이 기도를 통해 문을 닫았다는 이야기를 흥미롭게 읽었다. 이 책을 통해 하나님의 통치를 위해 영적 전쟁을 수행하는 사람들은 놀라운 경험을 하게 할 것이다.

우리가 아는 것처럼 레베카의 책은 마태복음 12장 11절의 말씀인 세례 요한 이래로 천국은 침노하는 자의 것이라는 것을 회상시킨다. 그리고 하나님의 역동적인 통치를 널리 선전하고자 열망하는 하나님의 백성은 이 하나님의 통치를 역동적으로 나아가게 한다. 이 책은 그리스도인의 역동적인 기도와 영적 전쟁을 통해 어떤 지역의 상황과 영적 분위기를 바꿀 수 있음을 확신시키며, 신자의 권세를 활용하도록 무장시키는 놀라운 지침서이다.

요셉 톰슨(Joseph Tomson, 열방 사역의 총재)

"이 책은 크리스천들을 세계를 품고 기도하도록 도전하고, 지상 명령의 성취를 위해 함께 연합하도록 도전하는 책이다." 레베카는 역동적이며 실제로 경험하던 이야기를 이 책에서 나누고 있다. 이 책은 영적 전쟁에서 기도의 능력과 믿음을 크게 사용하는데 큰 도움을 줄 것이다.

서 문

피터 와그너(C. Peter Wagner)

세례 요한이 요단강에서 예수님에게 세례를 주었을 때, 나는 예수님이 사탄의 땅을 침략했다고 생각한다. 이것은 세계 제2차 대전의 D-Day와 같은 날이었다고 생각한다. 바로 그날부터 예수님과 그의 제자들은 하나님 나라의 복음을 선포하기 시작했다. 왕국을 정의하자면, 하나의 왕이 가지고 있는 정부 형태의 제도이다. 예수님은 사탄의 왕국을 침략하고 하나님 나라의 왕이 되셨다. 예수께서 침략하시던 왕국의 주인은 사탄이었다. 아담과 하와의 타락 이래로 땅 위에 있던 인간들은 공중의 권세 잡은 자인 사탄의 통제 가운데 있었다. 사탄은 그가 원하던 것들을 땅 위에서 무엇이든 할 수 있었다.

그러나 하나님의 아들 예수께서 이 땅에 오셨을 때, 상황은 완전히 변했다. 예수님의 시대부터 지금까지 이 영적 전쟁은 더욱더 치열해지고 있다. 하나님의 나라는 이전보다 더욱더 확장되어 왔고, 확장되고 있다(마 11:12). 그런데 사탄은 그의 때가 얼마 남아 있지 않았다는 것을 알기 때문에 하나님의 백성을 향한 그의 분노는 더욱 격렬해지고 있다. 예수님께서 이 전쟁을 시작하셨고, 그의 재림 때에는 이 영적 전투는 끝이 난다. 그러나 그는 우리와 아직 함께 계시지 않고 계시지만, 하나님의 우편 보좌에서 그의 교회를 위해 간구하고 계신다. 예수님은 하나님 나라의 복음이 이 땅 위에 있는 모든 민족들에게 전파되기를 바라며 이 사명을 그의 교회에게 위임하셨다. 교회는 스스로 사탄을 대적하기 위한 능력을 가지고 있지 못한다. 그래서 그는 하나님께로 가셨고, 그는 그를 믿는 모든 자에게 주시는 하나님의 능력을 주시기 위해 성령님을 교회에 보내셨다. 예수께서는 우리를 그냥 홀로 있게 하지 않으시고 제 3위이신 성령님을 통해 너희와 항상 함께 있겠노라고 약속하셨다.

예수께서는 그를 따르는 무리들에게 사탄과 싸워 승리할 수 있도록 그의 영적 권위를 부여하시고 이 땅을 떠나셨다. 예수께서는 제3위이신 성령님이 그들 가운데 오실 때, 영적 능력을 받을 것이라고 약속하셨다. 그리고 그는 이 땅 위에 있는 모든 족속을 그의 제자로 삼으라는 지상 명령을 주셨다. 그는 그의 권세의 이름을 사용하도록 제자들에게 가르쳤고, 그들이 왕의 권위로 대적들을 대항하도록 하늘과 땅에 속한 모든 영적 권위를 이미 부여하셨다.

그러면 예수께서 하늘과 땅에 속한 모든 권세를 그리스도인들에게 주었다는 의미는 무엇인가? 그것은 하나님의 복음으로 사탄과 그의 군대를 물리치고 하나님 나라를 확장하는 영적 전쟁을 이기는 권세를 교회에 주었다는 뜻이다. 다시 말하자면 현재 교회는 사탄의 군대와 전투 중에 있다. 그러면 교회는 어떻게 이 영적 전투를 수행해야 하는가? 이 영적 전투를 수행하기 위해 어떻게 준비하고 나아가야 하는가? 무엇이 효과적인 영적 전투를 위한 진군수단인가? 만약에 우리가 사탄을 제압할 수 있는 예수께서 부여하신 영적 권세가 있다면 어떻게 이 영적 권세를 더 받을 수 있는가? 어떻게 우리는 대적들의 전투 계획을 분별할 수 있는가? 사탄과의 영적 전쟁에서 신자가 당할 수 있는 예측할 수 있는 위험은 무엇인가? 그러면 우리 모두가 영적 전쟁을 수행하기 위해 나가야 하는가? 아니면 어떤 사람들은 남아서 무엇을 해야 하는가? 누가 이 영적 전쟁을 수행하기 위한 전사가 될 수 있는가? 어떻게 우리는 전쟁에서 이겼는지, 아니면 패배했는지를 알 수 있는가? 하나님은 이 영적 전쟁을 위해 제공한 새로운 무기들은 무엇인가? 어떻게 하나님의 교회는 이 영적 전쟁을 위한 전서를 훈련할 수 있는가?

이 책에서 레베카 그린우드(Rebecca Greenwood)는 이 여러 가지 질문에 대한 답변을 줄 것이다. 레베카는 영적 전쟁을 위해 중보기도자가 갖추어야 할 특별한 지침을 제시한다. 그녀는 성령님으로 충만하며, 하나님의 음성을 들을 수 있으며, 대적들을 향해 거룩한 분노를 터뜨릴 줄 아는 기도의 용사이다. 그리고 그녀는 이 영적 전쟁에서 무엇이 일어나고 있는지 분석하는 능력을 가지고 있으며, 다음 전략을 세우기 위해 어떻게 신속하게 움직여야 하는지를 잘 아는 기도의 사람이다. 많은 중보기도자들은 조용한 골방에서 그들의 사역을 하는 자여야 한다. 그녀 역시 조용히 골방에서 중보기도 하는 사역을 운영하고 있다. 또한, 전방 사역(Front lines)을 통해 최전선에서 대적들과 싸워 본 경험을 가지고 있다. 그녀는 에베레스트 산, 러시아, 스페인, 네팔과 같은 많은 영적 전쟁터에서 영적 전쟁을 수행해 본 경험을 가지고 있다.

나는 그녀가 이 책에서 경험한 내용을 통해 그녀는 영적 전쟁의 용사임을 자부한다. 그녀는 전략적 수준의 영적 전쟁의 풍부한 경험을 가지고 있다. 그녀는 그의 경험을 통해 우리의 영적 싸움은 아직 끝나지 않았다는 것을 확인해 줄 것이다. 우리는 1990년대에 교회가 영적 전쟁을 수행해야 한다는 사명을 갖고 많은 서적이 홍수처럼 출간되었다는 것을 잘 알고 있을 것이다. 2000년대에는 교회가 영적 전쟁을 수행하도록 횃불을 들게 될 것이다. 이 책은 교회가 횃불을 들게 하는 역할을 감당하게 할 것이다. 우리는 이 영적 전쟁에 대해 새롭게 알고 있다. 이 책은 영적 전쟁에 관한 새로운 안목을 제공해 줄 것이다. 왜냐하면 하나님은 교회에 이 영적 전쟁을 수행하도록 새로운 계시를 주는 것을 계속하실 것을 믿기 때문이다.

이제 우리의 대적은 벽의 코너에 몰려 이제는 도망칠 곳이 없다. 우리는 이 전쟁에서 계속 밀어붙여야 한다. 우리는 10~15년 동안 전략적 수준의 영적 전쟁을 수행하여 왔는데, 레베카는 이 전쟁에서 우리가 더욱 힘을 내도록 우리에게 도전한다.

이 책 『전투기도(Authority to Tread)』는 전략적 영적 전쟁을 위한 새로운 분석, 통찰력, 그리고 많은 정보를 제공해 주는 책이다. 이 책은 또한 레베카가 정사와 권세, 하늘에 속한 악한 영들과 싸워 경험한 개인적인 경험들로 우리를 흥미진진하게 만들 것이다.

여러분은 이전에 발간된 전략적 수준의 영적 전쟁에 관한 책을 읽으면 이 영적 전쟁에 관해 더 도움을 얻을 것이다. 만약 그렇게 한다면 여러분은 여러분의 삶을 향한 하나님의 새로운 도전을 경험하게 될 것이다.

콜로라도 스프링스에서

저자 서문

1991년은 내가 주님과 함께 동행한 새롭고, 은혜의 해였다. 나의 배우자 그렉(Greg)이 새로운 직장을 텍사스 휴스턴(Houston)에서 시작하였기 때문에 우리 가족은 휴스턴으로 이사하여야 했다. 우리는 주께서 영적 전쟁과 중보기도, 그리고 예언 사역의 소명으로 새롭게 우리를 인도하신다는 것을 알게 되었다.

휴스턴으로 이사하기 전에 나는 주님을 개인적으로 깊이 알기를 원한다는 강한 열정과 소망을 가지게 되었다. 나는 기도와 하나님을 예배하는 일에 많은 시간을 보냈다. 나는 주님을 가까이하였을 때, 주님은 가족, 이웃, 그리고 잃어버린 자들을 바라보는 영적인 부담감을 주셨다. 그 결과로 나는 어둠에서 방황하는 잃어버린 자들을 바라보는 영적인 부담을 가지게 되었고 주께서 나의 생애를 사용하시도록 나의 마음을 바치기로 결심하였다.

하나님은 나의 삶 가운데 신실하게 역사 하셨다. 우리는 휴스턴으로 이사하여 중보기도 사역이 활발한 지역교회에 참석하여 함께 사역하게 되었다. 나는 이전에 내가 중보기도 사역은 은사가 있다는 사실을 깨닫기 시작하였다. 나는 중보기도 사역에 대한 여러 가지 모습들을 배우면 배울수록, 나는 더욱더 중보기도 사역에 헌신하는 나의 모습을 보기를 원했다.

나는 나의 기도의 삶을 완전히 바꾸어 놓은 교회의 예배 시간의 감동을 잊지 못한다. 우리 교회 목사님이 기도에 대해 설교하는 동안, 목사님은 사탄을 향한 우리의 생각과 견해를 말하도록 온 청중에게 도전하셨다. 그 목사님은 사탄에 대한 하나님 아버지의 생각과 감정에 묘사하는 성경구절을 인용하였다:

"평강의 하나님께서 속히 사탄을 너희 발 아래에서 상하게 하시리라 (롬 16:20); 그의 원수들의 머리 곧 죄를 짓고 다니는 자의 정수리는 하나님이 쳐서 깨뜨리시리로다(시68:21); 그가 가난한 백성의 억울함을 풀어 주며 궁핍한 자의 자손을 구원하며 압박하는 자를 꺾으리로다" (시 72:4)

이 성결 구절에서 우리가 본 것처럼 하나님은 사탄이 멸망되기를 원하신다는 감정이 잘 나타나 있다. 그다음에 우리 목사님은 하나님이 사탄을 그토록 미워하신다면, 우리도 사탄을 혐오하며 미워해야 하며, 그의 사역이 이 세상에서 무너지며 깨져야 한다고 말씀하셨다. 나는 이전에 우리가 사탄의 사역을 도전하며 미워해야 한다는 사실로 이와 같이 도전을 받은 적은 없었다.

나는 미국 남부 지역에서 자랐기 때문에, 나는 사람을 존경해야 한다는 존경이란 단어는 가장 중요한 용어로 나의 삶 중에 인식되어 있었다. 따라서 누구를 미워한다는 용어 자체는 나의 삶 중에 그리 익숙한 용어가 되지 못했다. 따라서 누구를 미워한다면 나는 용서해야 한다는 분위기 속에 자라왔다. 그러나 우리 목사님이 사탄에 대한 나의 감정과 생각을 연구하도록 도전하신 후에, 나의 자란 배경 가운데 생겨난 누구를 미워하지 않고 존경하여야 한다는 신사적인 생각은 심지어 사탄에게까지도 이런 생각과 감정으로 영향력을 행사하고 있었음을 깨닫게 되었다.

나는 이전에는 내가 사탄을 미워하고 사탄의 사역이 이 세상에 파멸되기를 바란다는 감정을 차마 말할 수가 없었다. 따라서 나는 내가 사탄을 미워하지 않고 있었으며, 사탄의 사역과 일들이 이 세상에서 파멸되기를 바라지 않고 있다는 사실을 깨닫게 되었다. 그런데 이런 사탄에 대한 감정과 생각 자체는 변해야 한다고 생각했다. 그래서 나는 내가 사탄과 그의 졸개들을 미워하는 감정을 달라고 기도하고 간구했다. 이런 기도를 연습한 후부터 나의 기도 생활은 갑작스럽게 변하기 시작했다. 그 후에 나는 교회에서 중보기도 팀의 지도자들에게 기도에 관한 이론과 실습을 조언하며, 교회에서 전략적 수준의 영적 전쟁을 훈련하기를 시작했다.

나는 텍사스 전역에 활동하던 기도팀들과 함께 활동하였고, 휴스턴에서 기도의 팀을 운영하기 시작하였다. 나는 기도 여행(Prayer Journey)과 영적 전쟁을 수행하며 13개국을 방문했다. 어떤 기도 여행에는 기도의 팀에 참여했고, 어떤 기도 여행에는 리더로 참여하였다. 이것은 어떤 민족들을 위해 중보기도하며 영적 전쟁을 수행하는 특권이었다. 이것을 통해 주님께서 어떤 민족들, 도시들, 그리고 어떤 정치적 상황들, 그리고 개인들 위에 돌파구를 행하시는 것을 보는 것은 아주 놀라운 일들이었다.

하나님은 지금 어둠의 세력들의 조직들을 약탈하는 영적 군사들을 부르고 있다. 나는 지금은 우리가 홀로 하나님과 개인적으로 친밀한 교제 가운데 기도하는 사역으로부터 사탄의 사역을 파괴하고 멸망시킬 사역으로 집중할 중보기도 사역자들을 부르시고 있는 때라고 믿는다. 그래서 나는 주님이 현재 일으켜 세우시고 있는 전략적 영적 전쟁을 위한 중보기도사역의 군대에 지원할 사람들을 위해 이 책을 쓴다. 나는 이 영적 전쟁에서 효과적으로 전쟁하도록 개인적인 이야기와 안내 지침들을 수록하였다. 나는 이 책에서 발견되는 영적 전쟁을 전략과 수단을 통해 중보기도자들을 무장시키기를 바라며, 그 결과로 사탄의 견고한 진에서 놀랄만한 돌파구와 영적 변화를 기대한다.

레베카 그린우드(Rebecca Greenwood)

나의 사역의 동반자이며 사랑스런 남편 글렌에게...

나를 부르신 소명 때문에 나를 믿고 격려해준 남편을 진심으로 사랑하며 이 책을 드립니다.

Contents

추천서 _ 5
서문 _ 8
저자 서문 _ 12

1. 영적 전쟁이란? _ 21

영적 전쟁이란 하나님의 왕국과 사탄의 왕국 사이에 보이지 않은 영역에서 벌어지는 치열한 싸움이라고 정의를 내릴 수 있다. 우리는 이 영적 전쟁을 세 가지로 구분할 수 있다.

2. 세상의 주관자 사탄? _ 39

하나님은 땅을 그의 의도를 가지고 창조하셨다. 성경은 이 사실을 말한다. 그러나 우리가 세상을 볼 때 사탄이 땅에서 지배권을 가지고 있는 것처럼 보인다. 만약 하나님이 이 땅에 관심을 가지고 지으셨다면 왜 아직 많은 민족들과 지역들은 아직도 어둠 가운데 있는가?

3. 이 땅은 나에게 주어졌다 _ 77

내가 전략적 영적 전쟁을 위해 부르심을 받았는가? 어떻게 나는 이 땅이 나에게 주어졌다는 것을 알 수 있는가?

4. 역동적인 팀 사역 _ 101

어떤 사람이 혼자 전쟁터에서 전쟁하지 않은 것처럼, 전략적 수준의 영적 전쟁 또한 혼자 수행하지 않는다. 우리는 함께 이 전쟁을 수행할 수 있는 영적 대군이 필요하다. 영적 전쟁을 수행하기 위해 부름을 받은 사람들은 그 전쟁을 수행하기 위해 잘 훈련되어야 하며, 순종하여야 하고, 그리고 잘 준비되어야 한다.

5. 전투기도의 숨겨진 진실 _ 117

전투기도를 하고 있는 동안 중보기도자들이 가져야할 핵심적인 비밀요소들이 있다.

6. 영적 도해 _ 131

성공적인 영적 전쟁은 영적 도해라는 필수불가결한 수단을 잘 사용할 줄 알아야 한다. 영적 도해는 전쟁을 수행하기 위해 모든 정보를 수집하여 전쟁을 준비하는 준비 수단이다.

7. 영적 전쟁을 준비하기 _ 151

당신이 영적 전쟁을 위한 부르심을 받았다면 이제 행동하라. 이제 하나님이 영적 전쟁을 위해 보여주신 지역을 놓고 기도하라.

8. 영적 전쟁에 나가는 것 _ 181

이제 앞으로 진군하라. 전쟁은 이미 시작되었다. 효과적인 기도는 돌파구를 가져온다.

9. 사탄의 역습 _ 207

기도의 팀이 사탄의 계략에 대항하여 싸우기 위해 앞으로 나아갈 때, 그리고 하나님이 우리에게 주신 영적 권위를 사용하기 시작할 때, 사탄은 기도의 팀에게 역습을 가한다는 사실을 인식하라. 그 역습에 대해 어떻게 흔들리지 않고 설 수 있는지를 배우라.

10. 영적 돌파구! _ 221

당신이 전략적 영적전쟁에 대한 하나님의 미션을 성공했다면, 기대하라! 당신이 얻게 될 영적 돌파구를 생각하며….

부록 _ 233

- 부록A 기도 여행 참가자를 위한 교회 약정서 _ 234
- 부록B 기도 여행을 위한 팀 서약서 _ 236
- 부록C 기도 여행 참가자의 개인 정보 양식 _ 239
- 부록D 중보 기도 사역에 대한 보고서 (러시아, 우크라이나) _ 248

1
영적 전쟁이란?

1
영적 전쟁이란?

어떤 사람들은 이 책에서 자주 출현하는 '영적 전쟁'이란 용어에 익숙하다. 이 영적 전쟁과 중보기도의 주제를 배우는 중일 것이다. 나는 이 영적 전쟁이란 정의를 먼저 내리고자 한다.

영적 전쟁이란 사탄의 왕국과 하나님 나라 사이에 치열한 전투가 벌어지는 영적 영역에서 보이지 않은 전쟁을 가리켜 영적 전쟁이라고 정의하고 싶다. 나는 피터 와그너 박사가 쓴 책 『What the Bible says about Spiritual Warfare』에서 이 영적 전쟁을 정의한 것과 같이 세 가지 차원의 영적 전쟁을 언급하고 싶다.[1]

이 장에서 본격적인 내용을 언급하기 전에 영적 전쟁의 원칙들을 언급하기로 한다. 왜냐하면, 영적 전쟁에 관한 지식을 충분히 인식하지 못하면 어떤 위험 부담이 따르기 때문이다. 나는 앞으로 영적 전쟁에 참여하기 전에 요구

---
1) Peter Wagner, *What the Bible Says about Spiritual Warfare*(Ventura, Calif.: Regal Books, 2002), pp. 18-19.

되는 원칙들과 윤리들을 자세하게 다루고자 한다.

지상적 수준의 영적 전쟁(Ground-Level Spiritual Warfare)

이 영적 전쟁은 개인 속에 있는 마귀적인 영향력을 분쇄하는 사역과 관계된 축사 사역이다. 이 전쟁은 개인적 영역에서 발생한다. 나는 축사 사역을 수행하면서 개인의 삶에서 일어나는 하나님의 놀랄만한 역사를 보아왔다. 나는 또한 이 수준의 영적 전쟁은 개인들과 어떤 특별한 상황 위에 영적 전쟁의 전투기도가 포함된다. 나는 전투기도를 통해 어떤 개인이 바뀌는 놀랄만한 역사를 보았다. 다음은 하나님께서 전투기도를 통해 이루신 지상적 수준의 영적 전쟁의 한 예이다.

세 아이의 어머니로서 나의 반복되는 일상생활은 애들에게 밥을 차려주고 화장실 휴지를 갈고, 빨래하고, 음식 준비하고, 청소하고 그리고 저녁에 침대에 들어가기 전에 애들에게 책 읽어주는 일이었다. 이렇게 바쁜 시간의 나날이었지만 나는 아이들의 어머니로서 해야 할 일을 하면서 귀중한 시간들을 보냈다. 바쁘지만 나는 주님과 개인적으로 친밀한 관계를 유지하고 잃어버린 자들을 위한 하나님의 마음을 갖기를 원했다.

나는 아이들을 키우는 동안 애들이 낮잠 자는 시간에 기도하고 중보기도하는 시간들을 보냈다. 주님은 내가 기도하는 동안 아이들을 키우면서 주님을 모르는 잃어버린 영혼들을 향한 영적 부담감을 주셨다. 내가 중보기도를 배우면서 느낀 점은 하나님 아버지의 생각은 잃어버린 영혼에 대한 관심과 그들을 구원하기를 바란다는 것이다. 나는 어떤 주부를 위해 매일 기도하였다. 내가 하나님께 그녀를 위해 기도하던 중에 그녀는 하나님에 관해 질문하기 시작했고, 그녀의 집에서 영적인 문제에 관해 상담해 오기 시작했다. 그녀는 최근 발생한 집안 문제에 관해 나에게 기도해 달라고 요청하기도 하였다. 나는 하나님께서 그녀를 나에게 붙여주셨다는 사실을 확신하였다.

어느 날 나의 집에 누가 벨을 눌렀다. 나가보니 그녀가 문 앞에 서 있었다. 그녀는 집에서 이야기할 수 있냐고 물었고, 우리는 집안에서 함께 대화를 시작했다. 그녀는 남편과 헤어져 살고 있으며, 이혼을 위해 서류를 준비 중이라고 말했다. 나는 그녀에게 주께서 그녀의 결혼 관계를 회복시켜 주실 것이라고 기도하기 시작했다고 말하면서 그녀를 격려하고자 하였다. 그러나 그녀는 기도와 하나님이 자신이 받은 상처와 그녀의 결혼 관계를 회복시켜 주실 것이라고 생각하지 않는다고 말했다. 그러나 하나님은 그런 상처와 인간관계를 충분히 회복하실 수 있는 크신 하나님이라고 말했다. 나는 그녀를 위해 하나님께서 그들의 결혼 관계를 회복시키시도록 기도했다. 그리고 하나님께서 남편과 관계를 통해 받은 모든 마음의 상처를 치료하시고 어려운 상황을 통해 그녀의 가정을 향한 하나님의 뜻이 이루어지도록 기도했다.

나는 수개월 동안 그 부부를 위해 기도했다. 나는 그녀의 결혼 관계를 회복하도록 기도했을 뿐만 아니라, 나는 사탄과 그의 졸개들이 이 부부를 향해 쏟아놓은 모든 저주와 계략들이 깨어지도록 전투기도를 하였다. 나는 분열하고자 하는 분리, 용서치 않음, 모든 속임수를 대항하여 기도하였고, 서로가 받은 상처가 너무 깊어서 하나님도 치유하지 못한다는 거짓에 대항하여 전투기도를 하였다.

그 후 나는 일을 하게 되었고, 그녀 역시 일을 하게 되었기 때문에 서로 만나지는 못했다. 그렇지만 나는 계속 그녀를 위해 기도했다. 어느 날 밤 우리는 다른 방향으로 운전하다 서로 만나게 되었다. 그녀는 차를 멈추라고 하고 창문을 내려 기도의 효과를 보고 있는 듯하니 계속 기도해 주라고 요청했다. 나는 기꺼이 응답하고 계속 그녀를 위해 기도했다. 2개월 후에 나는 그녀의 가족을 집 근처에 있는 수영장에서 만났다. 그녀는 나에게 다가와 아주 크게 외쳤다. "기도가 응답되었어요!" 그녀의 남편은 집으로 돌아왔고 이혼을 위한 서류는 남편이 파기했다고 말했다. 나는 하나님께 감사하고, 기도에 응답하시는 하나님을 찬양했다.

하나님은 그들의 결혼 생활을 회복하셨고, 그녀는 교회에 출석하기 시작했고, 그리고 그들은 주님을 개인적으로 찾기 시작했다. 나는 이 일이 있은 후에 콜로라도(Colorado)로 이사했다. 그러나 나는 그들이 예수님을 찾는 일을 계속했다는 것을 알았고, 하나님이 그들을 개인적으로 알게 하신다고 확신하였다.

주술적 수준의 영적 전쟁(Occult-Level Spiritual Warfare)

이 주술적 수준의 영적 전쟁은 더 강력한 대적의 세력과 영적 전쟁이다. 이 수준의 영적 전쟁은 사탄과 그의 악령들을 경배하는 주술사들, 무당, 프리메이슨(Freemasonary), 뉴에이지 운동가들(New Age Movements), 동방 종교(Eastern religions), 그리고 사탄 숭배주의자들과 대항하는 영적 전쟁이다.

이 수준의 영적 전쟁은 더욱더 높은 수준의 전투기도가 동반되어야 한다. 나는 휴스턴에서 이 영적 전쟁에 연관되어 강력한 영적 돌파구를 마련했던 경험을 나누고 싶다.

마릴린 맨슨(Marilyn Manson)이라고 불려진 인기있는 락(Rock) 대중 가수는 사탄 숭배에 관련된 사람이었다. 그의 밴드는 세계를 순회하면서 사탄을 숭배하는 사탄 숭배자들이었다. 그의 이름은 그 유명한 여배우였던 마릴린 먼로의 이름을 본뜬 이름이었고 그의 성은 세상을 경악하게 했던 살인자의 성을 본떠 만든 이름이었다. 이 락 대중음악 가수 맨슨은 사탄 교회(the church of Satan)에서 안수를 받은 사탄 숭배 사역자였다(Ordained minister). 사탄 교회를 세우고 대제사장으로 일한 앤톤 라베이(Anton Lavey)는 이 가수의 사탄 숭배 사역자 임직식을 수행하였다.

이 사탄숭배를 하는 밴드가 휴스턴을 방문한다는 소식이 전해지자 휴스턴에 있던 교회의 반응은 놀라웠다. 수많은 교회는 24시간 기도 체인을 조직하여 기도 불침번(Virgils)을 가동하였다. 수많은 교회의 중보기도 팀들은 크리스천 방송을 통해 교회에 기도하라고 요청하였다. 휴스턴에 있던 교회들은 교단과 교파를 초월하여 기도했고, 이 위험한 사탄숭배 밴드가 미칠 영향을 생각하며 하나님께 부르짖으며 중보기도 하였다. 이 락 밴드의 연주회에 참석하고 집에 돌아온 청소년들은 자살을 기도하였을 정도로 청소년들에게 위험한 영향력을 주었다. 그래서 도시에 있던 교회들은 청소년들에게 미칠 나쁜 영적 영향력을 생각하며 함께 연합하여 기도해야 한다는 부담을 가졌다.

나는 주님의 얼굴을 구했고, 이 상황을 돌파하고, 중보기도 팀의 기도 제목을 갖기 위해 기도했다. 주님은 이 밴드팀이 공연을 할 극장에서 기도 하도록 지혜를 주셨고, 나에게 기도의 팀을 만들도록 말씀하셨다. 그 공연이 있던 날 우리 기도팀들은 일찍 그 극장에 가서 기도하기 위해 그 극장으로 갔다. 우리는 마릴린 맨슨이란 가수와 그 밴드의 구성원들이 구원을 얻도록 기도하였다. 그리고 이 음악회에 참석할 청소년들을 위해 기도하였다.

그다음에 주님은 우리가 가수와 밴드의 배후에 있는 영적 세력에 대해 전투기도를 할 수 있도록 인도하셨다. 우리는 이 극장의 마이크 시설이 제대로 작동되지 못하도록 기도했고, 이 음악회가 성공적으로 마치지 못하도록 기도하였다. 우리는 이 사탄에게 바쳐지는 이 음악회가 청소년들에게 영향력을 행사할 수 없을 것이라는 것을 선포하였다. 우리는 이 음악회의 원수의 진영에 혼란이 생길 것을 선포하였고, 사탄이 숭배되는 모든 거짓과 속임수를 깨기 위해 기도했다. 나는 여기에서 우리가 영적 세력과 전투기도를 수행할 때에는 어떤 특정한 사람을 반대하고 대항하여 절대 기도하지 않아야 한다는 것을 주지시키고 싶다. 우리는 또한 그 영혼들이 구원을 받도록 기도해야 하고 주께서 어둠 속에 있는 그들의 영혼들을 만져 주시도록 주님께 기도해야 한다는 것을 지적하고 싶다. 왜냐하면, 성경은 말하기를 우리의 싸움은 사람을 대항하고 반대하는 전쟁이 아니라고 말씀하기 때문이다:

"우리의 씨름은 혈과 육을 상대하는 것이 아니요 통치자들과 권세들과 이 어둠의 세상 주관자들과 하늘에 있는 악의 영들을 상대함이라"
(엡 6:12)

그때 그 기도의 시간은 놀라운 기도의 경험이었다.

이 음악회가 있던 밤에 놀라운 광경이 벌어졌다. 많은 크리스천들은 청소년들에게 복음에 관한 내용의 전도지를 나누어 주었다. 음악회가 벌어지는 극장 밖에서는 크리스천 음악을 배경으로 또 다른 음악회가 개최되었다. 주님은 목사님들과 기도팀들이 극장 안에서 기도하도록 그들을 배치하셨다.

극장에서 대중음악 가수들의 음악회는 시작되었다. 그런데 두 번째 음악을 시작하던 중에 믿지 못할 일이 일어났다. 술에 취한 한 관중은 맥주를 소리가 나는 음향기기에 맥주를 흘렸다. 극장 안에 있던 전 음향 시스템은 못쓰게 되었다. 극장 안에 마이크가 정상적으로 작동하지 못했고, 사람들은 음향기기에서 나오는 소리를 들을 수가 없었다. 더 놀라운 광경은 계속되었다. 락가수 맨슨은 화가 나서 무대 마루에 마이크를 내동댕이쳤고, 화가 나서 고래고래 소리를 질러댔다. 우리는 마이크에 맥주를 쏟은 술 취한 청중에게 감사를 보내지 않고 싶다. 우리는 무엇보다 우리의 기도를 응답하신 하나님께 감사를 드렸다. 얼마 후에 휴스턴 도시의 시의회는 휴스턴 시에서 이와 같은 사탄숭배의 가수들의 음악회를 금지하는 법을 마련하였다. 할렐루야!

전략적 수준의 영적 전쟁(Strategic-Level Spiritual Warfare)

이 전략적 수준의 영적 전쟁은 사회의 조직과 지역에 역사 하는 높은 지위를 가지고 있는 정사와 권세에 대항하는 영적 전쟁이다. 이 마귀적 존재를 사람들은 일컬어 지역에서 역사 하는 영들(Territorial Spirits)이라고 부른다. 이 책은 전략적 수준의 영적 전쟁에 관해 주로 다룬다. 그리고 이 책은 기도의 차원을 높이기를 원하는 중보기도자들을 위한 안내서가 될 것이다. 우리는 먼저 성경에서 이 전략적 수준의 영적 전쟁의 사례를 보기로 하고, 그다음에 내가 경험한 이 영적 전쟁의 경험을 나누기로 한다.

▶ 빌립보(Philippi)에서 바울과 실라

헬라의 전설에 따르면 헬라의 신인 아폴로의 어머니는 임신하여 출산할 장소를 찾고 있었다. 그런데 헬라의 신인 아폴로는 델피(Delphi)에서 뱀 피톤(Python)이 그의 어머니를 희롱하였다는 보복으로 뱀을 죽였다고 한다. 이런 전설 때문에 빌립보에서 아폴로는 미래의 예지 능력을 가졌다는 신으로서 피티안(Pythian)으로 언급된다.

바울 시대에 빌립보 지역의 주민들은 아폴로신인 피티안은 미래를 예측하는 예지 능력을 갖고 있는 것으로 믿었다. 이 피톤(Python)은 피티안의 영이 어떤 사람을 통해 말한다고 믿었다. 우리는 사도행전에서 바울 사도는 여자 노예를 통해 역사 하는 영이 미래를 예측하고 예지한다는 이 피톤이란 영적 존재와 영적 전쟁을 벌이는 사건을 목격한다(행 16:18). 사도 바울이 여자종을 통해 역사 하는 영적 존재를 쫓아냄으로 빌립보 시에서는 큰 소동이 일어났다. 나는 바울 사도의 귀신을 쫓아내는 사역을 통해 그 지역을 다스리는 영적 존재(territorial spirit)가 그 여자 노예를 통해 그 지역에서 역사 하고 있었던 것으로 이해한다.

사도행전 16장 19절은 이 여자 노예의 주인은 그 여자 노예를 통해 돈 벌 소망이 사라진 것을 알고 로마 관리들에게 끌고 간다. 이들은 사도 바울의 축사 사역을 통해 그들은 미래를 예측하는 것으로 돈을 벌던 기회를 잃어버렸다고 생각했기 때문에 빌립보에서 로마 관리에게 고소하는 소동을 일으켰다. 그들은 바울과 실라를 붙잡았고 시장에 상주하던 로마 관리에게 그들을 고소한다. 사도행전 16장 20-21절에서 이 노예 주인은 다음과 같이 말했다:

"이 사람들이 유대인인데 우리 성을 심히 요란하게 하여 로마 사람인
우리가 받지도 못하고 행하지도 못할 풍속을 전한다 하거늘"

나는 사고 바울을 고소하던 이 고소는 아주 흥미로운 고소라고 생각한다. 바울 사도는 노예 여자를 통해 역사 하던 귀신을 물리쳤다. 다음에 그는 전 빌립보 도시를 소란스럽게 한 사람으로 고소된다. 나는 많은 사람 가운데 역사 하던 귀신들을 쫓아내는 축사 사역을 해왔다. 그러나 귀신들로부터 나는 어느 한 도시를 소란스럽게 했다는 말을 전혀 듣지 못했다.

사도행전 16장 22절은 도시의 군중까지 그들과 한패가 되어 바울과 실라를 비난하게 되었다고 기록한다. 어떻게 바울이 노예 여자를 통해 역사 하던 귀신을 쫓아내는 것이 도시를 소란하게 되는 결과가 되는가? 누가 바울과 실라를 대항하여 이토록 적의를 품도록 만들었는가? 나는 빌립보 시를 붙잡고 있던 노예 여자를 통해 역사 하던 지역 영이 바로 여자 노예를 통해 역사 하던 피톤(Python)의 귀신이었다고 생각한다.

빌립보 시의 행정 장관은 바울과 실라를 매로 때리고 감옥에 쳐 넣었다. 조그만 감방에서 발까지 수갑에 차인 채 바울과 실라는 하나님을 찬양하고 기도하기 시작했다. 다음에 무슨 일이 벌어졌는지 성경을 보자:

"이에 갑자기 큰 지진이 나서 옥터가 움직이고 문이 곧 다 열리며 모

든 사람의 매인 것이 다 벗어진지라" (행 16:26절)

나는 노예 여자를 통해 역사 하던 영이 쫓겨난 결과로서 그 지역에 큰 지진이 일어났다고 본다. 그 지진은 바울과 실라가 차고 있던 수갑이 벗겨지고 같이 감옥에 있던 죄수들이 모두 도망치게 만들었다.

효과적인 영적 전쟁이 보이지 않은 영역에서 영적 세력에게 타격을 주었을 때, 보이는 영역에서는 이 지진과 같은 결과가 나타난다. 하나님이 그 지역에 만연된 아폴로숭배를 지진으로 흔들고 있었던 것이다. 이 지진은 감옥에 있던 모든 죄수들의 수갑이 풀리게 하는 결과를 초래했다. 바울과 실라가 감옥에서 수행한 효과적인 영적 전쟁의 기도는 그 지역을 붙잡고 있던 어둠의 세력 가운데 있던 사람들이 풀리게 되는 결과를 가져왔다. 빌립보 지역에 있던 백성은 자유롭게 하나님의 진리의 말씀과 사랑을 자유롭게 경험할 수가 있었다. 우리는 바울과 실라 영적 전쟁을 수행한 결과로 이루어진 결과를 사도행전 16장에서 주목해 보자:

"간수가 등불을 달라고 하며 뛰어 들어가 무서워 떨며 바울과 실라 앞에 엎드리고 그들을 데리고 나가 이르되 선생들이여 내가 어떻게 하여야 구원을 받으리이까 하거늘 이르되 주 예수를 믿으라 그리하면 너와 네 집이 구원을 받으리라 하고 주의 말씀을 그 사람과 그 집에 있는 모든 사람에게 전하더라 그 밤 그 시각에 간수가 그들을 데려다가 그 맞은 자리를 씻어 주고 자기와 그 온 가족이 다 세례를 받은 후 그들을 데리고 자기 집에 올라가서 음식을 차려 주고 그와 온 집안이 하나님을 믿으므로 크게 기뻐하니라" (행 16:29-34)

사도 바울과 실라의 영적 전쟁의 수행한 후에 나타난 강력한 돌파구는 그 지역의 영적 영역을 붙잡고 있던 지역의 영이 무너진 후, 사람들은 하나님의 복음에 긍정적으로 반응하고, 또 한 가족이 구원을 받은 것이다.

이제 영적 전쟁의 대결을 다시 한번 살펴보기로 하자. 바울은 여자 노예로부터 역사 하던 미래를 예측하는 것을 점치던 피톤(Python)이라고 불려진 귀신을 쫓아냈다. 이 영적 전쟁의 결과로 온 도시는 소동이 일어났고, 도시의 주민들은 바울과 실라에게 분노했으며 그들은 감옥에 갇혔다. 바울과 실라가 감옥에서 기도하고 예배한 후에 빌립보 지역에 강력한 지진이 발생했고, 온 죄수들이 도망쳤다. 미래를 예측하고 점치던 여자 노예 속에 있던 영은 그 지역을 장악하고 있던 지역을 다스리던 영이었다.

▶ 휴스턴 시에 있던 성인클럽("Gentlemen's Clubs" in Huston)

이제 나는 이 전략적 수준의 영적 전쟁에서 수행한 후 영적 돌파구를 경험한 이야기를 언급하기로 한다. 이것은 휴스턴 시에서 어떻게 주님이 영적 돌파구를 한 도시를 위해 마련했는지에 관한 이야기이다.

나는 휴스턴에 사는 동안 휴스턴에 있는 한 지역 교회의 중보기도 팀을 지도하는 책임을 맡고 있었다. 이 휴스턴의 지역 교회는 연합기도와 중보기도 팀 사역으로 성장하는 교회였다. 주님은 새로운 기도의 과제를 목사님들과 나에게 부여하셨다. 주님은 휴스턴 시에 있던 성인클럽(Gentlemen's Clubs)을 위해 기도하도록 지시하였다. 휴스턴 지역의 리치몬드 지역에는 이 성인 클럽의 회원들이 많이 살고 있었다. 주님은 그다음에 이 클럽을 대항하여 효과적으로 기도할 수 있도록 기도의 전략을 보여 주셨다. 우리는 대적들이 이 성인 클럽 회원들이 저지르는 성도착 행위와 매춘 행위를 통해 역사 하는 지역에 가서 기도하도록(Pray on-site) 영적 전쟁의 계획을 수립하였다.

수요일 밤 기도회는 주로 이 성인 클럽을 위해 중보기도하고 연합하여 기도하는 모임이었다. 2개월 정도 기도한 후, 나는 이 기도하는 시간에 관해 특별한 지시를 중보기도 팀에게 내렸다. 나는 4~5명의 중보기도 팀 구성원을 한 리더가 담당하도록 조를 편성하였다. 각 조는 성인 클럽을 위해 기도하도록 사명이 주어졌고, 나는 남자들이 가는 클럽(Clubs)이나 바(Bar)에 가서 기도하도록 그들에게 지시했다. 나는 중보기도 팀들에게 주차장에서 기도하고 클럽 안에 들어가지 말도록 상세한 지시를 내렸다. 왜냐하면, 휴스턴은 다른 도시에 비해 안전한 도시가 아니었기 때문이었다.

어느 날 수요일 밤, 나는 여성 중보기도 팀을 이끌고 정해진 장소에 갔다. 우리가 기도할 때 갑자기 주님은 우리에게 어떤 믿음의 확신을 주셨다. 그래서 우리는 클럽으로 들어가려는 남자들이 양심의 가책을 느끼도록 주님께 기도했다. 우리는 클럽에 들어간 남자들이 클럽에 머무르지 말고, 그 장소를 떠나도록 기도하고 그것이 이루어지도록 주님의 이름으로 선포했다. 나는 강력한 기도의 능력을 과소평가하지 말아야 한다는 것을 체험했다. 우리가 기도했을 때 어떤 남자는 주차장에 차를 주차하고 차에 나와서 클럽 건물로 들어갔다. 그러자 우리는 실망했다. 그러나 그 남자는 그 클럽에 오래 머물지 않고 밖으로 나왔다. 10초 후에 이 남자는 클럽을 갑자기 박차고 나와 자기 차에 달려가 차를 몰고 뺑소니치듯이 사라졌다. 우리는 모두 이 광경을 목격하며, 우리의 기도가 정말 이와 같은 효력을 발생하게 했는지 의아해 하며 한편으로는 놀랐다.

다음 남자가 클럽에 도착했을 때 우리 모두는 믿음의 확신을 가졌다. 우리는 그 남자가 죄책감을 느끼도록 해 주시고, 그의 마음이 아버지 하나님과 그의 가족에게로 돌아오도록, 그리고 그가 클럽에 들어가지 않도록 주님께 기도했다. 우리가 기도를 마치자마자, 그 남자는 클럽의 입구에 도달했다. 그는 클럽의 문에 다가가서 문을 열었다. 그런데 갑자기 들어가지 않고 움직이지 않았다. 그는 한동안 클럽에 들어갈까 말까 고민하면서 약 30초 동안 그대로 문 앞에 움직이지 않고 서 있었다. 그는 갑자기 몸을 돌려 그의 차로 달려갔고, 차 바퀴 자국이 주차장 바닥에 남겨질 정도로 거칠게 차를 운전하면서 사라졌다. 우리는 그 순간 하나님이 기도를 응답하신 것을 알고 소리쳤다.

우리는 2개월 동안 이 성인 클럽을 위해 기도하면서 아주 놀랍고, 부인할 수 없는 기도의 응답을 체험했다. 이 성인 클럽은 저녁 뉴스의 화제가 되었다. 이 성인 클럽과 경찰 간부 사이에 은밀한 거래가 폭로되었다. 시간이 갈수록 이 성인 클럽과 경찰 간부 사이에 은밀한 거래와 비밀은 더욱더 폭로되었다. 휴스턴 지역에 새로운 법이 입법화되었다. 휴스턴 지역에서 클럽에 가는 남자들이 클럽에서 춤추는 댄서들에게 1미터 이상 접근하는 것은 불법이 되었다. 춤추는 댄서에게 팁을 주기 위해 댄서의 옷에 돈을 찔러 주는 행위는 금지되었다. 만약 어떤 남자가 댄서와 신체적 접촉이 이루어지면 강력한 법적 조치가 그 사람에게 내려졌다. 성인 클럽들의 건축허가는 학교, 주택가, 교회 근처에는 허가가 주어지지 않았다. 이 결과로 휴스턴 지역에 성인 클럽들의 경기는 하향세로 돌아섰다.

가장 놀라운 소식은 이를 계기로 휴스턴 시에서 복음전도를 위한 돌파구가 마련되었다는 것이다. 우리가 성인 클럽을 위한 영적 전쟁과 중보기도를 시작하기 전에 소수의 여성 댄서들이 복음에 관심을 보였다. 그런데 우리가 성인 클럽을 대항한 영적 전쟁과 중보기도에 초점을 맞추고 난 후, 그들은 복음에 반응하기 시작했고, 많은 여성은 예수님을 영접하여 구원의 선물을 받았다. 이것이 우리가 생각하는 가장 놀라운 영적 전쟁과 중보기도 사역의 결과였다.

지금도 휴스턴 시에서 약간의 성인 클럽들이 매춘 행위와 성도착 행위를 하고 있지만, 전투기도와 영적 전쟁을 통해 이 지역을 장악하는 악한 조직은 그 영향력을 상실하고, 그 세력은 눈에 띄게 약해졌다. 우리는 주님이 행동하라고 말씀하신 시간에 영적 전쟁을 수행하므로 순종하였다. 나는 주님이 이 지역에서 어둠의 세력을 완전히 깨뜨리기 위한 새로운 중보기도자들을 일으키고 있다는 것을 믿는다.

나는 주님이 우리에게 주어진 영적 권위를 소개한다:

"내가 너희에게 뱀과 전갈을 밟으며 원수의 모든 능력을 제어할 권능을 주었으니 너희를 해칠 자가 결코 없으리라" (눅 10:19)

우리가 어떤 지역에서 마귀의 계략을 해체되고 하나님이 영광 받으시는 것을 보는 것은 놀라운 경험이다. 당신도 이렇게 어떤 지역이 놀라운 변화를 보도록 기도할 수 있다. 나는 다음 장에서 우리가 영적 전투를 통한 돌파구를 마련하는 것과 어떤 지역이 변화시키기 위한 전투기도의 전략들을 나눌 것이다.

실천을 위한 질문들

1. 당신이 지상적 수준의 영적 전쟁을 수행해야 할 때에 관해 토론하라. 당신의 기도에 결과는 무엇이었는가?

2. 당신 주변에 주술적 숭배와 의식에 빠져 있는 사람들을 알고 있는가? 이 거짓 속임수에서 빠져나와 완전히 해방될 수 있도록 하나님께 기도하라.

3. 당신이 살고 있는 도시를 생각해 보라. 주술적 숭배와 의식으로 묶여 있는 지역을 묘사하라. 대적과 원수들이 이 지역들을 묶고 있기 위해 사용하고 있는 계략과 거짓이 무엇인가? 지역이 사탄의 속박으로 벗어나도록 하나님께 기도하기를 시작하라.

4. 당신은 지역을 다스리는 영이 당신의 도시를 장악하고 있다는 것을 안다. 이 정사는 누구라고 생각하는가?

5. 우리가 다음 장을 공부하기 전에 당신은 당신의 가족, 이웃, 도시, 국가에 관련된 주제가 무엇인지 주님께 기도하라. 주님이 이 기도의 주제와 제목들을 상세하게 계시하시도록 기도하라.

2

세상의 주관자 사탄?

2
세상의 주관자 사탄?

"땅과 거기에 충만한 것과 세계와 그 가운데에 사는 자들은 다 여호와의 것이로다 여호와께서 그 터를 바다 위에 세우심이여 강들 위에 건설하셨도다" (시 24:1-2)

"주께서 옛적에 땅의 기초를 놓으셨사오며 하늘도 주의 손으로 지으신 바니이다" (시 102:25)

"지극히 높으신 자가 민족들에게 기업을 주실 때에, 인종을 나누실 때에 이스라엘 자손의 수효대로 백성의 경계를 정하셨도다" (신 32:8)

"의인이 형통하면 성읍이 즐거워하고 악인이 패망하면 기뻐 외치느니라 성읍은 정직한 자의 축복으로 인하여 진흥하고 악한 자의 입으로 말미암아 무너지느니라" (잠 11:10-11)

하나님은 선한 의도를 가지고 세상을 창조하셨다. 성경은 말한다:

"하늘이 하나님의 영광을 선포하고 궁창이 그의 손으로 하신 일을 나타내는도다" (시 19:1)

땅과 하늘은 하나님의 영광, 능력, 그리고 존귀하심을 나타낸다. 우리가 하나님의 창조의 아름다움과 그 광대하심을 볼 때, 우리는 창조주 하나님 앞에 경외함으로 설 수 밖에 없다. 땅과 하늘은 그의 존귀하신 이름이 영광과 존귀를 받도록 창조의 질서 속에 창조되었다:

"바다와 거기 충만한 것과 세계와 그 중에 거주하는 자는 다 외칠지어다 여호와 앞에서 큰 물은 박수할지어다 산악이 함께 즐겁게 노래할지어다" (시 98:7-8)

자연을 포함한 모든 피조물들은 하나님을 경배하며 그를 높인다.
하나님은 우리의 창조자이실 뿐만 아니라 우리의 아버지이시다. 그는 인간을 통해 자신의 뜻이 이루어지도록 이 세상을 창조하셨다. 하나님은 인간과 친밀하고 밀접한 관계를 맺기를 원하셨기 때문에 자기 형상대로 인간을 창조하셨다. 사도 요한은 요한 계시록에서 역사의 끝에 모든 신자들을 위하여 하나님의 약속을 다음과 같이 묘사한다:

"내가 들으니 보좌에서 큰 음성이 나서 이르되 보라 하나님의 장막이 사람들과 함께 있으매 하나님이 그들과 함께 계시리니 그들은 하나님의 백성이 되고 하나님은 친히 그들과 함께 계셔서" (계 21:3)

하나님은 이 땅을 만드셨다. 그리고 그는 모든 민족들의 경계를 정하시고 그들에게 고유의 유산을 주셨다. 그러므로 하나님은 인간이 살고 있는 이 땅과 우리가 살고 있는 도시에 관심을 가지고 계신다.

성경은 하나님이 선한 목적으로 인간과 땅을 창조하셨다고 말한다. 그럼에도 불구하고 이 땅에는 사탄이 백성과 땅을 통제하고 완전한 권위를 가지고 있는 것처럼 보인다. 하나님은 이 땅과 세상에 관심을 보이시지만, 왜 많은 민족과 백성이 아직도 어둠에 사로잡혀 있는 것일까?

어떻게 사탄은 이 세상을 불법적으로 지배하고 있을까?

하나님은 모든 민족의 경계를 정하시고 그들을 그의 의도에 따라 세상에 배치해 놓으셨다. 그러나 사탄은 에덴동산에서 주님의 계획과 의도에 반대하고 대항하여 세상을 불법적으로 지배하려고 하였다. 그리고 인간은 하나님께 범죄함으로 사탄의 손에서 놀아났다. 인간이 사탄에게 그가 세상에서 역사 하도록 권리를 주지 않았더라면 사탄은 땅 위에 있는 백성 가운데 역사 하는 한 권위를 전혀 가지고 있지 못한다. 조지 오르티즈(George Otis Jr)는 그의 책 『The Last of the Giants』에서 다음과 같이 말했다:

"만약 인간들이 사탄에게 사탄이 그들을 통치하는 권리를 주지 않았다면 인간들은 하나님과 좋은 관계를 유지하고 있었을 것이다. 사탄의 목표는 인간의 종교, 정치, 그리고 경제적 조직들을 통해 인간의 삶을 통제하고자 하는 것이다."[1]

만약 사탄이 전혀 세상을 지배할 만한 권위를 가지고 있지 못한다면, 어떻게 그는 세상을 통제하고 영향력을 행사할 수 있게 되는가? 어떻게 인간은 하나님의 창조의 선한 목적과 의도를 상실해 왔는가? 나는 그 이유를 4가지로 생각해 보고자 한다.

▶ 속임수(Deception)

에덴동산에서 사탄은 선악과를 먹게 되면 하나님과 같이 된다고 하와를 유혹했다. 사탄은 하나님이 금하신 선악과를 따 먹게 함으로 하와를 속일 수 있었다. 그리고 이 거짓말에 속은 하와는 자기 남편 아담에게도 이 거짓말에 참여하도록 하였다. 에덴동산에서 인간의 타락은 사탄의 속임수를 통해 이루어졌다. 사탄의 속임수는 인간이 하나님의 진리를 멀리하도록 만드는 사탄의 최고의 계략이다. 성경은 우리에게 사탄의 속임수에 대해 다음과 같이 가르친다:

"그 중에 이 세상의 신이 믿지 아니하는 자들의 마음을 혼미하게 하여 그리스도의 영광의 복음의 광채가 비치지 못하게 함이니 그리스도는 하나님의 형상이니라" (고후 4:4)

사도 바울은 사탄은 예수를 모르는 잃어버린 자들의 마음을 가리웠고, 그들의 마음이 하나님의 진리와 복음을 이해하지 못하도록 속여 왔다고 말한

---

[1] George Otis Jr, *The Last of the Giants*(Tarrytown, N.Y.: Chosen Books, 1991), p. 88.

다. 사탄은 인간이 하나님을 대항하여 살도록 속임수란 강력한 무기를 사용한다(살후 2:8-12).

▶ 분리(Division)

예수께서는 불법적으로 일하는 사탄에 대해 다음과 같이 말씀하셨다:

"도둑이 오는 것은 도둑질하고 죽이고 멸망시키려는 것뿐이요 내가
온 것은 양으로 생명을 얻게 하고 더 풍성히 얻게 하려는 것이라"
(요 10:10)

사탄은 하나님과 인간관계 사이에 개입하여 인간이 하나님과 진리로부터 독립하여 살도록 인간들을 분리시키며 하나님과 인간과의 관계를 파괴시킨다. 그는 또한 신자들을 연합하지 못하도록 분리시킨다.

▶ 고소(Accusation)

성경은 인간을 고소하고 비난하는 사탄의 성격에 대해 다음과 같이 말한다:

"내가 또 들으니 하늘에 큰 음성이 있어 이르되 이제 우리 하나님의
구원과 능력과 나라와 또 그의 그리스도의 권세가 나타났으니 우리
형제들을 참소하던 자 곧 우리 하나님 앞에서 밤낮 참소하던 자가 쫓
겨났고" (계 12:10)

인간의 잘못을 비난하고 고발하는 자는 사탄이다. 사탄은 인간의 과실과 잘못을 지적하고, 인간이 스스로 자기를 정죄하도록 한다. 사탄은 다른 사람

을 고소하고 비난하도록 인간들을 충동질시킨다. 사탄은 인간들이 서로 비난하고 고소함으로 좋은 인간관계가 깨지기를 바란다. 헥토 토레스(Hector Torres)는 어떻게 사탄이 인간관계를 분열시키는지 다음과 같이 설명한다:

> 질투와 비난하는 고소는 사탄의 가장 강력한 무기이다. 사탄은 지도자들을 비방하고 형제를 고소함으로 분열과 분리가 일어나도록 이 고소의 영을 사용한다. 공동체 안에서 고소와 비난하는 일이 일어날 때 우리는 이것이 하나님으로 나온 것이 아님을 인식해야 한다. 사탄은 하나님의 계획을 방해하기 위해 고소와 비난이란 무기를 사용한다.[2]

▶ 불법적으로 어떤 지역을 점거하는 것

영적으로 어둠 가운데 있는 지역을 유지하기 위해 사탄은 종종 땅을 불법적으로 점유한다. 사탄은 어떤 지역의 땅을 더럽히고 불결하게 함으로 그 땅을 그의 거짓말과 속임수의 영향력 가운데 두려고 한다.

> "그러므로 주께서 주의 일을 시온 산과 예루살렘에 다 행하신 후에 앗수르 왕의 완악한 마음의 열매와 높은 눈의 자랑을 벌하시리라 그의 말에 나는 내 손의 힘과 내 지혜로 이 일을 행하였나니 나는 총명한 자라 열국의 경계선을 걷어치웠고 그들의 재물을 약탈하였으며 또 용감한 자처럼 위에 거주한 자들을 낮추었으며" (사 10:12-13)

그러면 어떻게 땅이 더럽혀지는가? 이것은 인간들이 청지기로서 하나님

---

[2] Hector P. Torres, *Pulling Down Strongholds*(Colorado Springs: Wagner Institute for Practical Ministry, 1999), p. 184.

의 창조 질서대로 땅을 보존하지 못할 때 발생한다. 가정과 국가를 다스리는 가장과 통치자들은 청지기로서 하나님의 창조질서를 보존해야 할 책임을 지니고 있다. 하나님의 부르심을 받은 교회인 우리도 청지기로서 세상을 보존해야 할 책임을 가지고 있다. 창세기 1장 28절은 창조의 질서를 유지해야 할 인간의 청지기적 사명을 말하고 있는 구절이다:

> "하나님이 그들에게 복을 주시며 하나님이 그들에게 이르시되 생육하고 번성하여 땅에 충만하라, 땅을 정복하라, 바다의 물고기와 하늘의 새와 땅에 움직이는 모든 생물을 다스리라 하시니라" (창 1:28)

페트리(Alistair Petrie)는 책 『Releasing Heaven on Earth』에서 인간이 땅을 보존해야 할 청지기적 사명을 다음과 같이 언급했다:

> 땅은 하나님이 인간에게 직접 주신 바로 그의 선물이다. 주 여호와 하나님은 인간을 택하셨고 그들을 에덴동산으로 인도하셨다. 그리고 하나님은 인간들이 에덴동산에서 일하도록 하셨고 하나님이 만드신 피조물들을 다스리게 하셨다(창 2:15). '다스리게 하셨다'는 동사는 원어인 히브리어의 샤말(shamar)이란 단어인데 이 단어는 많은 의미를 내포하고 있다. 이 단어는 '주위를 둘러 울타리를 두른다', '파숫꾼으로서 땅을 돌본다', '유지하다', 그리고 그것을 '보호한다'는 의미를 가지고 있다. 이 단어는 청지기적 사명을 가지고 땅을 돌보는 책임을 가지고 있다는 의미와 다름이 없다. 땅을 잘 관리해야 할 책임을 의미하는 청지기적 사명은 하나님이 우리에게 부여하신 신적 사명이다. 이 책임은 개인과 공동체가 함께 하나님 나라를 위해 땅을 보

존하고 잘 관리해야 할 청지기적 사명을 의미한다. 다시 말해서 청지기적 사명은 인간에게 부여하신 땅을 잘 관리해야 할 책임을 의미한다.[3]

하나님은 인간에게 그가 창조하신 땅을 잘 관리하는 책임을 부여하셨다. 그러나 에덴 동산에서 아담과 하와의 죄로 인해 인간은 세상에서 죄와 더불어 씨름을 하기 시작했다. 인간은 죄 된 본성을 따라 살기 시작했고, 인간은 범죄하기 시작했다. 이런 인간의 범죄는 대적에게 세상에서 합법적으로 일하도록 문을 열어주는 결과를 초래했다.

땅을 더럽히기 위한 사탄의 계략

성경은 우리가 사탄의 전략을 알아야 한다고 다음과 같이 말한다:

"이는 우리로 사탄에게 속지 않게 하려 함이라 우리는 그 계책을 알지 못하는 바가 아니로라" (고후 2:11)

만약 사탄이 이 세상에서 하나님의 선한 창조의 의도를 효과적으로 훼방하고, 하나님의 왕국의 확장을 지연시킨다면 그는 세상에서 인간들을 어둠 가운데 더 잡아 둘 수 있을 것이다. 따라서 나는 이 세상의 어떤 지역을 통제하기 위한 사탄의 전략과 계략을 아는 것은 참으로 중요하다고 생각한다.

나는 미국 기도 센터(U.S. Prayer Center)에서 사역하는 앨리스 스미스

---

3) Alistair Petrie, *Releasing Heaven on Earth*(Grand Rapids, Mich.: Chosen Books, 2000), p. 22.

(Alice Smith)와 세계 여러 지역에 기도 여행을 함께 하였다. 나는 그녀와 기도 여행을 통해 내가 경험한 효과적인 영적 전쟁을 위한 통찰력들을 나누고 싶다. 나는 사탄이 이 땅을 효과적으로 더럽히는 중요한 무기들을 설명하고자 한다.

▶ 무고한 피를 흘리는 것

주님은 선지자 예레미야에게 다음과 같이 말씀하셨다:

> "하시드 문 어귀 곁에 있는 힌놈의 아들의 골짜기로 가서 거기에서 내가 네게 이른 말을 선포하여 말하기를 너희 유다 왕들과 예루살렘 주민아 여호와의 말씀을 들으라 만군의 여호와 이스라엘의 하나님이 이같이 말씀하시되 보라 내가 이 곳에 재앙을 내릴 것이라 그것을 듣는 모든 자의 귀가 떨리니 이는 그들이 나를 버리고 이 곳을 불결하게 하며 이 곳에서 자기와 자기 조상들과 유다 왕들이 알지 못하던 다른 신들에게 분향하며 무죄한 자의 피로 이 곳에 채웠음이며 또 그들이 바알을 위하여 산당을 건축하고 자기 아들들을 바알에게 번제로 불살라 드렸나니 이는 내가 명령하거나 말하거나 뜻한 바가 아니니라" (렘 19:2-5)

무고한 자의 피를 땅 위에 흘리는 죄는 땅을 더럽히는 죄이다. 특별히 무고한 자의 피를 흘리는 일은 인간들이 땅에서 귀신들과 마귀들을 예배하는 일과 관계가 있다. 무고한 자의 피가 땅 위에서 마귀숭배와 귀신숭배로 이어질 때, 사탄은 그 땅을 자신의 땅으로 주장한다. 인간이 마귀숭배와 귀신숭배를 계속하는 땅과 특정 지역에서 중보기도자는 죽음, 공포, 적 그리스도, 그리고 무당의 영을 발견할 수 있을 것이다.

구약 성경에서 암몬(Ammonites) 자손들이 숭배한 신은 몰렉(Molech)이었다. 자기 자녀를 몰렉에게 희생 제물로 드리는 일은 이스라엘 백성에게는 금지되었다(레 20:1-5). 어떤 사람들은 우상에게 희생 제물을 드리는 우상숭배는 낙태를 조장하게 하는 마귀의 역사와 연관이 있다고 믿는다. 예를 들어 어떤 특정 지역에서 사람들이 무고한 태아를 낙태하는 일을 반복하면 이 범죄를 통해 사탄은 그 지역을 자신의 영토로 주장하게 된다. 사탄은 특정 지역에서 일어난 전쟁들, 무고한 시민들에게 군인들이 총으로 발포했던 지역, 전쟁으로 정신적 쇼크, 살인 사건들이 빈번히 있던 땅에서 일어난 인간 범죄를 통해 그곳을 자기의 땅이라고 주장하게 된다는 것이다.

▶ 성적 방종(Sexual Immorality)

구약 성경 레위기 18장은 불법적인 성적 방종에 대해 다음과 같이 언급한다. 레위기 18장 24~25절을 살펴보자:

> "너희는 이 모든 일로 스스로 더럽히지 말라 내가 너희 앞에서 쫓아내는 족속들이 이 모든 일로 말미암아 더러워졌고 그 땅도 더러워졌으므로 내가 그 악으로 말미암아 벌하고 그 땅도 스스로 그 주민을 토하여 내느니라"

내가 이 책 1장에서 언급한 휴스턴 시의 성인 클럽이 자행한 경건치 못한 범죄를 사용하여 성도착 행위와 매춘 행위를 통해 사탄이 그의 견고한 진을 쌓을 수 있었는지에 대해 언급했다. 인간의 성적 방종을 자행하는 인간의 범죄는 간통, 매춘 행위, 그리고 간음의 범죄들로 나타난다. 아스다롯은 시돈 사람들이 섬기는 이방 여신이었다(왕상 11:33). 이 아스다롯 이방 여신은 시돈 사람들이 행한 악한 성적 방종과 아이들을 제물로 희생 제물을 드리는 것과 밀접한 관련이 있었다.

아스다롯은 엘과 그녀의 아들이었던 바알의 아내였다. 이 여신은 성적 방종과 아이들을 산 채로 희생 제물을 드리는 악한 풍습을 기뻐했다. 아세라 여신은 그녀의 자매였으며, 그들은 거의 구약 성경에서 동의어로 사용되었다. 아스다롯은 인간의 피를 먹는 것을 즐겼다. 이 여신은 간음과 관련된 마귀였다.[4]

인간들이 어떤 특정 지역에서 성적 방종, 간음, 매춘 행위를 널리 퍼뜨릴 때, 대적 원수는 그 지역을 자기 손아귀에 통제할 수 있고, 그 땅은 저주를 받게 된다. 다음 성경이 말한 것처럼, 선지자가 하나님의 말씀을 선포할 때 그 지역에서 사탄의 영적 영향력은 감소하게 된다.

간음

"여호와께서 또 내게 이르시되 인자야 네가 오홀라와 오홀리바를 심판하려느냐 그러면 그 가증한 일을 그들에게 말하라 그들이 행음하였으며 피를 손에 묻혔으며 또 그 우상과 행음하며 내게 낳아 준 자식들을 우상을 위하여 화제로 살랐으며 이 외에도 그들이 내게 행한 것이 있나니 당일에 내 성소를 더럽히며 내 안식일을 범하였도다"

(겔 23:36-38)

---

4) Pacific Christian Ministries, The Conquest of Canaan, www.pachmin.com/museum/canaan.shtml

"그들이 말하기를 가령 사람이 그의 아내를 버리므로 그가 그에게서 떠나 타인의 아내가 된다 하자 남편이 그를 다시 받겠느냐 그리하면 그 땅이 크게 더러워지지 아니하겠느냐 하느니라 네가 많은 무리와 행음하고서도 내게로 돌아오려느냐 여호와의 말씀이니라 네 눈을 들어 헐벗은 산을 보라 네가 행음하지 아니한 곳이 어디 있느냐 네가 길 가에 앉아 사람들을 기다린 것이 광야에 있는 아라바 사람 같아서 음란과 행악으로 이 땅을 더럽혔도다… 그가 돌과 나무와 더불어 행음함을 가볍게 여기고 행음하여 이 땅을 더럽혔거늘" (렘 3:1-2,9)

매춘과 간통 (Fornication and Prostitution)

"너를 위하여 누각을 건축하며 모든 거리에 높은 대를 쌓았도다 네가 높은 대를 모든 길 어귀에 쌓고 네 아름다움을 가증하게 하여 모든 지나가는 자에게 다리를 벌려 심히 음행하고 하체가 큰 네 이웃 나라 애굽 사람과도 음행하되 심히 음란히 하여 내 진노를 샀도다 그러므로 내가 내 손을 네 위에 펴서 네 일용할 양식을 감하고 너를 미워하는 블레셋 여자 곧 네 더러운 행실을 부끄러워하는 자에게 너를 넘겨 임의로 하게 하였거늘" (겔 16:24-27)

사탄은 인간의 우상숭배와 범죄를 통해 세상에서 그의 영적 영향력을 행사하려고 하며, 그가 영적으로 영향력을 행사할 수 있도록 자기 지경을 더욱 넓히고자 노력한다. 그래서 그는 그의 왕국에 더 많은 사람을 묶어두고자 할 것이며, 그의 지경을 넓히고자 가능하면 더 무고한 피를 흘려 자기가 하나님 대신 인간의 우상숭배를 통해 영광을 받고자 할 것이다. 사탄은 하나님과 경쟁하고 있다는 것을 말하고자 할 것이며 자기가 어떤 특정 지역에서 주인 노릇하고 있다고 공언하고자 할 것이다. 그는 이것을 이루기 위해 인간이 저지르는 우상숭배와 범죄를 사용할 것이다. 이것은 성경이 말하는 사탄이 어둠의 왕국에서 행하는 악한 행위와 계책이다.

"여호와께서 이와 같이 말씀하시되 암몬 자손의 서너 가지 죄로 말미암아 내가그 벌을 돌이키지 아니하리니 이는 그들이 자기 지경을 넓히고자 하여 길르앗의 아이 밴 여인의 배를 갈랐음이니라" (암 1:13)

깨진 언약들(Broken Covenants)

언약이란 말은 두 사람 사이에 이루어진 법적 구속력을 가진 중요한 약속이다.[5] 성경에서 주님은 그의 자녀와 많은 약속을 체결하셨다. 이 언약들은 주님의 선하신 의도를 따라 당시의 백성인 이스라엘 백성의 거룩함을 유지하기 위한 법적 구속력을 가진 언약이었다. 또한, 언약은 이스라엘 백성을 보호하기 위한 수단이었다. 이 언약은 하나님께서 자기 백성과 맺은 약속이었다. 그러나 사탄은 이 언약 협정을 깨뜨리고자 여러 가지 방법을 강구했다. 그는 주로 이 언약을 훼방하기 위해 속임수를 사용했다. 사탄의 속임수를 받아들인 인간은 주님을 반대하고 그 약속을 깨뜨리며, 사탄의 거짓말을 받아들이므로 땅이 저주를 받는 결과를 초래했다.

"땅이 슬퍼하고 쇠잔하며 세계가 쇠약하고 쇠잔하며 세상 백성 중에

---

5) David B. Guralnik., ed., Webster's New World Dictionary(New York: Simon and Schuster, 1982), p. 326.

높은 자가 쇠약하며 땅이 또한 그 주민 아래서 더럽게 되었으니 이는 그들이 율법을 범하며 율례를 어기며 영원한 언약을 깨뜨렸음이라 그러므로 저주가 땅을 삼켰고 그 중에 사는 자들이 정죄함을 당하였고 땅의 주민이 불타서 남은 자가 적도다" (사 24:4-6)

▶ 하나님께 지혜를 구하지 않는 것

성경에서는 인간이 하나님께 순종하고 그의 말씀대로 행하면, 그가 자기 백성을 축복하시고, 사랑하시며, 그리고 그들을 보호하신다고 약속하셨다. 우리가 성경에서 발견하는 것처럼, 하나님의 지혜를 구하지 않고, 하나님의 뜻을 좇지 않는 지도자들과 신자들은 결국 하나님을 반대하는 것이며 하나님을 배반하는 것이라고 성경은 말한다. 그런데 이스라엘 백성은 하나님의 지혜를 구하고 하나님의 말씀대로 행하는 것이 하나님의 축복과 보호를 받는 것을 잊어버리고 말았다. 하나님의 말씀을 좇지 않은 백성은 결국 사탄이 그 땅을 더럽히도록 그들의 땅을 사탄에게 허용하는 결과를 초래하고 말았다:

"내가 너희를 기름진 땅에 인도하여 그것의 열매와 그것의 아름다운 것을 먹게 하였거늘 너희가 이리로 들어와서는 내 땅을 더럽히고 내 기업을 역겨운 것으로 만들었으며 제사장들은 여호와께서 어디 계시냐 말하지 아니하였으며 율법을 다루는 자들은 나를 알지 못하며 관리들도 나에게 반역하며 선지자들은 바알의 이름으로 예언하고 무익한 것들을 따랐느니라" (렘 2:7-8)

▶ 의로운 백성을 죽이는 범죄

사탄은 의로운 하나님의 백성을 죽이는 것을 즐긴다. 그는 하나님의 의로운 계획을 망쳐 놓기 위해 미움으로 사로잡혀 있는 영적 존재이다. 그래서 자기 계획을 이루기 위해 하나님을 향한 경건한 믿음을 소유한 남자들, 여자들, 그리고 자녀를 죽이고자 한다. 지금도 이 세상에서 경건한 하나님의 백성이 순교 당하고 있다. 이 순교자들의 죽음 뒤에는 사탄의 영적 존재가 도사리고 있다. 사탄은 세상에서 하나님 나라와 그의 백성을 대항하여 파워 게임을 감행하고 있다. 사탄은 하나님의 백성을 죽임으로 하나님 나라의 세력을 약화시키고자 한다. 그러나 우리는 사탄의 군대가 예수님의 십자가와 부활사건을 통해 이미 패배했다는 사실을 안다. 그리고 우리는 사탄의 군대가 마지막 예수님의 재림 사건으로 패배하고 말 것이라는 것을 확신하며 이 영적 전쟁에 임하고 있다:

> "하나님이여 이방 나라들이 주의 기업의 땅에 들어와서 주의 성전을 더럽히고 예루살렘이 돌무더기가 되게 하였나이다 그들이 주의 종들의 시체를 공중의 새에게 밥으로, 주의 성도들의 육체를 땅의 짐승에게 주며 그들의 피를 예루살렘 사방에 물 같이 흘렸으나 그들을 매장하는 자가 없었나이다" (시 79:1-3)

▶ 우상숭배(Idolatry)

나는 사탄이 우상숭배를 통해 어떤 특정 지역에서 영적 영향력을 확보하고자 한다는 사실을 제일 나중에 언급하게 되었다. 아마도 당신은 많은 성경 구절이 우상숭배의 심각성을 언급하였다는 사실을 잘 알고 있을 것이다. 우상숭배는 십계명에서 첫 번째와 두 번째 계명에서 언급되었다:

"너는 나 외에는 다른 신들을 네게 두지 말라 너를 위하여 새긴 우상을 만들지 말고 또 위로 하늘에 있는 것이나 아래로 땅에 있는 것이나 땅 아래 물 속에 있는 것의 어떤 형상도 만들지 말며 그것들에게 절하지 말며 그것들을 섬기지 말라 나 네 하나님 여호와는 질투하는 하나님인즉 나를 미워하는 자의 죄를 갚되 아버지로부터 아들에게로 삼사 대까지 이르게 하거니와 나를 사랑하고 내 계명을 지키는 자에게는 천 대까지 은혜를 베푸느니라" (출 20:3-6)

첫째 계명은 점이나 우상숭배를 귀신숭배를 반대하는 계명이다. 두 번째 계명은 다른 신들을 섬기고 다른 신들을 만드는 것을 금지하는 계명이다. 이 계명은 하나님 대신 무슨 형상을 만드는 것을 금지한다. 하나님을 섬기는 예배는 어떤 물체를 숭배하는 것과 관련되어 있지 않다. 하나님을 섬기는 예배는 계시된 하나님의 말씀, 예수님과 인격적 교제이다.

다음 성경구절은 우상숭배와 이로 인하여 하나님의 백성을 향한 하나님의 분노에 관한 성경구절들이다:

"자식들은 나무를 줍고 아버지들은 불을 피우며 부녀들은 가루를 반죽하여 하늘의 여왕을 위하여 과자를 만들며 그들이 또 다른 신들에게 전제를 부음으로 나의 노를 일으키느니라 여호와의 말씀이니라 그들이 나를 격노하게 함이냐 자기 얼굴에 부끄러움을 자취함이 아니냐 그러므로 주 여호와께서 이와 같이 말씀하시니라 보라 나의 진노와 분노를 이곳과 사람과 짐승과 들나무와 땅의 소산에 부으리니 불 같이 살라지고 꺼지지 아니하리라 하시니라" (렘 7:18-20)

이 전략적 수준의 영적 전쟁을 효과적으로 수행하기 위한 전략은 우상숭배와 지역을 다스리는 종교적인 영들 뒤에 도사리고 있는 정사와 권세에 대항한 기도에 초점을 맞추고 있다. 우상숭배는 오늘 우리가 사는 이 시대에 만연되어 있다. 이 우상숭배는 성경에서 그리고 역사 속에 등장한 하나의 이야기와 같은 줄거리가 아니다. 이 우상숭배는 모든 민족들과 그리고 우리가 사는 서구 사회에도 엄연히 존재하고 있는 현실이다.

나는 역사가 진행되고 있는 이 시점에도 왜 지속적으로 우상숭배가 성행하고 있는지에 대해 언급하고자 한다. 이것은 구약 성경 예레미야에서 하나님의 분노를 야기했던 하늘의 여왕에 관한 우상숭배이다. 사탄은 여러 세기가 흘러가는 동안 여러 가지 형태의 우상으로 그 옷을 바꾸어 입어왔다. 이것은 예레미야 시대와 마찬가지로 오늘 시대에도 하나님의 구원 계획을 방해하기 위해 사탄은 위장 전술을 사용하고 있는 것이다. 이 영적 존재가 하늘의 여왕(The Queen of Heaven)이라고 불려진 정사(principality)란 지역 영이다.

하늘의 여왕(The Queen of Heaven)

피터 와그너는 그의 책 『Confronting the Queen of Heaven』에서 "하늘의 여왕은 사탄의 지휘를 받으며 불신자들을 어둠의 왕국에 효과적으로 묶고 있는 정사라고 불려진 영적 존재라고 말한다."[6] 나는 그의 견해에 동의한다. 나는 여러 나라를 여행하면서 민족들과 나라를 연구해 볼 때, 내가 발견한 가장 강력한 우상숭배의 형태는 하늘의 여왕과 관련된다. 이 우상숭배는 달의 여

---

6) C. Peter Wagner, Confronting the Queen of Heaven(Colorado Springs: Wagner Publications, 1998), p. 24.

신 우상숭배와 관련된다. 이달의 여신숭배는 로마 신화에서 다이아나 여신(Diana, 달의 여신으로서 처녀성과 사냥의 수호신 그리스 신화의 Artemis에 해당), 아르테미스(Artemis, 사냥의 여신으로서 Apollo의 누이동생. 로마 신화의 Diana에 해당), 이슈타르(Ishtar, 바빌로니아와 앗시리아의 사랑, 전쟁, 풍요의 여신) 벨티스(Beltis, 갈대아 문명에서 벨 니므롯의 아내 여신), 퀴벨레(Cybele, Phrygia를 중심으로 소아시아에서 숭배되었던 대지의 여신; 그리스 신화에서는 Rhea, 로마 신화에서는 Ops와 동일시되었다, 역자 주)와 함께 이름 붙일 수 있다.

이 하늘의 여왕이란 우상숭배는 인간의 형태를 입고 우상숭배로 나타난다. 이 하늘의 여왕이라고 불려진 여신숭배가 인간의 형태의 옷을 입고 등장하는 가장 두드러진 형태는 예수님의 어머니인 마리아숭배와 연관된다. 우리의 대적 마귀는 로마 카톨릭이 마리아라고 불려진 주님의 여종이 예수님과 우리 사이에 중재자이며, "모든 만물 위에 뛰어난 여왕"이라고 칙령을 발표함으로 사탄의 속임수에 빠지게 되었다. 따라서 마귀는 거짓 속임수를 사용함으로 성공적으로 마리아 우상숭배를 로마 카톨릭에 심어왔다. 더 나아가 로마 카톨릭 교리 문답은 다음과 같이 선언한다:

"아기를 수태하면서 당신(마리아)은 동정녀의 처녀성을 지켜오셨습니다. 당신의 위대함은 세상을 떠나지 않았습니다. 오, 하나님의 어머니시여! 당신은 생명의 원천이 되셨습니다. 당신은 생명의 하나님을 수태하셨습니다. 그래서 당신의 기도로 죽음으로부터 영혼들을 구원하실 것입니다." [7] "마리아,

---

7) See the "Catechism of the Catholic Church," Part one, section Two, chapter three Article Nine; www.vatican.va.

당신은 모든 죄로부터 자유로우시기 때문에 모든 사람을 거룩하게 하실 수 있습니다." [8]

우리가 믿음의 영웅들을 기억하는 것은 확실히 중요하다. 성경은 믿음의 영웅들을 기억하도록 하게 하고 우리는 그들의 믿음이 위대함을 배운다. 마리아는 하나님의 독생자를 잉태하기 위해 모든 시대의 여성들로부터 선택된 여성이었다. 우리는 그녀가 하나님을 향한 경건한 마음과 태도와 처녀가 잉태하여 아들을 낳을 것이라는 하나님의 말씀에 순종으로 반응한 모습은 반드시 높이 평가해야 한다. 그러나 아브라함이 하나님에 의해 선택되었기 때문에 우리는 그를 숭배하지는 않는다. 우리는 하나님, 예수 그리스도, 성령 하나님 외에 다른 사람을 숭배하는 일을 아주 조심해야 한다. 불행하게도 마리아숭배와 관련하여 많은 여성과 남성은 마리아를 숭배하는 우상숭배에 헌신하고 있다. 로마 카톨릭은 신자들이 마리아 앞에 바칠 수 있다고 가르쳤다. 마리아는 신자의 기도를 아들이신 예수님께 드린다고 가르쳤고, 아들이신 예수님은 그의 어머니의 기도를 거절하실 수 없을 것이라고 가르쳤다. 교황 요한 바오로 II세는 체코 공화국을 방문하였을 때, 그는 다음과 같이 기도했다: "이제 우리는 하늘의 여왕이신 자비로우신 마리아께 기도하자!" [9]

그러나 주님 외에 다른 사람에게 기도하는 것은 주님이 작정하신 의도가 아니다. 이사야는 다음과 같이 말한다:

"나 곧 나는 여호와라 나 외에 구원자가 없느니라" (사 43:11)

---

8) See the "Catechism of the Catholic Church," Part one, section Two, chapter two Article Three; www.vatican.va.
9) www.vatican.va(30 April 2000)

"나는 여호와이니 이는 내 이름이라 나는 내 영광을 다른 자에게, 내 찬송을 우상에게 주지 아니하리라" (사 42:8)

나는 로마 카톨릭의 역사를 연구하기 위해 로마 바티칸 시를 여행하였다. 그리고 아주 분명한 역사적 고증을 발견하였다. 나는 로마 카톨릭에 존재해 온 마리아숭배에 관한 속임수가 존재해 왔다는 사실을 발견하였다. 여기에 간략한 그 역사를 소개한다. 이것은 기원후 431년 에베소 공의회가 열렸다. 이 역사적 모임에서 마리아는 하나님의 어머니로 지위가 높여졌다. 그런데 그 당시 로마에서 퀴벨레(Cybele, Phrygia를 중심으로 소아시아에서 숭배되었던 대지의 여신 그리스 신화에서는 Rhea, 로마 신화에서는 Ops와 동일시 되었다, 역자 주)라고 불려진 숭배 사상은 하늘의 여왕이라는 형태로 사람들 가운데 숭배되었다.

다음의 문서는 마리아숭배에 관한 속임수와 거짓이 로마 카톨릭교에 유입된 경위를 설명하는 중요한 문서이다. 그리고 이것은 어떻게 마리아숭배가 로마 카톨릭 교회와 로마에 유입되었는지를 설명하는 문서이다. 마리아란 이름은 마귀적인 존재로 언급된다.

마리아숭배는 이방숭배 사상에 대항하여 심한 생존 경쟁을 겪지 않았다. 마리아숭배는 다른 종교의 종교적 사상과 갈등을 야기하며 고대여신숭배 사상을 물리치지 않았고, 다른 종교숭배자 사이에 사회적 불안정을 초래하지 않았다. 마리아숭배는 지역 여신숭배사상을 흡수하였고, 다른 숭배사상 예배하는 자들의 마음을 쉽게 사로잡을 수 있었고, 그리고 이 마리아숭배는 기독교 안에서 종교적 영역을 차지하였다. 이전에 이방인 여신숭배에 봉헌된 모든 이방 여신숭배 신전들은 마리아를 신으로 숭배한 기독교 안에서 마리아숭배로 변형되었다. 이방 여신숭배가 로마 카톨릭에서 새로운 여신인 마리아숭배 사상으로 변형되었지만, 그들의 옛 가르침은 마리아숭배 상상에서 그 기능을 유지하고 있었다.[10]

소아시아에서 숭배되던 대지의 여신이며 로마시대에도 숭배되던 여신인 퀴벨레에 관하여 다음과 같은 내용을 주의하여 살펴보라:

아마도 후기 교대에서 모든 여신숭배 중에 가장 크게 숭배된 여신숭배는 모든 여신들의 어머니로 일컬어지는 마그나 마테르(Magna Mater)의 숭배이다. 로마 카톨릭은 이 마그나 마테르의 숭배를 위한 신전의 자리에 그들의 영적 센터로 자리를 잡았다. 그녀의 신정에 있던 가장 소중한 운석은 로마로 옮겨졌다. 기독교가 로마에 등장하였을 때, 여신으로 숭배된 퀴벨레 여신은 로마에서 가장 핵심적인 숭배 사상으로 자리를 잡았다. 로마에서 마리아숭배는 퀴벨레 여신숭배와 비슷한 종교 의식으로 여겨졌다. 왜냐하면 두 여신숭배는 모두 동정녀라는 유사성을 지니고 있었기 때문이었다. 기원후 4세기 이래로 하늘의 여왕으로서 마리아의 숭배는 로마 카톨릭에서 하나의 신앙생활의 부분을 차지하였다. 그리고 수많은 그림과 천사, 그리고 성인숭배와 함께 마리아는 예수 그리스도와 함께 영광의 면류관을 쓰고 등장하기 시작했다.[11]

밝혀진 아주 흥미로운 사실은 고대 로마의 여신숭배 사상이었던 퀴벨레 숭배를 신전 자리에 현재 로마 카톨릭의 본 고장인 바티칸의 베드로 성당이 자리를 잡고 있다는 것이다. 마리아숭배는 소아시아와 로마에 만연하던 퀴벨

---

10) Harold Harman, "The Kinship of the Virgin Mary: profile of a Cultural Archetype," Revision Magazine, 1998, 4.
11) 같은 책, 4 페이지.

레 여신숭배로 대체되었다는 것이다. 마리아숭배를 위한 형상은 점진적으로 퀘벨레 여신이 가졌던 여신숭배의 성격을 위한 형상을 취했고, 로마는 마리아숭배의 중심지가 되었다. 이런 역사의 배경을 가지고 로마 카톨릭은 여신숭배를 묵인하였고, 마리아숭배는 마리아가 신자를 축복한다는 신념이 세계 각처에 확산되었다.

인간은 이 우상숭배의 속임수를 받아들인 대가를 톡톡히 치렀다. 하늘의 여왕이란 마리아숭배로 그 지역에 거주하던 거주민들은 수 세기 동안 슬픈 역사를 경험하였다. 여기에 세 가지 슬픈 역사의 흔적을 보기로 한다.

▶ 예루살렘 성지의 십자군

하늘의 여왕을 숭배하는 믿음을 가진 혼합 종교는 오랫동안 무고한 피를 흘린 슬픈 역사의 과거를 가지고 있다. 예루살렘을 회복한다는 목적으로 로마 카톨릭은 카톨릭이 아닌 사람들을 학살함으로 무고한 피를 흘렸다. 1096년 로마 카톨릭 교황 얼반(Urban) II세는 예루살렘은 로마 카톨릭의 성지라고 주장하며 예루살렘을 모슬렘으로부터 탈환하고자 제1차 십자군 전쟁을 시작했다. 방패와 칼을 가진 문장과 깃발을 앞세운 십자군들은 유럽에서 예루살렘으로 진격하여 유대인들과 이교도(Heretics)들을 죽였다.

십자군이 예루살렘에 입성했을 때 6,006여명의 유대인들은 유대인 회당에 집결해 있었다. 십자군들은 유대인 회당에 불을 지르고, 그들을 모두 불태워 죽였다. 3만 명의 모슬렘들은 모스크에 모여 있을 때 십자군은 그들을 대량 학살했다. 예루살렘 거리는 이름 모를 죽은 시체가 가득했다.

▶ 스페인 종교 재판

스페인의 종교 재판은 로마 카톨릭에 의해 주도되었다. 이사벨라 I세 여왕과 퍼디난드(Ferdinand) 황제는 열렬한 로마 카톨릭 신자였다. 그들은 1492년 종교적 일치를 유지한다는 명목으로 종교 재판을 만들었다. 스페인 종교 재판은 이베리아 반도에서 살던 사람들에게 닥쳐진 공포로 알려져 있었다. 원래 종교 재판은 이단들로부터 국가를 정화하고자 세워진 것이지만, 그것은 점차 단순한 정화보다는, 보다 유물론적이고 인종주의적이고 정치적인 동기를 지닌 실체로 변질되었다. 일반적으로 종교 재판의 시작은 퍼디난드(Ferdinand) 5세와 이사벨라(Isabella) 여왕의 통치 때 시작된 것으로 알려져 있다. 그러나 실제로는 그전에 이미 세워져서 퍼디난드와 이사벨라가 죽은 이후에도 오랫동안 지속되었다.

스페인 종교 재판 기간 부모들은 그들의 자녀가 다른 종교에 빠지지 않는지 보고하였고, 그들의 자녀도 카톨릭 교리가 아닌 다른 종교적 활동에 참가하는 일을 보고하였다. 스페인 종교 재판 기간 동안 323,362명의 사람이 화형을 당했고 17,659개의 인형이 불태워졌다. 이 기간은 스페인 역사에서 가장 암울했던 시기였다. 훨씬 더 많은 수의 재판이 이교도와 유대인들을 대상으로 있었다. 또한, 가장 혹독하게 시련을 당한 경우들도 있었다. 물론, 박해를 받은 또 다른 소수 그룹도 있었지만, 대부분은 유대인을 대상으로 한 것이었다. 마지막 종교 재판의 희생자는 1826년에 발생했다. 종교 재판에 고소된 사람은 리자파(Rizaffa)의 학교 교장이었던 카에타노 리폴(Caetano Ripoll)이었다. 스페인 종교 재판은 그를 정치 혁명을 주도한 반역자라고 재판에 회부하였다. 리폴은 이신론을 가르치는 카톨릭의 주장을 거부했다. 그리고 그는 자기의 빠듯한 경제생활 여건 중에서도 가난한 자들과 물질을 나누며 예수님 가르침을 몸소 실천하고자 하였다. 그는 공공연하게 대중들에게 그의 가르침을 퍼뜨리지 않았다. 그러나 카톨릭 교회는 그가 미사를 드리지 않는다, 카톨릭의 임종 성찬에 무릎을 꿇지 않았다. 그리고 마리아를 칭송하는 노래(Ave Maria purissima)를 사용하지 않고 대신 하나님을 찬양한다(Praise be to God)는 문구를 사용하였다는 이유로 고발되었다. 그는 1824년 체포되었고 거의 최종 판결을 위해 2년간 재판은 지속되었다. 스페인 종교 재판소는 리폴에게 그의 견해를 해명할 기회를 주지 않았다. 재판소는 그에게 교수형을 선고하였고, 그의 시체는 불결한 장소에 아무렇게나 내동댕이쳐졌다. 리폴은 최종 판결을 접한 후에 다음과 같이 말했다:

"나는 하나님께 화해한 채로 죽는다."

이 스페인 종교 재판은 200년 전의 사건이다. 이 사람은 로마 카톨릭의 교리를 고백하지 않았다는 이유로 처형되었다. 이런 일은 로마 카톨릭 교회에 의해 예수님 이름으로 집행되었다.

나는 이 스페인 종교 재판은 하늘의 여왕의 영적 영향력 아래 있던 이사벨라 I세 여왕과 퍼디난드(Ferdinand) 황제가 주도하였다는 사실을 주목한다. 나는 이 스페인 종교 재판이 스페인 지역 위에 죽음과 공포란 강력하고 견고한 진이 형성되는데 일조하였다고 생각한다. 스페인에서 이 우상숭배와 하늘 여왕의 우상숭배를 깨는 일에 헌신된 복음주의자들은 카톨릭 교도에 의해 아직도 스페인에서는 다른 종교 숭배의 구성원으로 여겨지고 있다. 따라서 우리는 스페인 국민을 위해 기도하는 것이 필요하고, 그 결과로 하늘의 여왕을 숭배하는 사탄의 견고한 진이 무너지도록 기대한다.

▶ 유대인 대량 학살 홀로코스트(Holocaust)

하늘의 여왕은 유대인을 증오하고 이 마리아숭배를 받아들이지 않는 다른 종교적 분파들을 인정하지 않는 영적 존재이다. 나는 하늘의 여왕이 마리아숭배의 가면 속에서 역사 하여 유대인 대량 학살에 결정적인 역할을 하였다고 믿는다. 나는 또한, 이 영적 존재가 로마 카톨릭 교회 안에 활동하였다고 믿는다. 그 결과로 로마 카톨릭은 유대인 대량 학살 기간에 중립 입장을 표했다고 생각한다. 이 기간에 유대인 연맹과 유대인 지도자들은 독일 로마 카톨릭 교회가 유대인 학살을 그만 두도록 독일 나치당에 압력을 행사하도록 교황 파이어스 12세에게 애걸하였다. 그러나 교황은 유대인이 대량으로 학살 당하는 생육의 현장에 관해 알고도 세계 제2차 대전 내내 대량 학살에 관해 침묵으로 일관했다. 카톨릭 교도였던 히틀러는 카톨릭 교회로부터 그의 정치적 야망에 대한 축복을 다음과 같이 기원했다:

독일 니더 작센 주의 행정 중심 도시 오스나브뤼크(Osnabruch)의 주교였던 베르닝(Berning)과 한 시간 동안 대화했다. 히틀러는 주교와 대화하면서 국가주의 사회주의와 로마 카톨릭은 근본적으로 큰 차이가 없다고 확신했다. 그는 교회가 유대인들을 기생충으로 여기지 못했다고 말하며 유대인들을 증오했다. 그런데 히틀러는 "내가 오직 유일하게 이런 일을 할 수 있다"고 자랑했다. 1300년 동안 교회가 "가장 효과적으로 유대인 박해를 위해 무엇을 효과적으로 수행하였느냐"고 물었다. 그리고 그는 로마 카톨릭 주교에게 자기가 "카톨릭 신자가 되어 로마 카톨릭을 지지하여 발전시키기를 원한다"고 말했다.[12]

나는 이런 정보를 다시 나열하여 로마 카톨릭 신학과 논쟁하거나 로마 카톨릭에 있는 신자들의 마음이 새롭게 되지 않는다는 것을 말하는 것이 아니다. 나는 심지어 로마 카톨릭 신자들에게도 예수 그리스도 안에 있는 개인적인 믿음을 통해 믿는 자를 구원하시는 하나님을 신뢰한다. 로마 카톨릭의 교리 문답서는 하나님의 아들 예수 그리스도의 구속사적 죽음을 통해 모든 자를 구원하시는 하나님의 구원 계획이 이루어졌다고 이야기 한다. 그러나 나는 이런 교리적 선언은 로마 카톨릭 안에 마리아숭배나, 예수님의 유일한 중보 사역에 마리아의 또 다른 중보 사역이 추가되었다는 사실이 없어졌다고 보지 않는다. 나는 여러 로마 카톨릭을 신봉하는 국가를 조사하고 기도하면서 마리아숭배가 사라졌다고 보지 않기 때문이다. 아직 로마 카톨릭의 마리아숭배는 하늘의 여왕으로서 존재하며, 마리아는 예수님 외에 기도를 받으시고 신자들의 기도를 받아 예수님께 중보기도 하는 존재로 여겨지고 있다. 내가 말하고자 하는 것은 우리의 대적은 어떤 형태로든지 하늘의 여왕을 숭배하는 속임수로서 사람들을 어둠 가운데 속박할 수 없다는 역사적 진리에 관한 사실을 보여주고자 한다. 우리는 어떻게 사탄의 정사와 권세가 그들의 어떤 지역에서 사람들을 통제하며 그것을 유지하고 있는지, 그리고 어떻게 그들이 어떤 지역에 들어가기 위한 발판기지를 마련할 수 있는지를 분별하고자

---

12) Peter de Rosa, *Vicas of Christ: The Dark Side of the Papacy*(New York: Crown, 1988), p. 5.

한다. 따라서 우리가 전략적 수준의 영적 전쟁을 통해 어떤 지역에서 효과적으로 어떻게 사역할 수 있는지를 중보기도 하는 사람들과 노력해야 한다. 이런 진리들은 우리가 영적 전쟁에서 승리를 거두기 위해 반드시 이해해야 할 중요한 정보이다. 그래서 우리가 정확한 지식을 가지고 기도하며, 효과적으로 기도하여 사탄에 묶여 있는 민족들을 해방되는 것을 보고자 한다.

나는 마리아숭배와 연관된 정사와 권세를 대항한 영적 전쟁인 전략적 수준의 영적 전쟁을 수행하며 수년간 그 경험을 쌓아왔다. 그리고 나는 이 영적 전쟁을 수행하기 위한 연구 조사를 통해 어떤 특정 지역을 통제하고 있는 대적의 견고한 진을 허무는 일을 수행하여 왔다. 나는 이 마리아숭배에 대항한 영적 전쟁의 경험을 소개하고자 한다.

산타 마리아 마죠레(Santa Maria Maggiore)

하늘의 여왕의 능력과 속임수를 깨뜨려고 수년간 이 마리아숭배에 관해 조사 연구한 후, 앨리스 스미스와 나는 21명의 중보기도 사역자를 이끌고 전투기도 여행을 수행하기 위해 로마로 갔다. 우리는 로마에서 기도하는 동안 유대인들이 로마 카톨릭의 우상숭배로 인해 무고하게 희생되었다는 느낌을 받았다. 우리는 수많은 지역을 순회하면서 잃어버린 자들이 구원받을 수 있도록 기도했다.

우리는 9일을 로마에 머물고 교회들 앞에서 기도하면서 나는 로마 카톨릭 교회들 가운데 있는 마리아숭배를 더 잘 이해할 수 있었다. 우리가 방문한 모든 카톨릭 교회는 예수님을 유일한 중보자로 숭배하지 않고 있었다. 사실 대부분의 교회들은 마리아를 중앙에 보좌에 그려놓았고, 양쪽에 성부 하나님과 예수 그리스도를 묘사하고 있었으며, 두 분은 마리아에게 면류관을 씌어주는 분들로 마리아 양옆에 모시고 있었다. 마리아는 하나님이 마땅히 좌정하셔야 할 보좌에 그녀가 앉아 있었다. 우리의 마음들은 이 마귀의 속임수에 묶여 있는 수많은 영혼을 향한 긍휼한 마음으로 가득 찼다. 우리는 이 마리아숭배를 통해 사람들을 속이는 있는 거룩한 분개로 가득 찼고, 마침내 이 마리아숭배를 영적으로 주도하고 있다고 믿어지는 장소에 이르렀다. 나의 견해는 아직 이 마리아숭배가 소아시아와 로마에 만연했던 퀴벨레 여신숭배와 연관이 있다고 생각한다. 나는 퀴벨레 여신숭배는 그들의 종교로서 카톨릭의 교리를 신봉하지 않은 유대인과 기독교인들을 순교하게 로마 카톨릭 배후에 역사한 영적 존재의 영향력이라고 확실히 믿는다.

우리는 마지막 로마 방문 날에, 로마에서 가장 큰 교회이며 마리아숭배에 봉헌된 "동정녀숭배 사상"의 센터인 산타 마리아 마죠레(Santa Maria Maggiore) 교회를 방문했다. [13] 이 교회는 로마 종교의 최고의 신인 쥬피터의 아내인 주노 여신(Juno)의 신전과 같은 자리에 건축되었다. 이 주노 신전은 기원전 375년에 건축되었다. 그리고 800년 동안 로마 제국 종교의 여신숭배 신전으로서 로마 종교에서 가장 중요한 신전 중의 하나가 되었다. 주노 여신은 모든 여신의 어머니로 여겨졌다.

기원후 350년에 로마 교황 리베리우스(Liberius)는 이 자리에 처음 교회를 건축하였다. 이 교회 건축은 로마 귀족의 기부금에 의해 이루어졌다. 이 부부

---

13) "History of the Basilica," http:// it-jabba-smtuweb.coloradocollege. edu/_larson/History_of_Basilica.html.

는 아이를 가지지 못했고, 마리아숭배를 위해 그들이 가지고 있던 재산을 기부하기로 하였다. 이 성당은 로마의 4대 바실리카식 교회의 하나로, 바실리카 리베리아나라고도 한다. 전설에 의하면 325년 8월 5일 교황 리베리우스 꿈에 나타난 성모 마리아가 눈이 내리는 곳에 성당을 건축하라고 계시했는데 한여름에 실제로 눈이 내렸다고 한다. 그래서 통칭 '눈의 산타마리아' 라고도 한다. 로마 교황은 이것을 기적이라고 불렀다.

기원후 432년 로마 교황 식스투스(Sixtus)는 에베소 공의회가 있은 후에 교회를 보수하라고 명령했다. 에베소 공의회에서는 동정녀 마리아에게 붙여진 소위 "하나님을 낳은 자(하나님의 어머니: Theotocos : Bearer of God)"라는 명칭이 제공되었다. 과거 1500년 동안 이 교회에 사람들은 마리아를 하루에 세 번씩 숭배하였다. 1500년 동안 마리아를 예배하는 것이 하루도 빠짐없이 계속되었다.

우리가 교회에 머무르는 동안 예배가 시작되었다. 교회에서 사람들은 마리아에게 노래 하는 동안 우리는 사람들 가운데 소망과 생명력이 없음을 느꼈다. 노랫소리는 장송곡 같이 들렸다. 우리가 제단 주변에서 기도하고 있는데 우리 뒤에 마리아숭배를 위한 노래를 부르는 한 무리가 뒤에 등장했다. 우리 중보기도 팀의 구성원 하나는 오직 예수님이 영광과 찬양을 받기에 합당하신 분임을 노래할 때라고 말했다. 앨리스는 '우리가 섬기는 하나님은 얼마나 영화로우신가' 라는 찬양을 부르기 시작하라고 내게 지시했다. 우리 중보기도 팀들은 4개조로 교회당 전역에 흩어졌다. 내가 노래를 부르는 동안, 팀의 구성원들은 마리아 대신 예수님을 찬양하기 시작했다. 노래 소리는 교회당에 가득 찼다. 우리가 중보기도 하는 동안 다른 사람들의 주목을 받지 않는 것은 중요하다. 그러나 이것은 아주 드문 경우였다. 그러나 나는 이렇게 카톨릭 교회당에서 마리아 대신 예수님을 찬양하게 된 것이 예수님과 하나님이 영광을 홀로 받으실 분이라는 노래를 마쳤다. 그리고 한 중보기도 구성원이 천정을 손으로 가리키며 예수님이 진정한 하나님의 아들이시며, 그가 홀로 예배와 영광을 받으셔야 마땅하다고 선포했다. 이것은 카톨릭 성당에서 마리아를 숭배하는 상황 가운데 선포된 놀라운 선포였다.

우리는 우리 자신의 예배행진을 끝내고 예배당 주변을 걷고 있었다. 나는 마리아 제단 앞에 서 있었을 때 누군가가 뒤에서 나의 주목을 끌기를 원한다는 느낌을 받았다. 나는 주님이 그들에게 헬로우를 최소한 말하기를 원한다고 느꼈다. 그러나 나는 그 시간 통역을 데리고 있지 않았고, 그들이 만약 영어를 모르면 어쩌나 하는 생각이 들었다. 주님은 나에게 그들에게 짧은 인사를 하라고 말씀하신다는 생각이 들었다. 그래서 나는 그들에게 인사하기로 주님의 생각에 순종했다.

나는 나를 향해 반갑게 웃고 있는 할머니를 보게 되었다. 그녀는 나를 향해 거친 악센트의 영어로 말했다. 나는 "당신 영어 할 줄 아시네요"라고 짧게 외쳤다. 그녀는 내가 하는 말을 이해했고, 내가 전혀 기대하지 않은 놀라운 질문을 하기 시작했다.

그녀는 "당신은 방금 찬양했는데 누구를 예배하던 중입니까? 그분은 내가 예배하고 경배해 왔던 분이 아닙니까? 나는 당신과 당신 친구들이 아까 경배하고 예배한 하나님에 대해 알기를 원합니다. 당신들이 찬양하는 동안 당신의 경배와 찬양은 굉장하고 자유롭다고 나는 느꼈습니다. 당신은 누구를 예배합니까?"라고 물었다.

나는 이 소리를 듣고 거의 눈물을 감출 수 없었다. 나는 "우리는 예수 그리스도, 하나님의 아들, 그분만 예배하고 경배합니다"라고 답변했다. 그녀는 "나도 그분만 예배하고 그분만 사람들이 경배해야 한다고 생각합니다. 어떻게 나와 내 딸이 예수님을 개인적으로 알 수 있는지 설명해 주실 수 있습니까?"라고 질문했다. 나는 기쁘게 생각했고 그녀와 그 딸에 대해 더 알 수 있었다.

어머니의 이름은 마리아(Maria)였고 그녀의 딸 이름은 나타샤(Natasha)였다. 그들은 모스크바에서 왔고, 러시아에 사는 전형적인 유대인이었다. 두 유대인 여인들은 로마에 있는 마리아숭배와 밀접한 관련이 있던 퀴벨레 여신터에 세워진 카톨릭 교회 성당에서 구원을 받았다는 것은 얼마나 놀라운 하나님의 역사인가!

나는 그들이 우리가 수행한 마리아숭배를 대항하는 전략적 수준의 영적 전쟁의 결과로서 구원을 받았다고 생각한다. 그녀들이 영적 출생이란 새로운 출발을 통해 여신숭배 장소에서 드려지는 영광은 주노(Juno)라고 불려진 여신에게 주어진 것이 아니라, 예수님께 바쳐졌다. 나는 여신숭배의 터전 위에 세워진 로마의 카톨릭 교회 성당에서 두 여인이 구원을 받은 것과 미국 텍사스에서 거둔 열매는 얼마나 중보기도 사역이 놀라운 영적 도구인가를 경험한 사례였다는 것을 고백하고 싶다. 나는 그날 우리가 수행한 영적 전쟁을 통해 로마에서 마리아숭배를 통해 역사 하던 대적이 큰 영적 손실을 당했을 것이라는 것을 믿는다. 나는 이 땅에 있는 많은 민족을 위해 중보기도를 통하여 주님과 함께 사역하고 있다는 놀라운 특권을 주신 주님께 감사를 드리지 않을 수 없음을 고백한다. 나는 오직 하나님만 홀로 이런 영적 전쟁을 지휘하실 수 있는 분임을 믿는다.

하나님은 자신의 땅을 소유하길 원하신다

하나님은 아브라함을 부르셨을 때 자신의 땅을 주기를 원했다:

> "여호와께서 아브람에게 이르시되 너는 너의 고향과 친척과 아버지의 집을 떠나 내가 네게 보여 줄 땅으로 가라 내가 너로 큰 민족을 이루고 네게 복을 주어 네 이름을 창대하게 하리니 너는 복이 될지라 너를 축복하는 자에게는 내가 복을 내리고 너를 저주하는 자에게는 내가 저주하리니 땅의 모든 족속이 너로 말미암아 복을 얻을 것이라 하신지라" (창 12:1-3)

하나님은 아브라함을 불러 그의 땅인 갈대아 우르를 떠나 하나님이 선정하신 약속의 땅인 가나안으로 가게 하여 그가 세상을 구원하기로 작정하신 하나님의 구속 역사의 중심으로 등장하게 하신다. 아브라함은 가나안 땅과 큰 민족과 온 세상 중에서 복의 근원이 되는 약속을 받았다. 이 약속은 예수 그리스도 안에 있는 믿음을 통해 모든 민족이 하나님의 후손이 된다는 것이 언약의 본질이다.

하나님이 아브라함에게 약속하신 것은 하나님의 계획과 그의 작정에 따라 아브라함이 가나안 땅을 갖게 하신 일이었다. 우리는 모든 민족의 아비가 되도록 아브라함을 부르신 하나님의 계획 속에서 배워야 할 교훈이 있다. 천

지를 창조하신 하나님은 자기 백성인 교회가 잃어버린 땅을 차지하기를 바라신다. 그리고 하나님은 교회가 마귀에게 빼앗긴 땅을 되찾기 위해 함께 일하기를 바라신다. 나는 하나님은 교회가 땅을 되찾기를 바라신다는 사실을 워치만 니(Watchman Nee)가 쓴 책 『Changed into His Likeness』에서 인용하고자 한다:

그의 백성을 위한 하나님의 모든 역사는 땅과 관련이 있다. 만약 하나님의 백성이 신실하게 그 약속을 순종한다면 땅을 차지한다. 만약 그들이 순종하지 못하면 그들은 그 땅을 소유할 수 없을 것이다. 하나님의 백성이 신실하게 하나님의 말씀을 순종하면 모든 대적들은 땅에서 쫓겨날 것이며, 그들은 하나님을 위해 땅을 차지할 것이다. "땅"은 구약 성경의 중심 사상이다. 하나님은 자신의 영광을 위하여 땅을 원한다.

그래서 가나안 땅은 이스라엘이 정복할 최종적인 목표가 아니다. 이스라엘이 땅을 정복할 최종적인 목표는 온 세상이다. 하나님은 교회가 궁극적으로 차지하고 정복해야 할 땅은 온 세상이라고 말씀하신다. 예수께서는 온유한 자가 복이 있다고 말씀하셨다. 왜냐하면, 그들이 땅을 기업으로 받는 것을 약속하셨기 때문이다. 예수께서 재림하실 때에 온 땅이 하나님께 바쳐질 것이지만, 우리가 사는 현재의 삶 속에서 땅은 하나님의 말씀과 약속에 신실하게 반응하는 온유한 자가 차지할 것이라고 약속하신 것이다. 구약 성경에서 이스라엘 백성이 차지할 가나안 땅을 주신 하나님은 또한, 온 땅을 그들에게 주시기를 원했다. 이 말은 창조주이신 하나님은 가나안 땅의 주인이실 뿐 아니라, 온 땅의 주인이심을 의미한다. 하나님은 교회가 이 땅의 주인임을 알고 복음을 전파하며, 이 땅에 교회를 건설하고, 그리고 그의 나라를 확장하기를 바라신다. 하나님은 우리가 땅 위에서 땅의 소유권이 하나님께 있음을 주장하며 세상에서 굳게 서기를 원하신다. [14]

하나님은 그의 교회가 땅 위에 굳게 서기를 바라시며, 그의 자녀들가 땅을 정복할 영적 권위의 주인공들임을 굳게 믿고 세상을 정복하기를 원하신다. 다음은 교회가 땅의 주인임을 주장하는 성경구절들이다:

> "여호와는 나의 산업과 나의 잔의 소득이시니 나의 분깃을 지키시나이다 내게 줄로 재어 준 구역은 아름다운 곳에 있음이여 나의 기업이 실로 아름답도다" (시 16:5-6)

> "인류의 모든 족속을 한 혈통으로 만드사 온 땅에 살게 하시고 그들의 연대를 정하시며 거주의 경계를 한정하셨으니" (행 17:26)

아담과 하와가 범죄하므로 땅을 소유하며 그 땅을 다스리는 권리를 포기했다. 하나님은 잃어버린 땅을 예수님의 십자가와 부활 사건을 통해 다시 교회에 주셨다. 마귀에 대항한 예수님의 십자가 승리를 통해 법적으로 온 땅의 주인은 하나님 나라의 대행자인 교회의 소유가 되었다. 따라서 교회는 하나님 나라를 확장하는 대행자로서 세상에서 이 땅의 소유권을 주장해야 한다. 비록 십자가의 승리로 인해 이 땅의 주인이 하나님의 백성이지만 아직도 땅 위에서 인간은 온갖 우상숭배와 범죄로 땅을 더럽혀 왔다.

하나님은 우리를 위해 모든 민족의 경계를 정하시고 그들이 하나님을 경

---

14) Watchman Nee, *Changed into His Likeness* (Wheaton, Ill.: Tyndale House, 1978), pp. 28-29.

배하도록 양심을 그들에게 주었지만 인간들은 아직도 하나님을 반역하고 있다. 하나님을 섬기지 않고 우상에게 경배하는 민족의 땅을 점령하는 방법과 전략 중의 하나가 전투기도를 통한 전략적 수준의 영적 전쟁이다. 당신과 나는 우연히 어떤 지역에 살고 있는 것이 아니다. 주님은 우리를 우리가 살고 있는 현재의 지역과 도시를 점령하도록 배치해 두셨다. 하나님은 우리가 이 땅을 점령하여 바치고, 그 땅과 민족들이 하나님을 경배하는 땅과 민족들이 되기를 바라신다. 하나님은 그를 경배하지 않고 우상숭배하고 반역하는 어떤 특정 지역이 그를 경배하는 땅이 되도록 바라신다. 또한, 그 땅에 거하는 민족들이 구원받기를 원하신다.

주님은 우리가 그 땅을 위해 기도하기를 원하신다. 따라서 나는 지금 이 시간이 하나님을 모르고 우상을 숭배하는 민족들과 그 땅을 위해 전략적 영적 전쟁과 전투기도를 벌여야 할 때임을 확신한다.

토론할 질문들

1. 조지 오르티즈에 따르면, 어떤 특정한 지역에 사는 개인들이 자신을 사탄의 통치 가운데 둘 때 무슨 일이 벌어지는가?

2. 사탄이 관할하고 통제하던 지역에서 일어나고 있는 어떤 상황을 소개하라.

3. 어떤 특정 지역에 사는 주민들과 시민들이 하나님이 주신 땅을 더럽히고 잘 관리하지 못한 지역과 땅을 잘 관리하고 하나님 뜻대로 산 지역과 도시를 소개하라.

4. 어떤 특정 지역에서 주민들이 사탄의 공격을 효과적으로 잘 버텨낸 때와 시간을 소개하라.

5. 당신은 당신이 살고 있는 지역에서 하늘의 여왕이라는 우상숭배가 자행됐는가? 그렇다면, 주님께서 이 거짓 우상숭배를 용서하시도록 주님께 기도하라. 그 지역에서 권세를 누려온 이 우상숭배를 예수님 이름으로 공격하라. 마리아 우상숭배의 가면 속에 있는 하늘의 여왕의 우상숭배의 견고한 진을 깨뜨려라.

6. 당신은 당신이 살고 있는 지역에서 하늘 여왕이라는 우상숭배가 자행되어 왔는가? 그렇다면, 어떻게 대적들이 이 우상숭배를 그 지역에 심어 왔는지를 폭로하기 위해 하나님께 구하라. 당신은 하나님이 선하게 만드신 도시들을 향한 사탄의 계획을 보기를 원한다고 주님께 기도하라.

7. 당신은 어떤 특정 지역과 도시에 살아왔다. 당신이 어떤 도시와 그 지역에 살게 된 하나님의 뜻과 계획이 무엇이라고 생각하는가? 하나님께서 나를 향한 계획과 뜻이 무엇인지 구하라.

3
이 땅이 나의 사역지

어떤 사람들은 1장과 2장을 읽은 후에 "나는 전략적 수준의 영적 전쟁에 부르심을 받았는가?"라고 물을 것이다. 그리고 다른 사람들은 또한 "나는 어떤 지역에 배치되었는지 어떻게 알 수 있는가?"라고 질문할 것이다. 우리가 이 질문을 가지고 기도할 때, 신실하신 하나님은 어디에서, 어떻게 기도해야 하는지 우리 각자에게 말씀해 주실 것이다.

우리는 두 번째 질문에 관하여는 하나님이 전략적 영적 전쟁을 위해 우리에게 어떤 지역을 할당해 주시는지 알 수 있을 것이다. 첫 번째 질문인 먼저 생각하기 전에, 우리는 먼저 하나님은 우리를 그의 나라로 초청하셨다는 사실을 안다. 그러나 우리는 그 초청된 신자 모두가 하나님 나라의 확장을 위해 이 전략적 수준의 영적 전쟁으로 부르심을 받았다는 것은 아니라는 사실을 주지시키고 싶다. 나는 우리가 모두 이 영적 전쟁에 참여하도록 부르심을 받지 않았다는 사실을 주지시키기 위해 성경을 인용하고자 한다:

"책임자들은 백성에게 말하여 이르기를 새 집을 건축하고 낙성식을 행하지 못한 자가 있느냐 그는 집으로 돌아갈지니 전사하면 타인이 낙성식을 행할까 하노라 포도원을 만들고 그 과실을 먹지 못한 자가 있느냐 그는 집으로 돌아갈지니 전사하면 타인이 그 과실을 먹을까 하노라 여자와 약혼하고 그와 결혼하지 못한 자가 있느냐 그는 집으로 돌아갈지니 전사하면 타인이 그를 데려갈까 하노라 하고 책임자들은 또 백성에게 말하여 이르기를 두려워서 마음이 허약한 자가 있느냐 그는 집으로 돌아갈지니 그의 형제들의 마음도 그의 마음과 같이 낙심될까 하노라 하고" (신 20:5-8)

사사기에서 기드온은 전쟁을 수행려고 이스라엘 백성을 모집했다. 이스라엘 백성 중 3만 2천 명이 전쟁에 나가려고 지원했다. 그러나 기드온은 그들 중 3백여 명만 미디안 사람들과 싸우기 위해 선발했다.

우리가 전략적 수준의 영적 전쟁에 부르심을 받지 않았다면 이 영적 전쟁을 수행하기 위해 대적과 싸우기 위해 전쟁터로 가지 않아야 한다는 것을 아는것은 아주 중요하다. 당신은 이 영적 전쟁을 수행하기 위한 팀들을 옆에서 도울 수 있다. 예를 들자면 이 영적 전쟁을 수행하러 적진에 들어가는 신자들을 위해 중보기도로 그들의 전쟁을 지원할 수 있다. 다른 사람들이 영적 전쟁을 수행하는 동안 그들을 위해 중보기도 하는 것은 이 전쟁에서 효과적인 승리를 거두기 위한 사역이다. 주님이 이 영적 전쟁을 수행하는 동안 중보기도로 팀을 돕기로 당신을 인도하신다는 것을 확신하면 그의 명령을 따르라.

하나님이 당신에게 말씀하실 여러 가지 방법들

하나님이 나에게 유일한 은사를 주셨다는 것을 기억하라. 그리고 그는 이 영적 전쟁을 도울 여러 가지 방법들을 주셨다는 것을 기억하라. 주님은 당신이 시도할 영적 전쟁을 도울만한 사명을 계시하실 것이다.

▶ 기도

하나님이 어떤 사명을 주셨는가를 알기 위해 기도하라. 주님은 당신이 할 일과 사명을 보여주실 것입니다. 먼저 주님이 당신에게 맡겨주신 사명과 계획을 알기 위해 기도하는 것을 먼저 시작하라. 주님은 성령님을 통해 알려주시거나 말씀을 통해 계시하실 것이다.

나는 이전에 스페인 여행을 하면서 주님은 내가 모든 민족들을 위해 기도팀을 인도하기를 원하신다는 강한 확신을 가졌다. 나는 몇 개월이 지난 후, 나는 중보기도 팀장이 되었고 스페인에 가도록 말씀하셨다. 나는 주님의 뜻에 순종하였고, 그 여행을 계획하기 위해 준비하였다.

▶ 꿈들

당신은 먼저 하나님과 개인적으로 친밀한 관계를 가져라. 그러면 주님은 꿈을 통해서도 말씀하시고 계시하신다. 우리의 몸과 마음이 아직 살아있는 동안 주님은 꿈을 통해서도 우리에게 말씀하실 수 있다.

나의 남편 그렉과 나는 휴스턴에 살고 있었다. 나는 휴스턴에서 나의 사역의 전환기를 맞았다. 우리가 주님께 다음 사역에 관해 기도하고 있을 동안,

그는 나의 딸 켄달(Kendall)과 나의 꿈을 통해 말씀하기 시작했다. 나는 콜로라도 스프링스(Colorado Springs)와 그곳에 있는 지구촌 추수 사역 센터(Global Harvest Ministries)를 꿈꾸기 시작했다. 나의 딸 켄달은 꿈에 눈으로 뒤덮인 산을 보기 시작했다. 그녀는 아침에 일어나서 나와 나의 남편에게 다음 사역의 장소는 눈으로 덮인 산에 위치한 도시가 될 것이라고 말했다.

우리는 그녀가 꿈에 보던 비전을 보면서 우리는 휴스턴 옆에 있는 도시에 있는 교회에서 사역할 기회를 가졌다. 그러나 나의 큰딸 켄달은 그 도시는 자기가 꿈에 보았던 눈으로 덮인 도시가 아니라고 말했다. 하나님은 우리가 사역할 다음 장소는 눈으로 덮인 도시가 될 것이라고 나에게도 말씀하셨다. 그 일이 있은 후에 피터 와그너와 그의 아내 도리스는 우리에게 전화하여 그들과 함께 일하지 않겠느냐는 제안했다. 이 새로운 사역 장소는 눈으로 뒤덮인 콜로라도 스프링스에 있는 지구촌 추수 사역 센터(Global Harvest Ministries)였다. 우리는 하나님이 미리 꿈을 통해 보여주셨기 때문에 이 사역의 제안을 받아들였다.

하나님은 꿈을 통해서도 자신의 생각을 보여주시기 때문에 이런 하나님의 계획을 꿈을 통해서도 알고 이해하는 것은 중요하다. 또한, 꿈에 본 내용과 생각을 일기장에 기록으로 남겨놓은 것 또한 중요하다. 당신은 꿈에 본 내용과 비전을 기록하고, 그것이 무엇을 의미하는지, 그리고 그것이 나의 상황과 어떤 관계가 있는지를 주님께 계속 물어보는 것이 중요하다. 성령님은 당신이 본 꿈의 내용과 비전이 무엇인지 가르쳐 주실 것이다. 그리고 당신은 때가 되었을 때 당신이 본 꿈의 내용을 분명히 이해하게 될 것이다. 그리고 꿈에서 본 내용과 비전이 사탄에게로부터 왔는지, 하나님으로부터 왔는지 분별하는 것은 더욱 중요하다. 하나님은 혼란과 공포를 조장하는 분이 아님을 기억하라. 만약 꿈이 혼란과 공포와 두려움을 야기 시킨다면 그것은 하나님으로부터 온 것이 아닌 것을 기억하라.

▶ 환상들

주님은 당신이 자지 않고 깨어 있을 동안 볼 수 있는 환상으로 어떤 계획과 생각을 계시할 수 있다는 것을 이해하라. 주님은 당신의 육안으로 어떤 영적 실체를 보여주실 때가 있다. 당신은 마귀를 볼 수 있고, 천사를 볼 수 있으며, 아직 세워지지 않은 건물과 같은 어떤 물체를 볼 수 있다. 당신이 눈을 감고 있을 동안, 당신의 마음의 눈으로 어떤 것을 볼 수도 있다. 다음에 소개되는 내용은 내가 눈을 감고 있는 동안 내가 보았던 환상의 내용이다.

나는 이집트로 영적 전쟁을 수행하기 떠나는 팀을 위해 다른 사람과 협력하여 팀을 이끄는 리더였다. 이집트로 여행을 떠나기 전에 우리의 팀 구성원 중의 한 사람은 우리가 열쇠 모양을 가진 일곱 개 옷핀을 준비해야 할 것이라고 말했다. 팀의 여섯 사람은 팀 구성원이었고 한 사람은 이집트로 팀을 인도하는 팀의 리더였다. 그 팀의 구성원은 우리가 어디에 그 옷핀을 두어야 할지는 주님께서 나중에 알려주실 것이라고 말했다. 그 옷핀과 같은 열쇠를 어느 장소에 두는 행위는 영적으로 묶여 있는 이집트 지역에 영적 돌파구를 예시하는 예언적 행동과 같은 것이었다.

아주 이른 아침에 우리 팀들이 기도하는 동안, 나는 나의 눈으로 비전을 보았다. 나는 나의 비전 속에 세 개의 돌기둥으로 된 거대한 고대식 건물의 입구를 보았다. 나는 내 생애에 이와 같은 건물을 결코 본 적이 없었다. 나는 주님이 내게 보여 주셨던 비전을 내 방에 있던 멤버에게 말했다. 그리고 내가 보았던 내용과 비전을 상세하게 노트에 기록해 놓았다. 나는 그때 이것이 내게 무엇을 의미하는가를 묻지 않고 그냥 보았던 내용을 기록해 놓았다.

다음 날 아침, 우리는 도시 주변에 기도하기 위해 밖으로 나갔다. 우리는 이집트에서 가장 오래된 피라미드 앞에 섰다. 우리가 입구를 통해 걸어가고 있을 때, 우리의 팀 구성원 중 하나는 이 건물이 내가 보았던 그 건물이라고 즉시 알아차렸다. 그녀는 세 개의 거대한 기둥으로 형성된 건물 입구를 말하면서 이것이 내가 보았던 그 건물이라고 확인시켜 주었다. 말할 것도 없이 나는 크게 즐거워했다. 우리의 팀은 이 장소가 우리가 영적 전쟁과 전투기도를 위해 나아가야 할 장소라고 모두 동의했고, 그래서 우리는 예언적 행동으로서 이 장소가 영적 돌파구가 될 것이라고 믿으면서 가지고 온 7개의 열쇠를 묻었다. 이것이 내가 본 환상과 이집트에서 경험한 내용이다.

▶ 예언적 계시

하나님은 당신의 영에 특별한 계시에 관해 메시지를 주고 기도 제목을 위한 어떤 방향을 계시해 주실 것이다.

나는 러시아(Russia)와 우크라이나(Ukraine)로 9명의 중보기도 대원들과 기도 여정을 떠났다. 우리는 거기에서 첫 미팅 때에 주님께 기도하고 하나님을 예배하기 시작했다. 우리가 주님의 임재를 경험하고 있을 동안, 주님은 우리 팀에게 많은 말씀을 하셨다. 우리는 이런 내용을 노트에 기록했다. 주님이 우리에게 말씀하신 내용 중의 하나는 다음과 같은 것이었다:

"우크라이나에는 하늘의 여왕에게 봉헌된 지하 공동묘지가 있다고 이 장소가 우크라이나를 위해 기도해야 할 중요한 장소이다. 너희는 여기에서 기도해야 한다."

우리가 그 장소를 연구 조사했을 때, 우크라이나의 수도, 키에프(Kiev)에 위치한 동굴 수도원을 발견했다. 이 장소는 마리아숭배를 위해 봉헌된 지하 공동묘지였다. 이곳은 120여 명의 죽은 성인들, 제사장들, 의사들, 예술가들이 묻혔고, 키에프에 사는 많은 사람은 그들을 경배하며 예배하기 위해 이곳에 찾아왔다. 우리는 키에프에서 전략적으로 도시를 위해 중보기도를 하고 있을 때, 이 장소가 도시의 견고한 진이었다는 것을 입증하는 자료들을 이 책의 부록 D에 수록하였다. 키에프에서 중보기도에 관련된 자료들은 상세하게 부록에 수록되었다.

▶ **도시의 평안을 비는 강렬한 소망**

많은 중보기도자들은 그들이 사는 도시를 깊이 사랑하는 마음을 가지고 있다. 그것은 그들이 하나님의 마음을 품고 있다는 증거이다. 그들이 기도하는 대상은 아름다운 도시 광경이나 도시의 땅이 아니다. 그들은 어둠 가운데 묶여 있는 영혼들을 향한 사랑을 가지고 있다. 사람들을 향한 긍휼한 마음과 하나님이 주신 땅이 하나님의 뜻대로 거룩하고 깨끗해지기를 바라는 마음은 전략적 수준의 영적 전쟁으로 부르심을 받은 중보기도자들이 가져야 할 마음의 태도이다. 우리가 이 전략적 수준의 영적 전쟁을 치르는 이유는 잃어버린 영혼들이 하나님의 구원을 받는 것이며, 예수님의 사랑으로부터 단절된 영혼들이 주께로 돌아오는 것이다.

당신은 전쟁을 위해 준비되었는가?

하나님이 당신에게 이 전략적 수준의 영적 전쟁을 수행하도록 사명을 주셨다고 확신하는가? 주님이 당신에게 전략적 수준의 영적 전쟁을 치르기 위해 전쟁터로 나아가도록 말씀하셨는가? 그러면 우리가 먼저 알아야 할 성경 구절을 인용하고자 한다:

> "우리의 싸우는 무기는 육신에 속한 것이 아니요 오직 어떤 견고한 진도 무너뜨리는 하나님의 능력이라 모든 이론을 무너뜨리며 하나님 아는 것을 대적하여 높아진 것을 다 무너뜨리고 모든 생각을 사로잡아 그리스도에게 복종하게 하니 너희의 복종이 온전하게 될 때에 모든 복종하지 않는 것을 벌하려고 준비하는 중에 있노라" (고후 10:4-6)

이 전략적 수준의 영적 전쟁은 가볍게 전쟁터로 나가는 그런 영적 싸움이 아니다. 당신은 전략적 수준의 영적 전쟁에 연관되었을 때, 우리는 마귀와 싸우는 영적 전쟁과 연루되어 있다는 사실을 명심하기 바란다. 나는 고린도후서 10장 6절의 말씀을 특별히 강조하는 의미에서 성구를 인용하였다. 이 전략적 수준의 영적 전쟁을 치르는 중보기도자들은 하나님께 순종하고 우리가 세상으로부터 거룩해야 한다는 영적 전쟁의 선행 조건을 가지고 있다. 나는 전략적 수준의 영적 전쟁을 치르는 하나님의 백성이 먼저 영적으로, 감정적으로, 신체적으로 강건한 모습으로 준비되지 않은 채 임하는 사람들을 보아 왔다. 결과는 참담했다. 왜냐하면, 준비되지 않은 채 영적 전쟁에 임한 결과로, 나는 마귀의 공격으로 중보기도자가 영적으로, 육체적으로 황폐하게 되는 사례를 목격했기 때문이다. 나는 중보기도자들 중에 간음과 간통, 포르노 잡지, 거짓말을 하는 죄, 사람을 용서하지 않은 죄로 시달려 온 사람들은 이 전략적 수준의 영적 전쟁을 수행하러 들어가기는 아직 준비되어 있지 않았다고 개인적으로 생각한다. 이 전략적 수준의 영적 전쟁에 참여하는 사람은 참여자는 순수하고 거룩한 마음의 상태를 유지해야 한다.

만약 우리의 삶 속에서 이런 죄악들이 극복되지 못하고 남아있다면, 우리의 대적 마귀는 이 전략적 수준의 영적 전쟁을 수행하려는 사람들의 모든 노력을 포기하도록 만들며, 강력한 사탄의 역 공격(counterattack)을 직면하게 될 것이다. 피터 와그너가 쓴 그의 책 『What the Bible says about Spiritual Warfare』에서 이것을 다음과 같이 말했다:

"개인적인 경건의 삶의 없이 어떤 사람들은 이 전략적 수준의 영적 전쟁을 수행하기 위해 전쟁터로 나아가는 것은 어리석은 일이다." [1]

이 전략적 수준의 영적 전쟁을 수행하기를 원하는 그리스도인들은 먼저 자신의 삶 속에서 특정한 죄를 벗어버려야 하며 가족들의 도움과 양해가 수반되어야 한다. 당신의 가족들도 하나의 팀이 되어 당신이 영적 전쟁의 전쟁터로 나갈 때에 전투기도에 연관된 마귀의 공격을 견뎌야 한다. 이 전략적 수

---

[1] Wagner, *What the Bible Says about Spiritual Warfare*, p. 11.

준의 영적 전쟁을 수행하기 위해 결혼한 신자들은 배우자의 후원과 협력이 필요하다. 또한 당신의 배우자가 이 영적 전쟁을 수행하는 동안 당신을 위해 기도하는 일은 아주 중요하다. 당신의 아이들을 기도로 보호하는 일 또한 필요하다. 나는 내가 이 전략적 수준의 영적 전쟁을 수행하기 위해 전쟁터로 나아갈 때 나와 나의 남편은 이 전쟁을 수행하도록 하는 완전한 동의가 맺어져 있었다. 내가 해서는 안 되는 전투기도에 연관되어 있었을 때는 나의 남편은 그 사역을 그만두라고 말했다. 그는 나의 열심 때문에 어떤 사역에 연관되는 것은 나의 사역이 아니라고 말했다. 반면에 전략적 수준의 영적 전쟁을 수행하기 위해 다른 나라로 어렵고 힘든 기도 여행을 떠나고자 할 때, 그는 나에게 그 일을 하도록 격려하기도 하였다. 나는 나의 남편이 내가 이 전략적 수준의 영적 전쟁을 감당하도록 다른 나라에 기도 여행을 떠나며, 전투기도로 전쟁터에 나가는 것을 격려하고 지지해 준 일에 대해 감사의 말씀을 보낸다.

나는 결혼하지 않고 독신으로 이 전략적 수준의 영적 전쟁을 수행하기 위해 헌신된 수많은 능력 있는 기도 용사들을 개인적으로 알고 있다. 그들은 실제로 더 자유롭게 기도 여행을 떠나면서 이 전략적 수준의 영적 전쟁을 자유롭게 수행하고 있다. 왜냐하면, 그들은 시간과 가족들에게 매이는 제약을 받지 않기 때문이다. 이 전략적 수준의 영적 전쟁에 헌신된 기도 용사들은 지역 교회의 목사들과 사역의 지도자들의 영적 지도와 그들의 기도를 통해 영적 보호를 받는 것이 반드시 필요하다. 그리고 그들이 이 전략적 수준의 영적 전쟁을 수행하러 전쟁에 나가기 전에 그들의 허락을 받는 것이 필요하다고 생각하며, 떠나기 전에 그들의 축복을 받는 것이 필요하다고 생각한다. 나는 이번 장에서 기도의 용사들이 이 전략적 수준의 영적 전쟁을 수행하는 동안 목사들과 지역 교회의 영적 보호를 받는 것이 중요하다는 것을 더 다루고자 한다.

이 전략적 수준의 영적 전쟁을 수행하기 위해 가정의 허락과 후원도 중요하지만, 영적 지도력을 가진 지도자들의 지시나 조언들을 받는 것도 중요하다. 엘리스 스미스가 처음 전투기도, 전략적 수준의 영적 전쟁을 배우기 위해 불렀을 때, 나는 전혀 훈련이 되지 않았다. 나는 엘리스 스미스는 기도에 대해 배우기를 원한 훈련생들을 모아놓고 다음과 같이 말했다:

"당신들이 영적 전쟁의 최전방에서 사탄과 싸우는 이 전략적 수준의 영적 전쟁을 배우기 원하고 헌신하기를 원한다면, 당신들은 먼저 준비된 중보기도 자들과 그것을 가르치는 리더들에게 자신을 복종하는 것이 필요하다."

나는 이런 말이 내가 나의 영적 전쟁을 가르치는 스승에게 순종하는 것을 말한다고 느꼈다. 나는 이 전략적 수준의 영적 전쟁을 배우기 위해 내가 앨리스의 지도력과 그녀의 가르침에 헌신할 것인가에 관해 이틀을 기도한 후에, 나는 그녀의 지도력과 그녀의 가르침에 순종하기로 나 자신을 헌신했다. 나는 이 결정에 대해 결코 후회해 본 적이 없었다. 당신이 만약 전략적 수준의 영적 전쟁을 배우기 원하고 이 사역에 헌신하기를 바란다면, 먼저 하나님께서 이 영적 전쟁과 중보기도를 가르쳐 줄 좋은 스승을 만나기를 하나님께 구하라. 먼저 당신 자신을 성령님의 지도와 스승의 지도와 인도에 맡기고, 하나님이 당신을 이 전략적 수준의 영적 전쟁을 통해 성장하도록 자신을 드려라.

당신의 사역을 확인하는 것

나는 주께서 마귀를 대항하는 새로운 전쟁 계획을 그의 백성에게 말하기 시작했을 때, 주님은 그 사역을 승인하신다고 생각한다. 당신이 이 전략적 수준의 영적 전쟁을 수행하기 위해 앞으로 전진하기 주님의 승인을 받는 것은 아주 중요하다. 우리 중보기도자들은 이 전략적 수준의 영적 전쟁을 수행하기 위한 주님의 전략을 승인 받기 전에 전투기도를 하며 주님으로부터 계시도 받는다. 주님이 어떤 전쟁 계획을 승인하셨다는 증거는 예언적 행동과 말씀, 꿈, 성경 혹은 중보기도자들의 영적 권위의 축복으로 주어진다.

내가 앞에서 기도 여행을 떠난 우크라이나의 수도, 키에프(Kiev)로 전략적 수준의 영적 전쟁을 수행하기 위해 우리보다 몇 개월 늦게 다른 중보기도의 팀이 그 도시로 기도 여행을 떠났다. 그들은 우리가 이전에 우크라이나의 수도, 키에프(Kiev)에서 기도 여행을 하기 위해 모아둔 자료들과 기도 보고서를 요청하였다. 나는 즐겁게 그들이 그것들을 읽도록 빌려 주었다. 주님은 우리가 키에프(Kiev)로 전략적 수준의 영적 전쟁을 수행하기 위해 기도 여행을 가진 것처럼 이 팀도 같은 지역에서 기도 여행을 하도록 역사 하셨다. 그러나 새로운 기도 여행을 준비한 그들의 지도자들과 중보기도자들은 이 전략적 수준의 영적 전쟁을 수행해 본 경험을 가지고 있지 않았다. 그들은 열정과 뜨거운 마음을 가지고 우리가 이전에 영적 전쟁을 수행하였던 같은 지역에서 기도 여행을 하기로 결정하였다. 그들은 우크라이나의 수도, 키에프(Kiev)에 위치한 동굴 수도원에서 하루 정도 기도하는 기도 여행을 가졌다. 그러나 그 일이 있은 후에, 그 중보기도 팀의 한 멤버는 병들게 되었고, 다음 날 아침 계획되어 있던 기도 여행의 여정을 수행하지 못하게 되었다. 중보기도 팀들이 대적들로부터 이런 신체적인 공격은 당하게 된 것은 그들이 기도계획이 하나님의 승인을 받지 못한 결과라고 보여진다.

예를 들자면 나는 키에프(Kiev)에 위치한 동굴 수도원에서 뼈의 축제의 날(The Feast of the Bones)에 중보기도 팀들을 동굴 속으로 들어가게 했다. 죽은 성인들의 뼈를 경배하는 이 숭배 사상은 키에프에서 가장 강력한 제례의식이었다. 이 날에 러시아 정교의 아이들, 남자, 그리고 여자들은 죽은 자의 뼈에 키스하기 위해 우크라이나 전역에서 키에프에 있는 수도원으로 여행한다. 그들은 이 뼈들에 키스하면 초자연적 역사로 말미암아 기름이 뼈들로부터 분출할 것을 믿었고 이 "기적"을 목격하는 사람들은 그들의 아픈 것이 치료된다고 믿었다. 당신은 주님은 이런 사탄의 강력한 진지에서 그 수도원의 동굴에서 기도하도록 우리를 인도하셨다는 것을 기억하라. 우리 팀의 멤버는 한 사람도 다치지 않았고 아프지 않았다. 그러나 다른 팀은 그렇지 않았다.

그래서 전투기도를 시행하기 전에 주께서 그 전투기도 사역을 그 지역에서 승인하셨는지를 확인하는 작업은 너무 중요하다. 만약 이 팀이 동굴 속에서 기도하는 계획에 대해 나에게 자문을 구했더라면 나는 주님이 그 전투기도 사역을 승인했는지 확인하는 작업이 필요하다는 것을 가르쳐 주었을 것이다. 그들이 동굴 수도원에서 기도하고자 하는 열정과 열심은 추천할 만했지만, 주님의 주시는 영적 권위와 주님이 동굴에서 기도하는 것을 허락하시는 승인을 확인하지 못했다고 생각한다.

나는 히말라야 산(Himalayas)에 있는 에베레스트 산(Mt. Everest)을 중점을 거점으로 한 영적 전쟁에 참여하는 빙산 작전(Operation Ice Castle)이란 중보기도 팀이 되어 이 전략적 수준의 영적 전쟁에 참여하는 특권을 누렸다. 사실 네팔 사람들은 이 에베레스트 산을 전통적으로 대대에 걸쳐 숭배하고 있다. 네팔 사람들은 이 에베레스트 산을 우주의 어머니(Mother of the Universe)라고 불렀다. 그들은 이 산을 그들의 방언으로 사가마타(Sagamatha)라고 불렀다. 네팔과 세상에서 이곳은 하늘의 여왕의 숭배를 위한 하나의 견고한 영적인 진지(a stronghold)였다.

피터 와그너 아내, 도리스 와그너가 인도한 기도팀은 에베레스트 산 중턱인 4천 5백 미터 지점에 위치한 한 호텔에서 기도했다. 호텔에 남아 있던 기도팀은 에베레스트 산의 6,000미터 지점까지 올라가서 기도하기로 예정된 팀들을 위해 주께서 예상된 사탄의 공격으로부터 그들을 보호하시도록 기도했다. 에베레스트 산 중턱으로 올라간 팀은 남부 멕시코 지방의 영적 전쟁의 네트워크를 관리하는 아나 멘데스(Ana Mendez)였다.

내가 휴스턴에 있는 교회에서 중보기도 팀들을 관리하고 조장하는 역할을 감당하고 있었을 때, 이 지역으로 전략적 영적 전쟁을 위한 중보기도 여행의 초청을 받았다. 나는 그때 주님께서 나를 이 전략적 영적 전쟁을 위한 중보 사역으로 부르시고 있다고 느꼈다. 그러나 나는 이 전략적 영적 전쟁을 위해 기도 여행에서 치러야 할 대가와 영적 전쟁의 치열함을 생각했다. 그러나 나는 이 제안과 초청을 받아들여야겠다고 느꼈지만, 나는 누구에게도 심지어 나의 남편에게도 이 사실을 알리지 않았다. 나는 내가 이 영적 전쟁을 위한 기도 여행에 참가하기 전에 교회의 목사님과 나의 남편이 허락하고 이 기도 여행에 참여하도록 동의하고 있다는 사실을 확인하고 싶다고 주님께 기도하였다. 나는 이 기도 여행에 참가하는 것이 추호도 의심 없이 하나님께로부터 온 열망이라는 사실을 확인하고 싶었던 것이다.

나는 그날 저녁 집에 도착했을 때, 나의 남편은 영적 전쟁을 위한 기도 여행에 참여하고 싶은 마음을 가지고 있냐고 물었다. 다음 날 아침 나는 두 군데에서 전화를 받았다. 같은 교회에서 중보기도 동역자가 전화를 하였고 다른 전화는 교회 담임 목사님으로부터 기도 여행에 참여하고 싶으면 참여하라고 확증을 주었다. 나의 남편과 나는 이 기도 여행을 위해 48시간을 기도하였고, 그다음에 이 기도 여행의 초대에 응답하였다. 그리고 나는 영적 전쟁을 위한 기도 여행에 참여하기 위해 준비하기 시작했다. 하나님은 영적 전쟁에 참여하고자 하는 자에게 여러 가지 방법으로 확증시켜주셨다.

당신의 지역 교회 목회자들의 영적 보호와 기도 지원

우리가 더욱더 높은 차원의 영적 전쟁의 수준으로 우리의 전쟁 수위를 높여갈수록 우리는 이 영적 전쟁은 아주 중요한 사역이라는 것을 더 깨닫게 된다. 우리가 이 영적 전쟁의 부르심에 순종하기 전에 우리는 우리를 지도하는 영적권위를 가진 권위자들에게 순종하는 것이 절대 필요하다. 나는 지구촌 추수 사역(Global Harvest Ministries)의 사역자로서 이 영적 전쟁을 수행하기 위한 기도 여행에 참여하기 전에 나는 피터 와그너와, 그의 아내 도리스 와그너 그리고 척 피어스에게 나의 사역과 결정에 축복해달라고 요청하였다. 나는 휴스턴의 기도의 집 사역의 중보기도 사역의 관리자로 일할 때, 에디(Eddie)와 엘리스 스미스(Alice Smith)는 그 교회의 목사들이었다. 나는 항상

이 전략적 수준의 영적 전쟁의 사역에 참여할 때에 나를 사탄의 공격으로부터 보호해달라고 요청하고 나의 사역을 축복해 달라고 기도를 요청하였다. 당신을 잘 아는 영적 지도자들은 당신이 영적 전쟁을 위한 부르심으로 나아가야 할지 아니면 나아가지 말아야 할지를 잘 아는 사람들이다. 만약 당신을 잘 아는 영적 지도자가 이 영적 전쟁을 위한 부르심에 즐겁게 승인한다면 그 때 이 영적 전쟁을 위한 부르심에 움직여라.

자칭 예언자이며, 자칭 중보기도자라고 여기는 어떤 사람들은 성령님의 지도 하에 사역하지 않은 사람들이다. 나는 영적 전쟁의 사역을 하면서 어떤 영적 지도와 지역 교회 목사들의 보호를 필요하지 않는다고 여기는 사람들과 일해본 적이 있었다. 그들은 종종 자신들은 하나님께 직접 속해 있기 때문에 어떤 사람들의 지도와 영적 보호가 필요하지 않는다고 말하는 사람이 있다.

이것은 아직 위험한 태도이며 성경이 제시하지 않는 사고방식이다. 이런 사람들은 일반적으로 과거에 자신들이 받은 깊은 상처를 가지고 있는 사람들이다. 이런 사람들은 과거에 자신에게 상처를 주었던 사람들을 용서하고 주님이 주시는 치유를 받는 것이 절대로 필요하다. 이런 사람들은 어떤 주어진 영적 권위에 잘 순종하지 않기 때문에 기도 여행에서 한팀이 되어 팀 사역을 하는 어려움을 스스로 가지고 있다. 이런 사람들은 영적 전쟁을 위해 기도 여행을 한팀의 구성원들에게 기쁘지 못한 추억거리를 제공해 준다. 이런 과거의 상처로부터 자유롭지 못한 사람들은 기도 여행을 하는 동안 사탄의 역공격(Counterattacks)을 받을 수 있다는 것은 말할 필요도 없는 이야기이다.

만약 당신이 과거에 영적 지도자로부터 받은 상처로 영적 지도력을 가진 지도자에게 순종할 수 없거든, 하나님께서 당신을 도울 수 있도록 계속 기도하라. 하나님은 당신을 치유하시고 과거의 상처로부터 자유롭게 하실 수 있는 분이시다. 당신이 만약 기도 여행에 참여하고 영적 전쟁을 수행하기를 바란다면 먼저 영적 지도자와 팀의 리더들에게 당신을 복종시켜라. 하나님은 당신을 사랑하시고 또한 당신이 과거의 받은 상처로부터 자유롭게 되기를 바란다는 사실을 기억하라.

하나님의 시간대에 하나님께 묻는 것

하나님은 하나님 자신의 시간을 가지고 계십니다. 느헤미야는 하나님이 작정하신 시간에 따라 움직였던 사람으로서 하나님의 시간에 따라 우리가 행동해야 한다는 진리를 가르쳐준 인물입니다:

> "그 밤에 골짜기 문으로 나가서 용정으로 분문에 이르는 동안에 보니 예루살렘 성벽이 다 무너졌고 성문은 불탔더라 앞으로 나아가 샘문과 왕의 못에 이르러서는 탄 짐승이 지나갈 곳이 없는지라 그 밤에 시내를 따라 올라가서 성벽을 살펴본 후에 돌아서 골짜기 문으로 들어와 돌아왔으나 방백들은 내가 어디 갔었으며 무엇을 하였는지 알지 못하였고 나도 그 일을 유다 사람들에게나 제사장들에게나 귀족들에게나 방백들에게나 그 외에 일하는 자들에게 알리지 아니하다가" (느 2:13-16)

느헤미야는 예루살렘 성벽을 건축하라는 하나님의 소명을 이해했다. 느헤미야는 하나님이 주신 사명을 받았다. 그런데 심지어 그는 언제 예루살렘에 갈 것인지도 결정하지 못했고 주께서 그에게 주신 사명을 함부로 선언할 수 없었다. 그는 비밀리에 예루살렘에 도착하여 예루살렘이 얼마만큼 파괴되었는지 그 상황을 관찰하였다. 그는 예루살렘 성벽을 건축하기 위한 전략을 세우기 전에 예루살렘 성벽과 문의 상황을 파악했다. 그가 함께 동역했던 사람들에게 예루살렘 성벽의 재건축의 비전을 보여주었을 때, 그의 말씀은 살아있었고 역동적이 되었다. 예루살렘 백성은 그의 비전을 따라 함께 연합하여 그 일들을 감당하였다. 느헤미야의 대적들이 그의 예루살렘 성벽을 재건하고자 하는 계획을 방해하려고 시도했을 때에 이스라엘 백성은 함께 연합하여 움직였다. 그래서 대적들이 그들의 계획을 방해할 수 없었고, 그들은 방해를 통과할 수 있었다.

영적 전쟁을 수행하는 중보기도자들은 이와 같이 하나님의 때에 맞추어서 하나님의 때에 민감하게 반응해야 한다. 하나님은 그의 사명을 영적 전쟁을 수행하는 사람들에게 그의 때에 계시 할 것이다. 그러나 그것이 몇 년이 되고 몇 주가 될지라도 하나님의 때를 기다리는 것이 중요하다.

역대상 12장 32절은 잇사갈 자손은 어떻게 행동해야 하며 언제 행동해야 하는지 때를 알고, 그들은 그 모든 형제를 통솔하는 자라고 성경은 말한다. 우리도 역시 영적 전쟁을 수행할 때에 언제 움직여야 하며 어떻게 그 영적 전쟁을 수행해야 하는지 하나님의 기름 부으시는 때를 기다리며 행동해야 한다. 하나님이 기도의 사명과 사역을 주실 때에 언제 정확하게 움직이고 행동해야 할 때인지를 아는 일은 중요하다. 성경은 두 가지로 때에 관해 말씀한다. 크로노스(chronos)는 일반적인 때를 말하고, 카이로스(kairos)는 하나님을 위해 행동해야 할 때를 의미한 용어이다. 하나님이 작정하신 때 전에 영적 전쟁을 수행하기 위해 행동하는 것은 대적들의 공격을 받을 수 있는 여지가 있다는 것을 명심해야 한다.

당신이 만약 영적 전쟁을 위한 하나님의 때를 확신하지 못한다면, 당신을 잘 알고 당신을 영적으로 보호해 주는 교회 목사님들과 영적 지도자들과 중보기도자들의 영적 보호를 위해 물어보라.

나는 어떤 특별한 민족을 위해 기도하도록 사역하기를 바라는 하나님의 소명을 받았다고 믿는 한 중보기도자를 알고 있다. 그녀는 20여 명의 중보기도자들과 목사님들로부터 그녀가 영적 전쟁을 위한 기도 여행을 해야 할 바른 시간이 아니라는 경고를 받았다. 그녀는 이런 경고를 무시하고 하나님이 그녀를 기도 여행으로 부르셨다고 확신하고 기도 여행을 준비를 위한 모든 과정을 마쳤다. 그녀는 그 나라에 도착하여 오래지 않아 공항의 경찰에게 붙잡혔는데, 그녀는 불법적으로 성경을 밀수하였다는 죄목으로 체포되었다. 그러나 얼마 후에 그녀는 곧 풀려날 수 있었다. 그녀는 다른 비행기로 미국으로 추방되었고, 다른 팀들과 함께 귀국하지 못했다. 그녀는 다시 미국으로 돌아와 다시 그 나라로 입국하자마자 다시 공항 경찰에 의해 체포되었다. 나는 그녀가 다시 풀려났다는 사실 때문에 감사한다. 그러나 그녀는 혼란의 시간을 보냈고, 이런 불행한 경험을 하였다는 사실로 슬픔에 젖어 몇 주간을 보냈다. 우리가 하나님께서 우리에게 영적 전쟁을 하도록 어떤 사명을 주셨다는 것을 보이실 때, 우리는 분명한 하나님의 사명을 붙잡는 것이 필요하고 어떻게 이 사명을 수행해야 하는지 분명한 하나님의 계획을 아는 것이 필요하다. 우리는 영적 전쟁을 수행하기 위해 영적 지도자들의 말을 순종하며 하나님의 때를 기다리는 지혜가 필요하다. 우리는 팀의 역동적인 역동성과 그 중요성을 연구하자.

토론할 질문들

1. 주님이 당신에게 기도의 사명과 어떤 사명을 주었을 때 그 시간을 이야기해보자. 어떻게 주님이 당신에게 말했는가?

2. 당신은 영적 전쟁에 사명에 대해 아직 준비되지 않았을 때에 대해 이야기해보자. 그리고 영적 전쟁을 수행하기에 아직 준비되지 못했는데 그 결과에 대해 무엇이었는가?

3. 우리는 우리의 불순종을 버릴 때까지 영적 전쟁을 수행하지 말아야 한다. 당신은 어떤 영역에서 주님은 그런 문제를 다루시기를 바란다고 생각하는가? 내가 영적 전쟁을 수행하기 위해 버려야 할 약한 부분은 무엇이라고 생각하는가? 이런 약한 부분들을 버리고 극복할 수 있도록 주님께 기도하고 간구하라.

4. 우리가 영적 전쟁을 수행할 때, 주님은 어떻게 이런 계획을 확증하시는가에 대해 토론해 보라. 하나님이 영적 전쟁을 수행하도록 주시는 사명을 언제 어떻게 알 수 있는지에 대해 토론해 보라. 하나님께서 주시는 때인 것을 어떻게 분명히 알 수 있는지에 대해 토론해 보라.

5. 느헤미야는 성전을 건축하기 위한 하나님의 때를 기다렸는데, 느헤미야가 하나님의 때를 기다린 지혜에 대해 토론해 보라. 당신은 하나님이

작정하신 때를 확신하며 영적 전쟁을 수행한 때에 관해 이야기해보라. 그 결과에 대해 토론해 보라.

6. 하나님의 작정하신 때에 영적 전쟁을 수행한 경험을 회상해봅시다.

7. 주님은 그의 계획을 계시하기를 원하시고 그의 전략을 알려주기를 바라신다. 주님이 어떤 특정한 민족을 위해 기도하고 그 땅을 보여주시도록 기도하라. 주님께서 당신에게 어떤 민족과 땅을 위해 주님이 주시는 비전을 붙잡도록 기도하라.

4

역동적인 팀 사역

4
역동적인 팀 사역

　만약 훈련되지 않은 병사가 100여 명이나 되는 대적들과 싸우러 전쟁에 나간다는 것은 참으로 어리석은 일이 아닐 수 없다. 그는 확실히 전쟁에서 승리할 수 없을 것이다. 어떤 사람이 전쟁하러 가기 위해 훈련 없이 맨손으로 나가는 사람이 없는 것처럼, 전략적 수준의 영적 전쟁을 수행하러 전쟁터로 나가는 중보기도자는 영적으로 무장하고 나가야 한다. 이 전략적 수준의 영적 전쟁을 하러 전쟁터에 나가는 사람은 잘 훈련되어야 하며, 대적에 대항하여 잘 싸울 수 있는 전쟁 무기를 잘 갖추어야 한다.

　이 전략적 수준의 영적 전쟁은 전쟁에 참여하는 군사들에게 많은 준비와 훈련을 요구한다. 내가 이전 장에서 말한 것처럼 하나님이 말씀하시고 주신 사명을 중보기도자들이 잘 아는 것이 중요하다. 그다음에 당신의 가족들과 당신의 영적 지도자들로부터 영적 보호와 축복을 받는 것이 중요하다. 우리가 이 장에서 토론하기를 바라는 것은 팀 사역을 하는 팀을 안전하게 보호하는 것이다.

1. **주께서 누구를 영적 전쟁을 위해 부르셨는가를 주님께 물어보라.** 주님께서 누구를 영적 전쟁의 부르심으로 부르셨는지를 하나님께 기도하라.

2. **당신이 잘 아는 사람을 영적 전쟁을 위한 팀 사역의 구성원으로 초대하라.** 이것은 아주 중요한 교훈이다. 나는 우리가 영적 전쟁을 위한 기도 여행에 참가하기 위해 한 사람을 초대하였다. 그런데 우리 팀들은 그 사람에 관해 자세한 정보가 없었다. 우리는 그 사람이 어떤 과거를 가지고 있고, 어떤 인간관계를 가지고 살아왔는지에 대해 전혀 정보를 가지고 있지 않았다. 또한, 우리는 그 사람이 어느 정도로 영적으로 성숙한 사람인가, 어떤 감정적인 성향을 가지고 있는가에 대해 전혀 알지 못했다. 이것이 나의 큰 실수였다. 우리는 그 사람이 지나치게 교만에 차 있었고 지나치게 비판적이라는 사실을 알았다. 우리는 그 사람이 깊은 상처를 받았고 치유되지 못한 큰 상처를 가지고 있었다는 것을 알게 되었다. 우리는 기도 여행에서 우리가 정사와 권세와 싸워야 할 전쟁의 수고보다 이 사람을 다루는 일에 많은 수고와 힘을 더 많이 소진했다.

3. **영적 전쟁에 투입될 수 있는 준비된 사람을 초대하라.** 내가 앞장에서 언급한 것처럼, 이 영적 전쟁에 참여하기를 바라는 사람은 먼저 자신의 삶 가운데에서 대적해야 할 영적 원수와 문제들을 다룰 수 있을 때에 비로소 이 전략적 영적 수준의 전쟁을 수행할 수 있다.

4. 다양한 은사를 가진 사람들로 구성된 팀을 만들라. 다양한 은사를 가진 사람들이 모여 팀을 이루면 강력한 팀이 구성되며, 효과적인 기도의 팀이 이루어진다.

5. 팀의 구성원에 전투기도와 영적 전쟁에 참여하기를 원하고 영적 전쟁을 배우기를 원하는 새내기를 팀에 포함시켜라. 나는 제자훈련과 사람들을 훈련시키는데 전문가라고 생각한다. 나는 항상 영적 전쟁에서 전투기도를 먼저 추진할 수 있는 사람을 포함시키려고 하였다. 이런 사람들은 영적 전쟁에서 주님이 역사 하시는 것을 보기를 바라는 사람을 팀 구성원에 포함시키려고 하였다.

6. 이전에 거짓 종교에 연관된 사람과 혈연관계에 있는 사람을 중보기도 팀의 구성원에 포함시켜라. 거짓 종교에서 벗어나 예수를 믿은 사람이나, 그런 사람과 혈연관계에 있는 사람이 예수를 믿으면 이런 사람은 영적 전투에 필요한 사람이 될 수 있다. 특정한 우상숭배를 한 조상을 둔 사람이 회개하고 예수를 믿은 경우 이런 사람은 영적 전쟁에서 중보기도 팀에 효과적으로 도움을 줄 수 있다.

나는 텍사스 주에 있던 중심 도시들에서 기도하고 기도팀들을 구성하고 감독하는 사역에 헌신하여 일했다. 텍사스 주에서 사람들은 텍사스의 아버지라고 불린 스테판 오스틴(Stephen F. Austin)을 잘 알고 있었다. 그는 텍사스 주에서 존경을 받고 있었다. 그는 사람들이 생각하기에 아주 위대한 인물이었지만, 그는 사탄숭배 조직인 프리메이슨(Freemasonry)[1] 조직과 관련이 있었고 연관되어 있는 사람이었다. 그는 프리메이슨(Freemasonry) 조직의 믿음을 근거로 텍사스 주가 지향하는 일종의 신조를 만들었다.

우리의 중보기도 구성원 중의 한 사람은 스테판 오스틴(Stephen F. Austin)의 직계 후손이었다. 그는 텍사스의 아버지라고 불려진 스테판 오스틴(Stephen F. Austin)의 직계 후손이라는 것은 우리 중보기도 팀의 큰 소득이 아닐 수 없었다. 왜냐하면, 우리는 어떤 정해진 장소에서 기도할 수 있도록 어느 장소에 쉽게 접근할 수 있었던 이유는 그가 텍사스의 아버지라고 불려진 스테판 오스틴(Stephen F. Austin)의 직계 후손이어서 관청의 허락을 쉽게 받을 수 있었고, 쉽게 그곳에 들어갈 수 있었기 때문이었다.

한번은 우리가 프리메이슨(Freemasonry) 조직의 사원과 도서관에 들어가 중보기도 하려고 하였을 때, 우리는 쉽게 그곳에 접근하여 들어갈 수 있었다.

우리는 이 프리메이슨 도서관에서 프리메이슨이 고대 이집트의 종교에서 유래하였고, 이와 관련된 초창기 역사와 텍사스에서 비밀 지부가 결성되기까지 전 과정을 눈으로 쉽게 확인할 수 있었다. 이 도서관은 오직 프리메이슨의 회원들만 이 사원과 도서관에 들어갈 수 있었다. 그러나 우리는 중보기도 팀 구성원 중 직계 후손이 있었기 때문에 쉽게 이 사원과 도서관에 들어갈 수

---

[1] 프리메이슨은 '빛의 아들들' 이라 불려졌다. 고대 프리메이슨들은 근동의 입문 전통에서 이어져 온 석공 공동체로 신의영광을 위해 천국을 본뜬사원을 짓는 '우주의 위대한 건축가' 들이었다. 이들은 우주의 질서 그 자체와 자신을 하나로 보고 자신들의 공동체가 지구가 창조되기 전에도 이미 존재하고 있었다고 생각했다. 단체의 가입조건은 매우 엄격했으며 일단공동체의 일원이 되면 조직의 비밀을 절대 누설할 수 없었다.
프리메이슨은 '사탄숭배조직' 이다. 그들의 계급은 1도(degree)에서 최고33도(degree)까지 있으며, 그들의 최고의 인간 우두머리는 '그랜드 마스터(Grand Master)' 한다. 컴퍼스와 삼각자 그리고 '호루스(이집트의 '빛(광명)' 과 '매' 의 신)의 눈' 혹은 이를 '디스코디아(Discordia)' 에서는 'Eris 여신의 눈' 으로간주하는 상징을 가지고 있다. 물론 '피라미드' 는 그들의 빼놓을 수 없는 중요한 상징이다. 아울러 머리가 두개 달린 '독수리' 와 '매' 까지! 그들은 로마 카톨릭에서 기생하던 '사탄숭배조직' 과 결탁한 '길드(guild)' 의 조직이었다. 원래 그들은 건축가들이었다. 물론 지금은 '사탄의 나라(이 세상)' 의 '건축가들' 이다.

있을 뿐만 아니라, 어떻게 프리메이슨이 유래하게 되었는지 도서관에 있는 책들을 통해 자료 수집을 할 수 있었고, 우리는 자료를 삼고자 하였던 사진들을 수집할 수 있었다. 물론 우리는 비밀리에 이집트 여신과 신인 이시스(Isis)[2]와 오시리스(Osiris)[3]에게 바쳐지고 종교의식이 행해진 장소에서 기도할 수 있었다. 이런 일은 우리 중보기도 팀의 구성원 중에 이 장소에 쉽게 접근할 수 있는 어떤 자격을 가진 사람이 없었다면 사탄숭배의 종교의식이 행해진 장소에서 기도할 수 없었을 것이다.

이렇게 사탄과 영적 전쟁을 하기 위해 어떤 장소를 접근할 수 있었던 것은 중보기도 구성원에 이전에 사탄숭배와 연관된 사람과 직접적인 혈연관계가 있는 사람이 팀의 구성원으로 있었기에 가능한 일이었다. 우리는 그 사람이 혈연관계를 가지고 있었기 때문에 영적 전투 현장에 쉽게 접근할 수 있었고, 특별히 사탄의 저주가 이루어진 어떤 특별한 현장에서 우리는 영적 전쟁의 승리를 거둘 수 있었다.

유다가 바벨론(바빌론)에 멸망하여 수많은 사람이 포로로 잡혀간 지 140년이라는 세월이 흘러갔다. 물론 일부는 고레스 칙령에 의해 귀국하기도 했습니다만 일부는 남아있기도 했다. 그 남아있는 유다 포로의 후손 중의 한 사람이 아닥사스 왕의 술관원이 되었다. 그가 곧 느헤미야이다. 어느 날 느헤미야는 고국에서 온 사람들에게서 고향 소식을 들었다. 그가 들은 소식은 너무나도 비극적인 소식이었다. 느헤미야는 며칠을 눈물 속에서 금식기도를 합니

---

[2] 이시스의 모습: 왕좌의 형태인 머리의상을 가진 여자이다. Isis는 보호의 여신이며, 사람들이 필요로 할 때 강력한 마법을 펼치곤 했다고 한다. Isis는 호루스(hours)의 어머니이자 오시리스(Osiris)의 아내이다. Isis는 그녀의 무릎 위에 Horus를 얹혀놓은 모습을 볼 수 있다. 그녀의 무릎은 Horus가 앉았던 첫 '왕좌' 이기 때문에 왕좌와 관련된다. 그리고 아마도 이집트에 대한 신화를 접하다 보면 이 여신을 자주 만나게 될 정도로 많이 출현한다.
[3] 오시리스의 모습: 깃털이 달린 하얀원뿔모양의 머리 장식을 하고있는 미이라화된 남자이다. 오시리스(Osiris)는 죽음의 신이자 지하세계의 통치자이다. 그는 이전에도 오리온자리와 많이 연관되어 있다. 이집트 기자지역의 피라미드와 오리온자리와의 관계를 알려고 한다면 먼저 이 오시리스(Osiris)를 먼저 알아야 한다.

다. 이 본문은 그의 기도의 내용이다:

> "이제 종이 주의 종들인 이스라엘 자손을 위하여 주야로 기도하오며 우리 이스라엘 자손이 주께 범죄한 죄들을 자복하오니 주는 귀를 기울이시며 눈을 여시사 종의 기도를 들으시옵소서 나와 내 아버지의 집이 범죄하여 주를 향하여 크게 악을 행하여 주께서 주의 종 모세에게 명령하신 계명과 율례와 규례를 지키지 아니하였나이다"
>
> (느 1:6-7)

여러 가지 모습을 생각할 수 있지만 느헤미야에게서 백성의 아픔과 자신을 동일시하는 민족 지도자의 모습을 본다. 지금 느헤미야는 자신의 죄를 회개하는 것이 아니라 민족의 죄를 회개하고 있다. 그 민족의 죄라는 것이 사실상 자기와는 관계가 없는 것이다. 자기 아비의 집, 자기 조상이 지은 죄란 느헤미야가 태어나기도 이전의 죄들이다. 그 죄는 느헤미야의 책임이 아니다. 그럼에도 불구하고 느헤미야는 민족의 죄를 자신이 지은 죄인 양 하나님 앞에 회개하고 있다.

여기서 우리는 자기 민족과 자신을 동일시하는 지도자 느헤미야의 중심을 발견하게 된다. 다른 사람은 이스라엘 민족의 죄가 개인과는 관계가 없다고 할지 모른다. 그러나 느헤미야는 민족의 죄는 곧 나의 죄라고 여겼다. 느헤미야의 기도는 이스라엘 백성과 그의 조상, 그리고 그의 죄를 껴안고 기도하였다. 그는 과거의 이스라엘 백성과 조상의 죄악을 자기가 저지른 범죄인 것처럼 자기의 죄로 여겼다는 것이다. 이것은 남의 죄를 자기의 죄로 동일시하는 행동(Identificational Repentance)이다. 어떤 조상이 저지른 범죄를 그 죄와 연관된 후손이 그 죄를 자신의 죄로 여기며 회개하면, 그 죄로 인해 땅 위에 임한 저주가 깨뜨려진다는 것이다. 이렇게 직접적으로 어떤 특정한 죄와 상관이 없는 후손일지라도 그 죄를 자신의 죄로 인정하고 회개하고, 그 사람이 사탄과 싸우는 영적 전쟁에 임하면 효과적인 영적 전쟁을 수행할 수 있다는 것이다.

7. **팀을 독점하려는 개성을 가진 사람을 주의하라.** 어떤 사람들은 자기가 하는 방법이 항상 바르다고 주장한다. 그런 사람은 팀을 자기 마음대로 움직이려고 하고 팀을 독점하려고 시도할 것이다. 이런 그리스도인들은 그들의 믿음 뿐만 아니라 사고에서 있어서도 독불 장군식이다. 그렇다고 해서 나는 이런 개성이 강한 사람이 중보기도 팀에 포함되지 말아야 한다는 것을 말하는 것은 아니다. 중보기도 팀을 구성하려고 할 때, 팀의 리더에게 순종할 수 있는지 여부를 확인하는 것은 중요하다. 당신은 중보기도 팀을 구성하려고 할 때, 지원자들이 어떤 사람인지 분별하라. 그리고 만약 필요하다면 영적 지도자들로부터 그가 어떤 사람인지 자문을 구하라. 이것은 영적 전쟁을 수행하기 위해 팀을 구성하는 필요한 정보가 될 것이다.

8. **유연한 사고와 태도를 가진 사람을 중보기도 팀 구성원으로 선택하라.** 해외로 기도 여행을 떠나는 경우에는 팀 구성원들은 여러 날을 함께 지낼 것이다. 이럴 경우에 팀은 여러 가지 상황에서 예기치 못한 돌발적 상황을 맞게 될 것이며, 팀의 영적 전쟁의 수위는 평상시보다는 더 강

렬할 것이다. 이런 해외에 기도 여행을 떠난 경우에 팀 대적들은 팀과 팀의 구성원들 사이를 공격할 것이다. 해외 기도 여행 중에 중보기도자들은 팀 구성원의 다양성과 개인적 차이를 다루는 성숙함이 필요하다. 그리고 그들은 중보기도자들은 해외 여행 중에 불편함과 기후 음식들에서 오는 불편함을 불평 없이 주어진 주변 환경 가운데 성숙하게 대처하는 것이 중요하다.

9. **언제 중보기도 팀이 해외로 영적 전쟁을 위한 기도 여행을 떠나게 되는지 미리 알려 주는 것이 필요하다.** 당신이 해외 기도 여행에 필요한 팀 구성원들을 모집할 때, 모집 기간의 마지막 지원 마감 날짜를 팀 구성원에게 알려주라. 이것은 팀 구성원들이 언제 해외로 기도 여행을 떠나게 될 것인지를 알면 그들은 나름대로 준비하게 된다. 만약 확실한 날짜를 알려주지 않으면 사람들은 일정이 불확실하기 때문에 초조해 질 것이다.

10. **지역 교회 목회자들과 지도자들이 쓴 추천서를 받으라.** 해외로 기도 여행을 떠나는 팀 구성원들이 지역 교회의 목회자들과 리더들의 축복과 영적 보호와 중보기도의 지원을 받기 위해 그들로부터 추천서를 받는 것이 필요하다.

11. **기도 여행을 위해 함께 기도하라. 중보기도 팀이 이루어졌으면, 기도를 함께 시작하라.** 만약 팀 구성원이 같은 지역에 살지 않으면, 같은

지역에 사는 남은 구성원들이라도 함께 모여라. 같은 지역에 살지 않는 구성원은 전화로 통화하여 함께 기도할 수 있다. 아니면 팀 구성원이 모여 기도하고 모임을 갖는 장면을 비디오로 녹화하여 참여하지 못한 팀 구성원들에게 보내어 어떻게 팀이 구성되고 준비하는 과정을 알리는 방법이 필요할 것이다.

12. **팀 구성원들이 그들의 기도 여행과 준비를 위해 중보기도 할 수 있는 중보기도자들을 모집하도록 한다.** 이때 나는 팀 구성원들이 기도 여행준비와 여행 준비과정과 현장조사의 연구를 위해 최소한 5명의 중보기도자들을 갖도록 요구한다. 이 중보기도 용사들은 팀을 영적으로 보호하도록 기도할 것이다.

13. **팀의 단결과 연합을 위해 노력하라.** 시편 기자가 말한 것처럼 "형제가 연합하여 동거함이 어찌 그리 아름다운고(시 133:1)"란 구절처럼 팀은 단결과 연합을 위해 노력해야 한다. 우리의 대적은 팀이 연합하여 영적 전쟁을 수행하지 않으면 그 전투기도는 효력을 발휘하지 못할 것이라는 것을 잘 알고 있다. 그러므로 사탄과 그의 수하의 원수들은 팀을 분열시키기 위해 모든 노력을 기울일 것이다. 그들은 경쟁의식, 시기 질투, 영적 권위에 대항한 반항, 분열, 그리고 상대방을 서로 비난하고자 하는 비난 의식을 사용할 것이다. 기도의 용사들이 전략적 수준의 영적 전쟁을 수행할 때 대적이 팀을 역공격 한다는 것은 생각해 볼 수 있는 일이다.

그러나 팀의 일치와 단결은 반드시 이루어져야 하고 기도 여행 중에 반드시 유지되어야 한다. 기도 여행을 위한 처음 모임을 가질 때 팀 리더는 먼저 팀의 단결과 결속을 강조해야 하며, 팀의 결속을 저해하는 대적들의 전략을 설명해 주어야 한다. 팀의 일치와 단결이 중요하다는 것을 강조하고 토론했을 때, 팀 구성원들은 팀의 리더에게 순종하고 복종할 것을 약속하는 조약에 서명할 것이 필요하다.

팀이 기도 여행을 떠나 현지에서 강렬한 영적 전쟁을 수행할 때 리더가 지시하는 지시에 따라 정확하게 반응하는 것은 필요하다. 팀 구성원들이 리더에 순종하고 복종할 것을 약속하는 서약에 서명하고, 그 복종하기로 서약한 헌약서를 각자 구성원이 소지한다. 나는 부록 B에 헌약서에 관한 내용을 수록하였다.

14. **하나님을 경배하는 예배를 드리라.** 한마음과 한 입으로 하나님을 예배하는 것에 대해 로마서는 다음과 같이 언급한다.

"한마음과 한 입으로 하나님 곧 우리 주 예수 그리스도의 아버지께 영광을 돌리게 하려 하노라 그러므로 그리스도께서 우리를 받아 하나님께 영광을 돌리심과 같이 너희도 서로 받으라" (롬 15:5-6)

팀이 결속과 연합을 이루어 하나님을 경배하고 주님께 기도할 때, 놀라운 일들이 발생한다. 팀이 함께 하나님을 찬양하고 경배할 때, 팀의 구성원들의 마음, 정신과 영혼이 함께 연합된다. 척 피어스(Chuck Pierce)와 존 딕슨(John Dickson)은 함께 쓴 책 『기도 용사의 예배(Worship Warrior)』에서 팀이 함께 기도하고 하나님을 경배할 때 우리가 아버지의 사랑을 경험할 수 있다고 말한다.[4] 나는 우리가 아버지를 예배할 때 아버지의 사랑을 경험할 수 있다는 말을 좋아한다. 우리가 아버지에 대한 사랑과 이웃에 대한 사랑이 함양될 수 있는 때는 우리가 하나님을 예배할 때이다. 우리가 함께 예배할 때 팀은 하나로 일치된다. 하나님을 예배하는 예배는 대적원수들이 공격할 수 없을 정도로 팀 구성원들을 강한 군대로 만들어 준다. 예배를 통하여 성공적인 팀 사역을 위한 중요한 일들이 발생한다. 팀이 예배할 때 하나님은 팀이 알아야 할 지식들을 제공하고 팀이 필요한 강력한 믿음을 세워준다. 팀 구성원들이 기도와 예배를 통해 하늘에 계신 하나님을 예배할수록 팀은 더 강력한 믿음과, 계시를 부여 받는다. 척 피어스(Chuck Pierce)와 존 딕슨(John Dickson)은 예배를 통해 하나님이 주시는 믿음과 하나님이 지혜에 관해 다음과 같이 설명한다:

나는 우리가 하나님을 예배할 때 믿음의 진보가 있다는 것을 믿는다. 우리가 하나님을 예배하면 할수록 더 큰 믿음이 생긴다. 당신은 기도를 통해 더 큰 영적인 짐과 새로운 목표를 갖는다. 당신이 하나님을 예배할 동안 풀리지 않은 문제가 해결될 수 있다. 하나님은 당신이 예배할 동안에 당신에게 말씀한다. 당신이 예배할 동안 하나님의 음성을 듣게 되고, 당신은 다음 전쟁에 나아가게 된다. 당신이 예배할 동안에 새로운 목표를 달성한다. 더 많이 하나님을 예배하라. 그러면 더 많은 지시와 당신을 향한 말씀을 주실 것이다. 이 지시에 따라 당신은 이 영적 전쟁을 수행한다. 바울 사도가 그의 제자 디모데

---

4) Chuck D. Pierce and John Dickson, *Worship Warrior*(Ventura, Calif.: Regal Books, 2002), p. 110.

에게 한 말씀을 기억하라.

"아들 디모데야 내가 네게 이 교훈으로써 명하노니 전에 너를 지도한 예언을 따라 그것으로 선한 싸움을 싸우며(딤전 1:18절). 당신은 예배할 때 당신에게 하나님의 지시를 받는다. 당신이 하나님을 예배할 때 하나님은 당신이 필요한 목표와 사명을 주신다. 나는 이것을 느헤미야의 믿음이라고 부르고 싶다." [5]

팀이 하나님을 예배하며 경배할 때 하나님은 당신들이 싸울 전쟁에 필요한 지혜를 주신다. 하나님을 예배하며 경배할 때 하나님은 그의 백성에게 전쟁에 필요한 전략과 지시는 우리가 다음 장에서 공부할 영적 전쟁을 위한 보조적인 자료들이다. 하나님을 예배하며 경배할 때 하나님은 어떤 지역을 연구 조사하더라도 폭로되지 않은 사실들을 보여주신다. 당신은 이 장에서 팀 구성원들을 모으고 구성하는 원칙들을 배웠다. 이제 우리는 당신이 가려고 하고 영적 전쟁을 수행하려는 지역을 공부하고 연구하는 것이 왜 중요한지를 살펴보려고 한다.

---

5) 같은 책 114-115.

토론할 질문들

1. 전략적 수준의 영적 전쟁은 무엇을 먼저 요구하는가?

2. 당신이 만약 전략적 수준의 영적 전쟁을 수행하기 위해 기도 여행 팀에 연관되기를 원했을 때는 언제라고 생각하는가? 기도 여행을 위한 하나님이 원하시는 때는 언제라고 확신할 수 있는가?

3. 어떤 가정의 계보에서 내가 조상처럼 어떤 범죄를 저지르지 않았어도 다른 사람의 죄를 나의 죄로 동일시하는 회개(identificational repentance)가 왜 중요한가?

4. 당신은 기도 여행 중이나 어려운 환경과 상황 중에 잘 견딜 수 있는 경험을 해본 적이 있는가? 당신은 기도 여행 중과 영적 전쟁을 수행하는 중에 당하는 어려운 상황과 여건들을 어떻게 긍정적으로 극복할 수 있는가?

5. 팀의 리더는 팀이 연합과 단결을 통해 어떻게 영적 전쟁을 수행하고 성공적으로 과업을 성취할 수 있도록 도울 수 있는가?

6. 왜 하나님을 경배하고 예배하는 것이 영적 전쟁을 수행하러 나가는 팀에게 중요한가? 예배와 경배를 통해 하나님은 팀에게 무엇을 지시하고

자 하시는가?

7. 당신이 영적 전쟁을 수행하는 중보기도 팀 사역에 연관되어 있다면 하나님이 당신에게 지시하시고 기도하시기를 바라시는 지역과 나라는 어디인가?

5
전투기도의 숨겨진 진실

5
전투기도의 숨겨진 진실

　나는 때때로 전략적 수준의 영적 전쟁을 수행하려는 중보기도자들이 영적 전쟁을 하러 어떤 지역에 가기 위해 사전에 연구 조사하지 않고 여행하는 경우를 보아왔다. 물론 그들은 여행하는 지역에서 지역과 나라를 직접 경험할 수 있고, 그 지역에서 하나님이 대적의 계략들을 예언적 계시와 지시를 하나님께 구할 수 있다고 생각한다. 중보기도 팀이 사전에 지역을 연구 조사하지 않고 그 현장에서 기도할 때 하나님은 분명하게 지역을 향한 전략과 사탄의 계략을 팀에게 지시하실 수 있다. 그러나 나는 사전에 지역을 연구 조사하지 않고 떠나는 기도 여행을 하는 팀이 어떤 도시와 지역 속에 도사린 사탄의 전략과 계략들을 완전히 알 수 있는지에 대해서 의구심을 가지고 있다. 나는 로마의 산타 마리아 마죠레(Santa Maria Maggiore) 지역으로 기도 여행을 떠났을 때, 우리가 경험한 기적을 이 책에서 소개하였다. 나는 이런 기적과 그 지역에서 영적 돌파구를 마련했던 것이 여행 전에 지역에 대해 사전 연구의 결과라고 생각한다. 우리가 기도 여행 전에 어떤 지역을 상세하게 연구 조사할 때, 기도 여행팀은 정확하게 목표와 사탄의 견고한 진을 무너뜨릴 수 있다고 생각한다.

신디 토스토(Cindy Tosto)가 쓴 책인 『땅을 점령하라(Taking Possession of the Land)』에서 어떤 지역을 점령하기 위해 사전연구 조사가 필수적이라고 그녀는 다음과 같이 말했다:

이스라엘은 하나님이 그들에게 약속의 땅 가나안 땅을 주셨지만, 그 땅을 점령하기 위해 가나안 땅의 사정과 지형, 정복할 땅의 백성의 인구 등 자세한 사항을 알기 위해 주님이 지시한 대로 가나안 땅에 정탐꾼들을 보냈다(신 1:21-23, 민 13:3, 수2:1, 18:8). 이 정탐꾼들은 지형의 가나안 땅의 지도를 그리고 지형을 조사하기 위해 파견되었다. 정탐꾼들은 이스라엘이 가나안 주민들과 전쟁에서 승리하기 위해 무슨 준비가 필요하고 어떻게 전쟁에 대비해야 하는지 미리 정보를 얻고자 하였던 것이다. 이스라엘 정탐꾼들은 그들이 대항해야 할 가나안 주민들의 군대의 상황들을 살펴보고자 하였다. 이스라엘 정탐꾼들이 가나안 땅 주민들의 상황을 파악하고자 하였던 것처럼 영적 전쟁을 하려는 사람들은 대적들의 약점과 강점을 파악하는 것은 필수적이다. 이스라엘 정탐꾼들이 얻은 정보를 토대로 이스라엘 군대는 다음에 치러야 할 전쟁을 대비하였다.[1]

---

1) Cindy Tosto, *Taking Possession of the Land*(Colorado Springs: Wagner Publications, 2001), p. 44.

자료를 수집하기(Gathering the Data)

당신의 팀이 어떤 지역과 도시에 관한 역사적 사실을 조사할 때, 그 지역에서 역사 해 온 대적들의 전략과 계략들이 폭로될 수 있다. 이 연구 조사를 통해 중보기도 팀이 사탄의 견고한 진을 목표로 어떻게, 왜 전투기도를 사용해야 하는지 더 분명해진다. 어떤 지역을 연구하고 조사하는 일은 어떤 지역과 도시들 가운데 존재해온 대적들의 비밀스런 계략들을 폭로하고 들춰내고 또한 이 일은 아주 흥미롭고 놀라운 영적 전쟁을 준비하는 과정이 될 것이다. 하나님은 어떤 지역에 숨겨진 사실을 들춰내심으로 그 지역을 향한 하나님의 계획을 보여주시는 항상 신실하신 분이시다. 당신이 지역의 역사적 사실을 연구하고 조사할 때, 이것은 어둠의 세력들의 지역의 문들을 여는 행동이 될 것이다. 당신이 전투기도에 연관될 때 그곳에서 놀라운 영적 돌파구를 마련하게 될 것이다.

다음 자료는 우리가 어떻게 지역을 연구 조사해야 하는지 정보를 제공해 준다. 당신은 주어진 숙제를 팀 구성원들과 함께 나누어 연구해야 할 것이다. 이것은 당신들이 연구해야 할 과제이다.

지역과 도시의 건립 역사: 어떤 지역과 도시들의 과거 역사를 살펴보는 것은 중요하다. 어떻게 도시가 최초로 탄생하게 되었는가? 도시와 지역에 관한 최초의 정보는 무엇인가? 도시와 지역이 설립되었을 때, 평화로운 상태에서 건립되었는가? 아니면, 전쟁이 있었는가? 도시와 지역이 건립되었을 당시 무고한 사람들의 피가 흘려졌는가? 도시와 지역이 건립되었을 당시 도시 주민들은 어떤 언약과 약속을 깨뜨렸는가?

도시와 지역이 건립될 당시 원주민: 그 지역과 도시에 누가 어떤 인종이 정착했는가? 정착할 때 어떤 민족들이 그 지역 원주민들과 전쟁을 했는가? 어떻게 그 인종들이 그곳에 정착하게 되었는가? 원주민들이 그곳에 정착하였을 때 그들은 어떤 종교적 믿음과 신념들을 가지고 있었는가?

도시와 지역에서 영향력을 행사한 역사적인 중심인물들: 어떤 지역과 도시에 어떤 결정을 하는데 누가 중요한 영향력을 행사한 인물이었는가? 건립 당시 그 지역과 도시에 영향력을 가진 인물은 어떤 정치적 종교적 믿음과 신념을 가지고 있었는가? 도시와 지역이 건립될 당시 지도자가 가진 종교적 신앙과 믿음을 통해 그 도시와 지역에 악령이 역사 할 수 있도록 대적에게 문을 열어놓은 결과를 초래하였는가?

도시와 지역의 역사적인 장소들: 도시와 지역에서 사람들이 중요하게 여기는 장소와 어떤 지역은 어디에 위치해 있는가? 어떤 지역과 도시의 중심지역에 존재한 건물들이 왜 거기에 존재하는가? 무슨 이유와 동기로 그곳에 그 건물들이 서 있는가? 그 장소에서 무슨 역사적 사건이 그곳에 일어났는가?

도시와 지역의 종교 역사: 지역과 도시에 사는 주민들의 종교적 믿음과 활동이 기독교적 관점에서 이교도적이며 우상숭배인가? 지역과 도시주민들이 과거에 섬겨오던 신들과 여신들을 오늘날에도 그 신들을 섬기고 있는가? 과거에 신과 여신을 섬기던 종교의식이 현재에는 현대 감각에 맞게 어떻게 변형되어 있는가? 과거의 이교도들의 우상숭배가 행해진 사원들에서 하늘의 여왕숭배(The Queen of Heaven), 알라(Alla), 부처(Buddha), 사탄숭배(Satan), 힌두교와 도교의 신들(the gods of Hinduism or Taoism)로 변형되어 우상숭배가 계속되고 있는가?

비밀 조직: 어떤 지역과 도시의 건립이 프리메이슨과 같은 비밀 조직과 관련이 있는가? 비밀 조직이 그 지역과 사회와 도시에 영향력을 행사한 특징은 무엇이며, 어떤 영향력을 행사해 왔는가?

연구 조사

만약 우리가 기도 여행을 통해 영적 전쟁을 수행하기 위한 연구 조사가 필수적이라고 이해한다면 나는 여기에서 우리가 참고로 여길 수 있는 연구 조사 사례를 소개하고자 한다. 당신은 이 연구 조사 기간에도 주님이 지혜를 주시고 영적으로 민감하도록 기도해야 함을 잊지 말라.

첫 번째 연구 사례에서 어떤 지역과 도시에서 어떻게 종교적 역사와 그 종교 역사와 관련된 지도자가 연구 조사에 중요한 정보를 제공해 준다는 것을 보여준다. 나는 이전 장에서 2001년 9월에 러시아와 우크라이나로 중보기도 팀을 이끌고 기도 여행을 떠나 영적 전쟁을 수행한 경험이 있다고 소개한

바가 있다. 우리는 연구 조사에서 러시아 황제 블라디미르(Vladimir)는 키예프공국의 대공(재위 980~1015)이었다. 그는 아버지가 죽은 후 형제간 싸움에서 승리하여 키예프 대공이 되었다. 변경의 동(東)슬라브족과 인접 민족을 토벌하였고, 남쪽의 유목민(遊牧民)과 폴란드의 공세와 간섭에 잘 대처하여 국가를 튼튼히 하였다. 988년 당시 비잔틴 영토인 크림의 헤르소네스를 점령하였으며, 비잔틴 황제의 누이동생을 대공비(妃)로 맞아들인 것을 기회로 비잔틴 정교(orthodoxy)를 러시아의 국교로 제정하였다. 그 때문에 후세에 성공(聖公)이라고 불렸다.

이 황제는 전통적으로 러시아를 기독교 국가로 만든 장본인으로 사람들은 일반적으로 이해하고 있다. 그러나 우리가 조사한 연구 조사는 달랐다.

우리는 블라디미르 황제가 통치하던 시절에 러시아 공국의 이름은 루스(Rus)였다. 그는 자신의 영토를 넓히기 위해 비잔틴 제국과 자주 물리적으로 충돌하였다. 그는 비잔틴 제국과 물리적으로 평화 조약을 맺기 원했다. 블라디미르는 콘스탄니노플 황제의 딸과 결혼하기를 원했다. 그러나 비잔틴 황제는 말했다. 그리스 정교는 이교도에게 자녀를 출가시키는 일은 허락되지 않는다. 만약 당신이 이 선례를 따른다면 황후를 얻고 나아가 천국으로 이어진 우리의 종교를 가진자가 되어라. 만약 그렇게 하지 못한다면 여동생을 당신에게 줄 수 없다고 했다. 블라디미르는 이를 듣고 황제의 사신에게 말했다:

"황제에게 이렇게 고하라. 나는 선례를 따르겠다. 왜냐하면, 이미 나는 그대들의 믿음을 조사했는데 우리가 파견한 부하들이 보고한 그대들의 신앙과 선행은 내 마음에 흡족하기 때문이다."

황제는 이를 듣고 크게 기뻐하며 여동생에게 결혼을 허락하였다. 블라디미르는 그리스 정교식의 세례를 받고 공주와 결혼했다.

그는 러시아로 돌아온 후 즉시 모든 백성은 그리스 정교로 개종하고 세례를 받도록 요구했다. 그러나 이것은 표면적으로는 긍정적인 모습으로 평가되고 있지만 예수 그리스도의 복음의 확장과 아무런 관련이 없었다.

그 당시 러시아는 이방 제국이었다. 러시아 백성은 많은 신전들과 사원에서 그들의 신들과 여신들을 숭배하고 있었다. 사실 그 당시 러시아 황제 블라디미르는 나라의 백성이 이런 이방신들과 여신들을 숭배하도록 만든 책임이 없지 않았다. 그가 갑자기 그리스 정교를 백성에게 소개했을 때, 백성의 저항에 직면했다. 러시아 백성은 잘 알지 못하고 듣지도 못한 새로운 그리스 정교를 받아들이기를 원하지 않았다. 그들은 그들의 전통적으로 섬겨 오던 볼로스(Volos), 페런(Perun), 그리고 모코샤(Mokosha)란 신들을 계속 섬기기를 원했다.

러시아 황제 블라디미르는 노브고라드(Novgorod)란 제정 러시아의 가장 오래된 도시에서 강제적으로 백성에게 그리스 종교의 세례받기를 강요했다. 러시아 황제 블라디미르는 이 도시 노브고라드에서 그리스 정교의 세례를 강제로 시민들이 받아들이도록 군대를 파견하여 이 명령을 집행했다. 그의 군대는 그리스 정교의 세례를 받지 않은 마을은 불태워졌고, 군대의 군인들은 이 명령을 거부하는 여자들을 강간하였다.

이 러시아의 고대 도시 노브고라드를 관통하여 흐르는 강은 볼가강(Volga)이다. 이 강의 직경은 400미터 정도가 되는 크기의 강이었다. 군대는 이 세례를 거부하는 사람들을 학살하였고, 그들의 시체는 아무렇게나 볼가강에 던져졌다. 역사의 중언에 따르면, 이때 엄청난 시체들 때문에 사람들은 시체를 딛고 강을 건널 수 있을 정도였다고 한다.

이런 역사의 참극으로 인해 역사의 전역을 살펴볼 때에 이런 죽음과 공포의 영이 이 고대 도시 노브고라드에 이어져 오고 있음을 알 수 있었다. 이 역사의 참극 이래로 이 도시에서는 세 명의 지도자들이 차례로 등장하여 이 도시에서 사람들을 비참하게 학살하는 참극이 발생하였다. 세계 제2차 대전에 히틀러는 이 도시의 시민들을 학살하였는데, 세계 제2차 대전이 끝날 무렵 이 도시 노브고라드에는 42명의 시민만 살아남았다고 한다.

우리 중보기도 팀은 노브고라드에서 일어난 이런 역사의 참극에 관한 이야기를 알고 있었기 때문에 효과적으로 기도할 수 있었다. 우리는 이 도시를 여러 시대 동안 붙잡고 있던 죽음과 공포의 영을 대적해야 했다. 우리는 볼가 강에서 영적으로 더럽혀진 과거 역사를 생각하며 주께서 죽음과 공포로 물든 그 땅을 정결하게 하시도록 기도하였다. 우리의 기도는 이 땅에서 일어난 참극으로 죽음과 공포의 영들을 대적하는 기도로 일관되었다.

내가 영적 전쟁을 수행하기 위해 연구 조사를 강조하며 다른 사례를 소개하고자 하는 것이 비밀 조직이란 것이다. 어떤 도시나 지역에 비밀 조직이 있다는 것을 말하는 것은 절대 과장이 아니다. 이 비밀 조직은 어떤 도시나 지역에서 큰 영향력을 가진다. 그것이 바로 프리메이슨(Freemasonry)이다. 세상에 있는 많은 도시와 지역이 프리메이슨을 신봉하는 사람들에 의해 세워졌고 도시와 지역들의 건립 이념들은 프리메이슨 신봉자들의 신념에 의해 세워졌다. 이런 지역과 도시에 설립된 도시나 지역들에 존재한 프리메이슨 신념들은 의도적으로 이루어졌다는 사실을 잊지 말아야 한다. 고대 이집트의 이

방신과 여신인 이시스(Isis)와 오시리스(Osiris)의 영적 영향력은 그 지역에서 영향력을 발휘하였다. 이런 마귀적인 정사의 세력들은 그들이 관할하는 지역을 자기들의 땅이라고 주장한다.

이런 지역들에서 프리메이슨, 죽음, 교만, 적 그리스도, 종교, 그리고 무당의 영은 그 세력은 아주 강력하다. 론 캠벨(Ron Campbell)은 그의 책 『프리메이슨으로부터 자유(Free from Freemasonry)』에서 프리메이슨의 역사를 소개한다.

이집트는 인류역사상 항상 신비 종교의 발상지였다. 비빌 종교의 가입식이 처음 이집트의 신비 종교에서 설립되었다. 진리는 모형으로 이집트의 신비 종교 안에 숨겨져 있었다. 이집트의 신비 종교의 교리는 상징으로 모든 종교에 전파되었다.[2]

프리메이슨에서 사용된 가입식의 많은 상징은 이집트의 신이며 여신인 이시스와 오시리스와 연관된 고대 이방 종교의식과 연관되어 있다.

그 결과로서 이집트 신비 종교에 참여하는 일은 우상숭배와 연관되어 있다. 나는 제 4장에서 텍사스에 있었던 가장 큰 프리메이슨 사원을 들어갔던 경험을 소개하였다.

이 프리메이슨 사원의 성소라고 일컬어질 수 있던 장소에 검은색의 커튼이 있었다. 이 검정 커튼 뒤에는 누구나 볼 수 있을 수 있는 고대 이집트의 이 방신과 여신인 이시스(Isis)와 오시리스(Osiris)의 거대한 그림이 있었다. 이 형상은 이 프리메이슨의 비밀 조직 뒤에 어떤 영적 세력이 있는지를 보여주는 것을 암시하는 것으로 여겨진다. 비록 프리메이슨의 비밀 조직의 멤버들

---

2) Moses W. Redding, *The Illustrated History of Freemasonry*(New York: Redding & Co.,1901), pp. 56-7.

이 이 벽에 그려진 형상이 무엇인지 그 중요성을 인식하지 못한다 할지라도, 프리메이슨의 비밀 조직에 가입하려고 할 때 그들이 고대 이집트의 이방신과 여신인 이시스(Isis)와 오시리스(Osiris)에게 경배하고 숭배하고 있다는 사실이고 그 뒤에 마귀의 권세의 능력에 의해 조종된다. 다른 말로 하면 프리메이슨의 비밀 조직에 가입하려는 사람들은 고대 이집트의 이방신과 여신인 이시스(Isis)와 오시리스(Osiris)에게 경배하는 사실이다.

프리메이슨의 비밀 조직에 헌신된 사람들은 이 신입 가입자들에게 이 신들을 숭배하도록 한다. 프리메이슨의 비밀 조직의 가입식이 거행될 때, 가입식의 신입자는 프리메이슨의 비밀 조직의 제단 위에 있는 프리메이슨의 정경의 책 위에 손을 놓고 맹세의 헌약을 한다. 만약 크리스천이 하나님께 맹세하려면 성경책 위에 손을 놓고 맹세한다. 모슬렘 신자가 새로운 가입식을 하려면 그들은 코란 위에 손을 놓고 맹세할 것이다.

이 프리메이슨의 비밀 조직에 가입하는 사람들은 그들이 선한 행실을 통해 인류에 봉사하고자 한다는 취지에 동의한다고 그들은 속고 있다는 것은 엄청난 비극이다. 프리메이슨의 비밀 조직의 신조와 이념이 아직도 가려져 있는다는 것은 비극이다. 그러므로 프리메이슨의 비밀 조직과 싸우는 것은 종교적인 수준의 영적 전쟁이라는 것을 기억하라.

연구 조사를 위한 정보

기도 여행을 하러 나가는 영적 전쟁의 중보기도 팀은 그 지역과 도시를 연구 조사를 위해 도서관, 책 서점, 인터넷, 지도들을 찾아 참조할 수 있을 것이다. 기도팀들이 함께 모여 정보를 나눌 때에 당신들이 연구 조사를 토론하기 위해 한 목적을 가지고 자주 만나라. 이것은 종종 영적 전쟁을 위한 연구 조사를 위한 더 나은 생각을 줄 것이다. 그리고 어떤 주제의 연구를 마치는 마감 날짜를 조정하라.

당신의 영적 전쟁의 중보기도 팀이 특정 지역을 연구할 때, 어떤 전반적인 그림이 등장할 것이다. 그다음에 대적들의 계략들이 밝히 드러날 때 전략이 형성될 것이다. 주님은 기도 여행을 위해 청사진을 기도팀에게 줄 것이다. 이런 연구 조사를 마쳤을 때, 당신의 팀은 이제 영적 도해라고 알려진 과정으로 진행하고자 연구 조사에서 각자가 연구한 연구들을 마치 퍼즐을 맞추듯이 하나의 그림을 완성하는 것이다. 이 영적 도해의 주제가 다음 장에서 연구할 내용이다.

토론할 질문들

1. 당신의 지역과 도시에 누가 원주민인가? 그들의 신앙과 믿음은 무엇인가? 그들은 무엇을 어떻게 예배했는가? 221

2. 당신의 도시에서 무엇이 가장 중요한 역사적 주제와 관심인가?

3. 누가 당신이 살고 있는 도시와 지역의 건립자인가? 그들은 무슨 종교적 믿음과 신념을 가지고 있었는가?

4. 당신의 지역과 도시에 이방인의 신전이 있는가? 그것은 어디에 위치해 있는가?

5. 당신의 지역과 도시에 얼마나 많은 프리메이슨의 사원이 있는가?

6. 당신의 조상과 가족들이 혹시 프리메이슨의 비밀 조직과 연관되어 있는가? 만약 그렇다면 당신이 이런 죄악을 거부하고 모든 숭배와 경배의 식을 회개하라. 프리메이슨과 관련된 모든 물건들을 쓰레기통에 던져 버려라.

6

영적 도해
(Spiritual Mapping)

6
영적 도해
(Spiritual Mapping)

영적 전쟁과 영적 도해는 팀으로서 함께 일한다. 사실 영적 전투기도는 사실 정확한 영적 도해 없이는 효과적인 역할을 하지 못한다. 조지 오르티즈(George Otis Jr)는 다음과 같이 설명한다:

영적 지도 작성은 그 지역의 외관이 아니라 영적인 실체를 조사하는 일이다. 영적인 지도 작성은 어떤 지역의 눈에 보이지 않는 영적인 실상을 파헤치는 것이다. 오늘날 수많은 사역자는 영적인 분위기가 예전과 다르다는 사실을 절감한다. 다행히도 하나님은 우리를 눈먼 채로 마귀와 싸우도록 내 버려두지 않으셨다. 어떤 공동체에 존재하는 영적 상태를 영적 도해를 통해 분별하는 것이다. 우리가 성령님의 지도하에 이루어진 연구 조사를 통해서 우리는 효과적으로 영적 전쟁을 수행할 수 있다. 어떤 지역과 도시에서 어떤 영적인 눌림이 있는지, 어떻게 사탄이 그 지역에서 역사 해 왔는지를 분명히 알 때 우리는 효과적으로 영적 전쟁을 수행할 수 있다.[1]

하나님은 우리가 기도할 때 어떤 지역에서 영적 돌파구를 마련해 주실 수 있다. 그러나 우리는 기도가 기본으로서 필요한 역사적 사실과 연구 조사를 통해 효과적인 전쟁을 수행할 수 있다. 게리 킨너만(Gary Kinnerman)은 다음과 같이 말했다:

"영적 전쟁을 위해 교회의 정통 교리는 필수적이다. 그러나 그것만은 충분하지 않다. 만약 우리가 싸우는 영적 싸움이 혈과 육의 싸움이 아니라는 것이 확실하다면, 그러면 우리는 그 싸움을 위한 우리 자신의 무기를 만드는 것이 필요하다."[2]

영적 도해란 어떤 특정한 지역과 도시, 나라에 활동 중인 사탄의 활동 상태를 알기 위한 방법이라고 정의를 내릴 수 있다. 우리는 어떤 지역의 영적 상태를 위한 연구 조사의 정보를 함께 모아두는 것과 예언, 계시, 지식의 말씀과 꿈과 환상을 통해 계시를 받은 것으로 말미암아 영적 통찰력을 함께 종합함으로 전략적 수준의 영적 전쟁을 수행하는 것을 배워왔다. 이제 이런 모든 정보를 함께 종합하는 중보기도자는 우리가 보는 물질세계와 영적 세계 사이에 어떤 상관관계를 가지고 있다는 것을 본다.[3]

---

1) George Ortis Jr., *Informed Intercession*(Ventura, Calif.: Renew Books, 1999), p. 85.
2) George Ortis Jr., *The Last of the Giants*(Tarrytown, New York: Chosen Books, 1991), p. 84.
3) Alice Smith, 영적 도해와 영적 전쟁에 관한 강의.

우리가 살펴보는 것처럼 우리는 사탄의 전략이 공개된 이 수단을 통해 중보기도자들은 어떻게 우리가 효과적으로 기도해야 하는지를 결정하게 될 것이다. 다시 말해서 영적 도해는 영적인 사람이 발견한 영적 통찰력과 어떤 지역과 도시의 역사적 사실을 통해 얻어진 중요한 결론들을 이끌어내고자 하는 것이다.

우리는 더 영적 도해에 관해 토론하기 전에 반드시 언급되어야 할 중요한 사실은 우리는 영적 도해나 영적 전쟁이 우리의 영적 능력을 과시하고 발휘하기 위해 하나님이 우리를 부르시지 않았다는 사실을 아는 것이다. 영적 도해와 영적 전쟁은 그것이 하나님 나라를 효과적으로 확장하고 지상명령을 수행하기 위한 최종 목표가 아니라는 사실이다. 조지 오르티즈는 영적 도해와 영적 전쟁의 궁극적인 의도를 다음과 같이 설명한다:

"영적 도해를 하는 이유는 그 의도가 있기 때문이다. 만약 우리가 영적 부흥을 위해 어떤 지역과 도시에서 부흥을 방해하는 본질과 방해물들을 바로 분별하지 못하고 그 방해물을 제거하기 위한 하나님이 지시하시는 전략을 따르지 않는다면, 많은 사람을 구원하는 추수의 열매는 일어나지 않을 것이다." [4]

사탄은 잃어버린 자들이 예수 그리스도의 복음을 받아들이지 못하고 구원에 이르지 못하도록 이런 방해물들을 어떤 지역과 도시들에 설치해왔다. 그러나 사탄의 이런 계략과 방해가 폭로될 좋은 소식이 있다는 것이다. 성경

---

4) George Ortis Jr., *The Last of the Giants*, p. 85.

은 우리 안에 계신 예수 그리스도께서 세상에 있는 사탄보다 더 위대하다고 증언한다(요일 4:4). 하나님은 신자들에게 전투기도를 통해 세계를 복음화하는 권세를 이미 주셨다.

우리가 바라는 영적 전쟁의 결과는 어둠에 묶여 있는 수많은 영혼들에게 복음을 전해주는 일이며, 예수님의 십자가의 승리를 신뢰하며 땅을 불법적으로 점거하고 있는 세상의 땅을 예수님께 바치는 것이다. 우리는 많은 거짓 종교들, 사탄주의, 신비 종교들, 프리메이슨, 이슬람, 무당 세력들, 뉴 에이지 운동(New Age), 무신론 등에 묶여 있는 사람들을 해방시키기 위해 기도한다. 우리의 기도는 전략적 수준의 영적 전쟁을 수행하는 중보기도자들에게 필요한 필수적인 무기를 구비시키고자 한다.

최근 나는 영적 지도의 연구 조사를 갖고 기도하는 일에 열정과 열심을 내고 있다.

원수에게 결정타를 가하는 것

최근에 나는 영적 도해를 활용하여 사역을 하고 있는 중보기도자들의 사역의 결과에 대해 놀라움을 금하지 못하고 있다. 또한 나 역시 영적 도해를 나의 사역에 활용한 결과로 얻어지는 하나님의 역사에 대해 놀라움과 흥분을 감추지 못하고 있다. 이 영적 도해를 사용하고 하나님의 기름 부으심을 경험하는 중보기도 팀들은 사역에 있어서 놀라운 경험을 체험하고 있다. 이 영적 도해를 사용하기 때문에 당신들의 기도들이 대적 원수들에게 정확하게 결정타를 가하고 있다는 것을 아는 것은 아주 흥미로운 일이다. 나는 이 영적 도해를 사용함으로 얻어지는 결과에 대해 야고보서 5장 16절의 말씀인 의인의 간구는 역사 하는 힘이 많다는 구절을 인용하고 싶다. 우리는 영적 전쟁을 위해 효과적으로 기도하기 위해 영적 도해를 사용한 결과로 얻어진 어떤 정보와 조사를 바탕으로 정확하고 명확하게 대적에게 결정타를 가하는 것이 중요하다는 것을 지적하고 싶다.

나는 세 명의 딸이 있다. 그들은 모두 내가 목소리를 깔고 하는 말이 무슨 뜻인지, 그들이 잘못했을 때 내가 지적하는 말의 의미를 잘 알고 있다. 만약 나의 딸 중에 한 명이 잘못을 저지르거나 어떤 주의가 필요하다면, 나는 어머니의 권위로 그녀의 이름을 부르며 그 잘못을 지적한다. 그런데 만약 내가 잘못을 저지른 딸의 이름을 잘못 알고 부르면 그녀는 내가 부르는 말을 듣지 않을 것이며, 내가 왜 나의 말을 듣지 않느냐고 딸에게 화를 내면 그녀는 자기 이름을 언제 불렀느냐고 도리어 내게 대들 것이다.

나는 이처럼 영적 전쟁에서도 마찬가지 이론이 적용된다고 생각한다. 영적 전쟁을 수행하는 우리가 어떤 특정 지역과 도시에서 역사 하고 있는 신들과 여신들, 그리고 정사와 권세의 이름을 알고 전쟁하는 것은 우리의 기도에 정확성, 역동성, 그리고 영적 권위를 더해줄 것이다. 만약 어떤 특정 지역에서 역사 하는 영적 세력이 예수 그리스도의 신성을 모방하는 적 그리스도와 관련된 영인데, 우리가 무당의 영이라고 그 영적 세력에 대항한다면, 우리는 영적 전쟁에서 있어서 대적을 잘 알지 못하고 전쟁하는 실수를 범하고 있는 것이다. 이런 기도는 우리에게 주어진 영적 권위를 정확하게 행사하지 못하는 결과가 되는 것이다. 어떤 지역과 도시에서 역사 하는 영적 세력들은 우리가 만약 그들을 잘못 알고 정확하게 기도하지 않는다면, 특정 지역과 도시들에서 역사 하는 영들은 그 지역을 계속 붙잡고자 노력할 것이다. 이것이 내가 왜 영적 도해에 열정을 내는 이유 중 하나이다. 영적 도해는 사탄과 그의 수하에 있는 부하들의 책략들을 폭로할 수 있다. 그리고 우리는 영적 도해를 효과적으로 사용함으로 어떤 특정 지역과 도시들 속에 이룩된 사탄의 견고한 진들을 분쇄시킬 수 있다. 밖으로 드러난 문제들만 보는 것이 아니라, 그 문제가 일으키게 된 원인을 밝혀내는 것이 중요하다.

만연되고 있는 속박(prevailing bondage)

속박의 근원(root bondage)은 어떤 특정 지역과 도시에서 행해진 근본적이며 원인을 제공한 범죄를 말한다. 우리가 연구 조사하고, 영적 도해를 사용하고, 또한 기도할 때에, 우리는 먼저 어떻게, 왜 어떤 특정 지역과 도시에서 사회와 주민들이 사탄의 속박 아래 사탄의 노예 상태로 되었는가를 밝히는 주요한 근본적인 속박을 밝혀내는 것이 중요하다.

유트 인디언(The Ute)은 콜로라도 주에 사는 원주민 인디언 부족이다. 대부분 유트 인디언들은 지금 콜로라도 스프링스 지역에 거주했다. 이 인디언은 아주 용감하여 초창기 미국 개척시대에 백인들이 대적하기가 힘들었던 용맹스런 인디언들로 알려져 왔다. 그들은 이 지역에서 있었던 백인과 인디언 전쟁에 연루되었다. 이 인디언들이 백인들과 싸우면서 위험에 직면했을 때에 그들은 노인들과 노약자들을 죽게 내버려 두고 그 지역을 떠났다고 한다.

1848년 미국 정부와 유트인디언 부족들 사이에 첫 번째 평화 협정이 맺어졌다. 평화 협정은 유트 인디언 부족이 속해 있던 땅에서 이루어졌다. 그러나 이 평화 협상은 백인들이 지키지 않았다. 그리고 10년 이내에 3개의 평화 협정이 맺어졌으나 평화 협정은 깨졌다. 이 결과로 유트 인디언들은 그들이 차지하고 있었던 최고로 좋은 땅을 백인들에게 양도해야만 했다.

    우리 가족은 오랫동안 콜로라도 스프링스에 살지 않아서 그 땅의 영적 분위기를 모른다. 그런데 이 지역에 오래 살아온 사람들은 항상 하는 이야기는 다음과 같은 이야기였다:

    "나는 여기에서 고립되어 있다는 것을 느껴. 여기에서 다른 사람들과 인간관계를 맺는 것이 어려워!"

    나는 콜로라도 스프링스에 사역하는 지역 목사님으로부터 콜로라도 스프링스 지역에서 사는 사람들의 이혼율이 70%나 된다는 깜짝 놀랄만한 이혼율의 통계를 들었다. 당신은 이 이야기를 듣고 이 지역에 살던 원주민 인디언의 과거 역사를 알면 왜 이렇게 콜로라도 스프링스 주민들이 외로움을 느끼고, 인간관계가 어려우며, 이혼율이 높은지 대충 이해할 수 있을 것이다. 이 콜로라도 스프링스 지역에서 사탄의 속박의 근원은 유트 인디언 부족들이 백인들과 싸울 때, 노인들과, 노약자들을 죽도록 버려주고 후퇴했던 일과 평화 협정이 깨지는 일로 생기는 박탈감과 평화협정 파기로 백인들을 신뢰하지 않았던 그들의 마음과 관련되어 있다는 것을 알 수 있을 것이다.

    콜로라도 스프링스 지역 주민들이 고립되어 있다는 느낌과 높은 이혼율이 현재 만연되고 있는 속박의 증상은 인디언들의 과거 역사와 관련된 속박의 근원의 결과로 보이는 영적 증후군이다.

여기에 어떤 특정 지역과 도시와 사람들에게 강력한 영향력을 행사할 속박의 근원이 될 수 있는 자료들을 열거해 본다.

전쟁

극심한 정신적 충격(Trauma): 어떤 특정 지역과 도시에 사는 사람들이 땅이 황폐하게 되는 극심한 정신적 상처를 받았을 때, 이 정신적 상처는 대적들이 접근할 기회가 될 수 있다. 그 예로 같은 지역에서 발생하는 비참한 차 사고를 들 수 있다. 이것은 죽음의 영이 같은 지역에서 역사 하고 있다는 증거이다. 만약 어떤 사람들이 같은 지역에서 사람들이 비극적인 사고를 계속 당한다면, 공포와 죽음의 영이 그곳에서 역사 할 것이다.

전쟁: 어떤 특정 지역에서 발생한 큰 전쟁을 말한다. 전쟁으로 인간들이 몰사한 경우 그 지역에 견고한 진이 생길 수 있다.

무고한 사람의 피가 흘려지게 된 사건들: 종교적인 이유나 아무런 이유 없이 무고한 인명들이 죽게 된 경우에 생기는 사건들을 지칭한다.

지역과 도시에서 자행된 폭력: 이것은 특정 지역의 주민들이 사탄의 조종을 받아 마귀를 숭배하고 땅에서 합법적으로 행동 하지 않는 행위를 말한다. 이것은 특정 지역 주민들이 그 땅에서 사탄에게 경배하는 사탄숭배, 사교 의식(Occult), 전통의 신들과 여신숭배, 무고한 자의 피를 흘리는 것, 인종 차별주의(racism), 경제적 성적 탐욕, 짐승과 수간(獸姦)하는 성도착 행위 등을 말한다. 사탄은 인간의 이런 죄를 활용하여 땅을 장악하고자 한다. 사탄은 하나님의 땅인 어떤 특정 지역에서 슬쩍 하나님의 땅을 도적질하여 그 땅에서 하나님 대신 영광을 받고자 한다. 사탄숭배자들이나 프리메이슨 주의자들은 어떤 특정 지역에서 그들이 타임 캡슐(time capsules)이나 사탄을 경배하는 상징을 돌로 만들어 놓는다. 타임 캡슐은 사탄숭배자들이 거기에 존재하였다는 증거 또는 그들의 문명 생활을 먼 미래까지 보존하기 위하여 특수 제작된 통 안에 시대의 산물을 넣고 땅속에 묻는 특수한 보존용 용기를 말한다. 또한, 사탄숭배자들과 프리메이슨 주의자들은 사탄을 경배하기 위해 제단을 상징하는 돌들을 만들어 대대로 그들의 숭배사상을 남기기를 바란다.

어둠의 세력과 맺은 언약들: 이것은 특정 지역에 사는 주민들이 마귀적인 존재들과 맺는 약속과 언약, 그리고 서원들과 같은 것을 지칭한다. 이런 일들은 그 지역들을 다스리고 있던 지도자들, 어떤 특정 그룹들, 그리고 어떤 개인들이 마귀들과 맺는 언약에 의해 사탄이 합법적으로 역사 하도록 만드는 경우이다. 이럴때 특정 지역의 거주민들과 땅 위에 어둠의 세력들이 그 영향력을 지속적으로 발휘함으로 사탄의 세력에게 문을 열어주는 경우이다.

- 귀신숭배
- 깨진 약속들
- 정치적 권모술수의 정부와 지도력
- 이방인의 종교적 형태와 신념들
- 성적 방종
- 마술과 마법
- 프리메이슨의 견고한 진
- 이슬람 사원들과 불교 사원과 같은 우상숭배가 이루어지는 신전들

유령(apparition)이 출현하는 장소들: 세계의 여러 장소에서 마리아가 출현해 왔다. 마리아가 세상 곳곳에 출현하는 것은 하늘의 여왕이란 영적 존재가 출현하는 것이다. 마리아가 세상 곳곳에 출현하는 일로 인해 예수님이 영광을 받는 것은 마리아숭배를 촉진되고 있으며 마리아가 예수님 대신 숭배를 받고 있다는 사실을 명심하라.

하늘의 여왕(Queen of Heaven)숭배와 그 변천: 하늘의 여왕은 시대에 따라 그 이름이 변천되었다. 로마 시대에는 다이아나(Diana), 헬라 사람들에게는 아르테미스(Artemis) 여신, 터키 지역에서는 퀴벨레(Cybele), 유대인들에게는 릴리스(Lilith), 미국 텍사스 사람들에게는 푸른 색을 입은 여인(Lady in Blue)으로 사용되었다.

기하학과 영적 전쟁?

나는 기하학(geometry)이 영적 전쟁과 영적 도해와 무슨 관련이 있는지 살펴보려고 한다. 왜냐하면, 기하학은 영적 전쟁과 영적 도해와 관련이 아주 많기 때문이다. 영어 단어 기하학은 원래 헬라어(geometria)에서 유래하였다. 이 기하학이란 용어는 '땅을 잰다'는 의미로 사용되었다.[5] 오래된 사전들은 기하학은 원래 땅을 재고, 지구의 거리를 재는 학문이며 그것이 기하학 본래의 기능과 의도라고 한다.[6] 기하학에서 하나의 점(a point)은 정확한 위치를 가리키는 기하학의 용어이다. 기하학에서 선(line)은 선이 움직인 거리를 말한다. 평면(plane)은 표면을 의미한다. 이 평면은 한 개 이상의 점이 선을 이루어 다양한 기하학적 모습을 이루어 놓을 때 그것을 평면이라고 부른다.

기하학에서 말하는 용어 레이 라인(ley line)이란, 큰 돌들, 돌기둥, 고대 시대에 무덤으로 여겨지는 폐허가 된 무덤들처럼 선사 시대 때부터 있어 온 사적이나 성지가 일정하게 일렬로 정렬되어 그 지방을 통과하고 있는 일렬로 정렬된 선이다. 레인 라인에 대한 관심은 아마추어 고고학 연구가이며, 고물 수집가인 알프레드 왓킨스(Alfred Watkins)이 출판한 "영국의 고대 유적(Early British Trackways)"에 의해서 시작된다.[7] 그는 잉글랜드의 레오민스타 근교에 있는 지도에 근거하여, 다수의 고대사적이 일직선상으로 정렬된 것을 발견하였다. 그래서 이 고대 서적들이 위치한 장소가 우주의 신비적인 에너지가 나오는 지점이라고 생각했다. 이 레인 라인은 고대 역사적 유물들이 존

---

5) Encatra World Dictionary, North American Edition, www.onelook.com
6) Webster's 1828 Dictionary, Electronic Version by Christian Technologies, Inc., www.onelook.com
7) David Taylor, "Putting Things Straight(Introducing Earth Mysteries)," www.whitedragon.org.uk

재하고 고대인들이 신들을 예배한 장소를 연결하는 수직적인 선이다. 이 고대 사적들이 발견된 장소들을 연결하는 이 레이 라인은 특별히 신비적 현상이 발생한 장소로 믿어진다.[8] 이런 역사적 유적들이 발견된 장소는 전망이 좋은 높은 지점에 있다. 이런 유적들이 발견된 역사의 현장들은 우상숭배가 성행되던 장소이며, 사교의 예배 의식이 거행된 장소이다. 앨리스 스미스는 이 레이 라인은 어떤 특정 지역에 위치하여 우상숭배로 사용된 역사적 유물들을 서로 이어주는 선이라고 말한다. 이 레이 라인은 어떤 특정 지역에 대적 원수들이 활동해왔다는 것을 보여주는 역할을 한다. 그래서 어떤 특정 지역과 도시 공간에 존재하는 인간들은 이 레이 라인을 통해 사탄의 속박 가운데 있다는 것을 암시해준다.[9] 이 뉴에이지 신념은 다음과 같이 인용되고 있다:

오늘날에는, 뉴에이지 신비주의자들은 어떤 특정 지역에는 지구의 힘과 에너지가 넘치는 장소로 생각되는데, 이곳을 레이 라인을 통해 표시되어 있다고 믿는다. 이 뉴에이지의 신비주의자들은, 지구의 어느 특정의 장소에는 특별한 "에너지"가 가득 차 있다고 믿고 있다. 그중에서도 영국의 스톤헤지(Stonehenge), 에베레스트 산(Everest), 호주의 에어즈 록(Ayers Rock), 페루의 나즈카(Nazca), 이집트 기자에 있는 대 피라미드(the Great Pyramid at Giza), 미국 아리조나 주의 세도나(Sedona), 미국 워싱턴 주에 원형 거석인 뮤터니 베이(Mutiny Bay)는 특별한 에너지가 분출하는 장소로 여겨지고 있다. 그러나 레이 라인으로 작성된 지도에 의하면, 지구 상의 특별한 에너지 지점은 레이 라인으로 표시되어 있다. 예를 들면 시애틀 예술위원회(the

---

8) Encatra World Dictionary , North American Edition, www.onelook.com
9) Alice Smith, 영적 도해와 영적 전쟁에 관한 강의.

Seattle Arts Commission)는 뉴에이지 그룹인 지오(Geo group)에게 시애틀의 레이 라인을 그리도록 5천 달러를 지불하였다. 그리고 시애틀 예술 위원회는 뉴에이지 그룹이 그린 레이 라인은 마치 시애틀 지역을 위성사진으로 표시를 한 것과 같았다. 그리고 그들은 이 사진을 7달러에 살 수 있다. 시애틀 예술 위원회는 이 프로젝트에 의하여 시애틀은, 레이 라인시스템과 조화를 이룬 지구 상의 첫 도시로 되었다라고 주장하였다. 시애틀의 한 시민은 이 예술 위원회가 뉴에이지 이단 종파에 자금을 대주었다고 비판했다. 그러나 이 작품은 시애틀에 있는 시 소유의 빌딩에서 순회전시되고 있다. 시민은 어떤 공적인 직분을 가지고 있는 사람들이 그릇된 행동을 할 때에 비판하고 수정을 요구할 수 있는 정당한 권리를 갖고 있다. 뉴에이지 그룹인 지오(Geo group)는 이 프로젝트에 관하여 다음과 같이 말하고 있다:

"시애틀 레이 라인 프로젝트의 비전은, 시애틀의 레이 라인의 힘의 중심을 확인하여 마이너스 에너지를 중화하고, 그리고 레이 라인의 힘의 중심에 플러스 에너지를 증폭하여, 시애틀 지역의 지구 에너지를 치료하기 위한 것입니다. 우리는 이 결과로서, 시애틀 시에 질병과 불안이 감소하고, 쾌적한 행복감을 성취하여 지구 힘의 중심으로서 시애틀의 잠재적 에너지가 증가할 것이라고 믿습니다." [10]

이런 이야기는 나의 관심을 집중시켰다. 시애틀에서 뉴에이지 그룹들은 시애틀에 있는 지구 에너지를 치료함으로 복지 증진에 힘쓰겠다고 노력하였

---

10) Robert Todd Carroll, "Ley Lines," in The Skeptic's Dictionary(Hoboken, N.J.: John Wiley and Sons, 2002), www.skepdic.com/leylines.html.

다. 그러나 그들의 노력은 헛수고였다. 시애틀의 범죄의 비율은 줄어들지 않았다. 놀랍게도 시애틀에서는 미래를 예언하는 점(占)을 치는 마귀의 세력은 더욱 증가하였다.

우리는 예수 그리스도의 몸으로서 이런 마귀적 세력들의 노력을 분쇄하고 좌절시켜야 할 책임을 가지고 있다. 그리고 도시에서 하나님이 영광을 받도록 선포할 책임도 가지고 있다. 우리는 특정 지역과 도시에서 대적 원수들이 통제하고 관할하는 것을 허락하지 말아야 한다. 레이 라인으로 그려져 특정 지역에서 분출한다는 에너지는 깨어질 필요가 있으며, 어둠에 세력에게 붙잡혀 있는 특정 지역의 땅들은 해방되어야 한다. 그러면 어떤 특정 지역과 도시에 레이 라인이 그려져 있지 않을 때에는 어떻게 무엇을 해야 하는가? 그 대안으로서 효과적인 전략을 세우고 기도하는 것이다. 나는 사탄숭배로 이어진 역사적 흔적의 잔재인 레이 라인 위에 그려진 장소들을 깨뜨린 경험을 가지고 있고 마귀의 세력과 전쟁한 경험을 가지고 있다. 이 지역에서 영적 전쟁을 할 때 주님이 말씀하시는 음성을 듣고, 주님은 어떻게 앞으로 움직여야 할 방법을 인도해 줄 것이다. 나는 중보기도자들이 이 레이 라인 위에 그려진 장소들에서 경험한 최근 전략들을 소개하고자 한다.

레이 라인 전략

1994년 주님은 휴스턴 시에 역사 하는 대적의 세력에 대항하여 영적 전쟁을 수행하도록 전략적인 말씀을 척 피어슨에게 주었다. 주님은 휴스턴 시 중보기도자들이 3주 동안 파수꾼이 되어 도시를 위해 기도하도록 명령하셨다. 이 기간에 지속적인 기도가 있어야 했다. 나는 주님의 말씀을 받아들이고 기도하기 시작했다. 어느 날 나는 기도를 마친 후에 주님은 꿈에 나에게 말씀하셨다. 나는 꿈에 두 번째, 네 번째, 여섯 번째 거리라는 말을 들었다. 나는 꿈에서 깨었을 때, 내 마음속에 이 숫자들이 계속 들리는 것을 느꼈다. 나는 가게에 가서 휴스턴 지역의 지도를 샀다. 내가 지도를 보았을 때, 나는 거기에 삼각형으로 형성하고 있는 프리메이슨의 본부가 있는 장소에 눈여겨보게 되었다. 이 삼각형의 꼭짓점의 장소에서 적 그리스도와 사탄의 세력들이 자리를 잡고 있다는 것을 보게 되었다.

　　나는 이전에 이 거리에 와 본적이 없었다. 그러나 주님은 이 정보가 정확하다는 것을 알려주셨다. 나는 이 정보가 무엇과 관계되는지 알았다. 나는 그 지역에 찾아가서 프리메이슨 지역 본부를 통해 역사 하는 사탄의 세력들을 결박하게 위해 그곳에 기도하기 위해 갔다. 이것은 내가 3주간 도시를 위해 기도하는 기간에 주님이 주셨던 나의 숙제였다.

　　나는 중보기도 팀을 결성하고, 주님이 우리에게 계시해 주신 장소에 프리메이슨 본부들이 위치한 지역을 조사하였다. 프리메이슨 지역 본부들은 삼각형 모양을 형성하고 있었다. 말할 필요도 없이 주님은 이 지역에 뿌리를 내리고 있는 속박의 원인과 근원이 되고 있던 사탄의 속박의 내용을 제거하기 위해 기도하였다. 우리는 프리메이슨 지역 본부들과 그 지역에서 역사 하는 영적 세력에 대항하여 기도하였다. 우리는 이 지역은 주님의 땅이며 주님께 속했다고 선포하였다. 그리고 이 지역에서 주님의 뜻이 이루어지도록 기도하였다.

　　이것은 주님이 우리에게 명령하신 것을 성취한 하나의 특권이었다. 3주간

기도가 끝날 무렵, 우리는 이것을 위해 기도하던 중보기도자들의 기도는 성공적이었고, 휴스턴의 도시에서 프리메이슨이 작정하였던 대적들의 계획은 좌절되었다는 것을 확인할 수 있었다.

자료 수집

우리가 영적 도해를 다시 살펴보고자 한다. 영적 도해는 주님이 말씀하신 어떤 말씀이 계시되고, 팀들이 조사하고 연구한 자료가 종합되었을 때가 바로 영적 도해가 그 기능을 발휘하는 때이다. 이것은 주님이 그들의 백성에게 대적들의 계략과 전략을 분쇄하기 위해 자신의 전략을 보여주시는 때이다. 연구 자료와 조사를 근거로 모든 것이 자료화되었을 때 가장 효과적으로 영적 전쟁을 수행할 수 있을 것이다. 어떤 지역과 도시에 존재한 속박의 원인과 근원이 폭로될 것이다. 그리고 어둠의 세력이 지역을 장악하기 위한 양상들이 밝혀질 것이다. 주님은 이 전 과정을 통해 자신의 영적 통찰력을 제시하고자 하신다. 자료들을 복사하여 팀 구성원들이 전부 가지도록 하라. 중보기도자들은 받은 꿈, 하나님이 말씀하신 말씀, 자기가 본 비전, 예언적 말씀을 전부 종합하라. 당신이 기도 여행을 떠나기 전에 이 필요한 내용은 노트에 자료로 가지고 있도록 하라. 이것은 기도 여행 중에 소중하게 참고로 사용하게 될 도구가 될 것이다.

토론할 질문들

1. 어떻게 영적 전쟁과 영적 도해는 함께 수행되어야 하는가?

2. 당신은 영적 전쟁과 영적 도해 사역에 연관되어 본 적이 있는가? 이 사역을 간략하게 소개하고 그 사역의 결과에 대해 나누어 보라.

3. 조지 오르티즈에 따르면, 영적 도해를 하는 이유는 지상 명령을 성취하고 잃어버린 영혼들을 주님께 인도하는 도구라고 말한다. 당신의 지역과 도시들을 위해 이 영적 도해가 효과적이라고 생각하는가? 영적 도해와 전투기도로부터 어떤 영역이 효율적이 될 수 있다고 생각하는가?

4. 당신의 도시와 지역에 존재하는 속박의 원인과 근원을 밝혀내라.

5. 당신의 도시에 존재하는 어떤 영적 중후군에 대해 말해보라.

6. 당신이 살고 있는 도시에 어떤 유령이 나타난 적이 있는가? 어디에서 이런 유령이 나타나곤 하는가?

7. 당신이 살고 있는 도시와 지역에 역사적 유적들을 표시하고 있는 레이 라인의 장소들을 알고 있는가? 무엇이 이 레이 라인을 정렬하고 있고 있는 지점들은 어디인가?

7

영적 전쟁을 준비하기

7
영적 전쟁을 준비하기

주님이 어떤 지역으로 기도 여행을 떠나도록 과업을 주셨다. 그리고 어떤 특정 지역과 도시들의 역사적 연구와 자료가 모아졌다. 어떤 지역의 영적 현상을 이해하기 위한 영적 도해는 끝마쳤다. 어떤 도시와 지역에 존재해 온 속박의 원인과 근원은 밝혀졌다. 자료와 연구 조사의 기록과 정보는 팀 구성원들이 가지고 있다. 이제 이 영적 전투기도에 들어가기 전에 팀 구성원들은 실질적으로 영적으로 잘 준비되어야 한다.

실제적 준비들

어떤 지역과 도시에 주신 영적 전쟁 사역과 함께 실제적인 준비는 여러 가지 상황에 따라 다르다. 영적 전쟁을 위한 시간과 장소들은 당신이 수행해야 할 헌신의 깊이와 참석해야 하는 장소에 따라 다르다. 주님은 당신이 어떻게 앞으로 나아가야 하는 방법을 지시할 것이다. 내가 휴스턴 지역의 기도 책임자로 섬기고 있었을 때, 나는 지역을 위해 기도하기 위한 제목들을 주간에 기도하였다. 주님은 여러 가지 다양한 방법으로 일하셨다. 내가 1장에서 일한 것처럼 나는 수개월 동안 휴스턴의 성인 클럽의 현장에 가서 기도하였다. 우리는 교회 주변에 있는 이웃 사람들의 거리를 거닐면서 하나님 나라를 선포하며 거리 기도를 하였다. 교회의 아이들과 성인들은 이 거리 기도에 참여하는 것을 즐겼다. 나는 나를 돕는 사람들과 함께 도시의 중요한 지역들을 조사하였다. 나는 화요일 날 저녁 기도 시간에 나는 연구 조사를 통해 우리가 발견한 전략적 장소에 우리기도 팀들을 배치하였다. 성령님이 지시하시는 음성을 잘 듣도록 하라. 주님은 당신이 어떻게 앞으로 전진해야 하는지 인도하실 것이다.

만약 당신의 팀이 여행 중이라면, 당신은 여행의 정보를 갖기 위해 여행사를 접촉하도록 하라. 여행 계획을 만들고, 매일 시간 일정을 만들라. 당신은 기도하기 위해 도시의 교통편을 점검해야 할 것이다. 당신은 여행 목적과 매일 일정의 복사본을 당신의 노트에 가지고 다니도록 하라.

만약 당신의 팀이 해외로 여행을 계획한다면 여권에 관한 정보와 얼마나 머무를 수 있는지, 예방 접종 관계 등을 점검하라. 만약 통역이 필요하다면, 크리스천 통역자를 구하고 당신이 여행하려는 나라의 지역 교회와 교회 지도자들을 접촉하여 도움을 받으라. 먼저 기도로 크리스천 지도자들을 만나도록 기도하라.

나와 팀이 러시아 키에프로 기도 여행을 떠나기로 작정 되었을 때 팀과 나는 러시아 현지의 지도자들을 만날 수 있도록 기도하기 시작했다. 그때 나는 세계 기도 센터에 있는 아스날 서점의 관리자였다.

콜로라도 스프링스에 있는 크리스쳔 라디오 방송은 크리스쳔 사업과 단체를 위한 박람회를 개최하였을 때에, 나는 이 박람회에 참여하고자 등록하였다. 또한 이 러시아 키에프로 기도 여행을 가기로 되어 있었던 팀 구성원 중 두 사람도 이 박람회에 같이 참여하고 있었다. 우리 모두는 이 크리스쳔 박람회에 모두 참여하고 있었다.

우리 팀 구성원 중에 한 사람은 다른 박람회 전시를 하고 있는 장소에 가서 서로 이야기하였다. 우리 아스날 서점의 바로 뒤에 전시된 장소는 성 제임스 연구소(St. James Institute)였다. 우리 중 구성원은 주님이 그들과 대화하기를 원한다고 느꼈다. 그는 다가가 대화를 시도했는데 이 성 제임스 연구소(St. James Institute)는 러시아 키에프 지역에 본부를 둔 크리스쳔 연구소였다. 이 연구소의 비전은 이 러시아에 있는 젊은 지도자들을 훈련하는 것이 그들의 비전이었다. 그들은 모두 지역 교회에 참석하고 있는 크리스쳔들이었다. 나는 이 크리스쳔 지도자들과 대화하고 있는 동안 우리가 기도 여행 중에 안내를 부탁하고 정보를 알고 있는 현지 지도자들을 찾는 중이었다는 것을 인식하고 있었다. 우리는 가깝고 친밀한 우정의 관계를 성립한 후 주께서 우리가 찾고 기도하는 있는 현지 지도자가 우리의 기도 여행에 안내를 부탁했다. 하나님은 크신 하나님이었다. 이 모든 것을 하나님이 준비하셨다.

이것은 실제적 준비였을 뿐만 아니라, 팀을 영적으로 준비시키시는 시간이었다. 기도하고 하나님을 예배하는 모임이 하는 동안은 하나님은 팀을 영적으로 강하게 훈련되도록 준비시킨다. 나는 일반적으로 기도 여행을 떠나기 전에 6개월을 준비하며, 1달 전에는 팀이 전원 함께 모여서 준비한다. 다른 팀들은 더 많은 시간을 들여 모이기도 하고 덜 모이기도 한다. 당신 자신의 그룹의 전략을 세우는데 하나님께 지혜를 구하라. 또한, 당신이 기도 여행을 떠나 있는 동안 당신과 팀을 위해 기도하며 영적으로 팀을 보호해 주시도록 기도하는 중보기도자들을 초청하라. 중보기도자들이 뒤에서 기도하는 기도의 지원은 기도 여행을 떠나 사역하는 팀이 연합하고 일치를 이루는 중요한 기능을 한다. 게다가 이런 모임을 통해 중보기도하는 구성원들이 당신의 기도 여행의 과정을 봄으로 분명하고 정확한 기도 제목을 가지고 효과적으로 기도할 수 있게 해준다.

기도 여행을 떠나는 팀이 함께 모여 하나님을 찬양하고 기도하는 모임을 모이는 것도 중요하지만, 그들이 실제로 개인적인 영적 준비가 되어야 하는 것도 중요하다.

개인적인 영적 준비

기도 여행을 떠나는 중보기도 팀들이 실제적으로 개인적인 영적인 준비가 반드시 구비되어야 한다. 중보기도자들이 날마다 주님과 함께 시간을 보내고 주님을 만나는 시간은 그의 지시를 받고 듣는 영성을 개발시켜준다. 주님을 매일 만나 감격함으로 하나님을 예배하는 시간은 당신을 그분의 영적 현존으로 날마다 인도한다. 당신은 날마다 주님과 경건의 시간을 가짐으로 당신에게 말씀하시는 하나님의 말씀을 들음으로 당신이 해결해야 할 문제들

을 해결 받을 수 있도록 해야 한다:

> "하나님의 말씀은 살아 있고 활력이 있어 좌우에 날선 어떤 검보다도 예리하여 혼과 영과 및 관절과 골수를 찔러 쪼개기까지 하며 또 마음의 생각과 뜻을 판단하나니" (히 4:12)

이 기간 동안 주님은 기도 여행을 위해 당신이 영적으로 깨끗해지고 거룩해지는 기간으로 삼으실 것이다. 당신은 이 기간에 주님과 개인적으로 말씀과 기도와 예배 시간을 가질 때에 기도 여행에서 사탄의 역공격을 받지 않도록 당신이 극복해야 할 문제가 무엇인지 보여주시도록 기도하라. 만약 주님이 당신의 삶 가운데 있는 특별한 죄를 보여주시거든 그러면 그것을 회개하고 그 죄로부터 돌이키라. 만약 어떤 특정한 개인에 대해 용서하지 않은 죄가 있거든 회개하고 그 사람과 화해하라.

▶ 순수한 동기를 구하라

나는 기도 여행을 가는 중보기도자들의 순수한 동기를 강조하지 않을 수 없다. 만약 당신이 하나님 나라를 세우기 위한 순수한 동기가 아닌 어떤 야망과 개인적 욕망을 갖고 이 기도 여행에 임한다면, 그런 사람을 통해 대적 원수는 팀을 분열시키고자 할 것이다. 만약 개인들의 순수한 동기와 하나님 앞에서 순수한 마음을 가지고 기도 여행에 임한다면, 대적들의 계략은 분쇄되고 말 것이다. 다음은 당신이 기도 여행을 가는 순수한 마음과 동기를 점검하기 위해 이 목록에 따라 당신 스스로를 점검하라.

종의 마음을 가지는 것

종의 마음을 가지고 기도 여행을 떠나라. 그 나라와 지역의 백성을 섬기고 싶은 마음과 다른 팀 구성원들을 섬기기 위한 종의 마음과 태도는 가장 능력이 있는 무기이다.

스스로 겸비하라

웹스터 사전에서 겸손은 자기 자만과 자기주장이 없는 얌전하고 점잖은 사람의 태도라고 말한다. 겸손이란 자기 주장과 자만이 없는 상태를 말한다. 당신은 기도 여행 동안 하나님께 초점을 맞추고 기도를 통해 얻어지는 성취의 결과와 영광을 오직 주님께 드리라. 우리가 성취한 영광을 주님께 드리는 것은 아주 중요한 일이다. 겸손에 관한 책에 대해 피터 와그너가 쓴 책 겸손이란 책을 참고하라. 나는 자만과 확신은 동의어가 아니라는 것을 지적하고 싶다. 확신을 자만으로 잘못 생각하지 말라. 주님 안에 있는 확신과 믿음은 기도 여행 중에 필요한 요소들이다.

다른 사람을 돌아보는 것

아무 일에든지 다툼이나 허영으로 하지 말고 오직 겸손한 마음으로 각각 자기보다 남을 낫게 여기고 각각 자기 일을 돌볼뿐더러 또한 각각 다른 사람들의 일을 돌보아 나의 기쁨을 충만하게 하라(빌 2:3-4). 당신보다 다른 사람을 먼저 돌아보라. 기도 여행 중에 다른 사람과 견주어 스스로 높이 올라서려는 마음과 태도를 버려라.

으므로 우리가 아빠 아버지라고 부르짖느니라" (롬 8:15)

"사람을 두려워하면 올무에 걸리게 되거니와 여호와를 의지하는 자
는 안전하리라" (잠 29:25)

우리는 모두 위험, 악한 것, 육체적 고통이 직면하면 근심과 두려움을 느낀다. 공포는 우리의 감정을 뒤집어 놓은 무시무시한 인간의 감정을 유발시킨다. 공포는 우리를 영적으로 전진하지 못하게 만들고 우리를 집어삼키고자 한다.

당신 세계 제2차 대전에 대한 영화에서 죽어간 사람들에 관해봤다면 그 전쟁에 참가한 군인들이 전쟁을 앞두고 근심하는 여러 가지 감정을 볼 것이다. 나는 소규모 전투에서 두려움 때문에 참호 아래 자신을 숨겼던 어떤 군인에 관한 진짜 이야기를 알고 있다. 그는 그 전쟁에서 시력을 잃어버렸다. 그리고 전쟁이 끝난 후에 그는 시력을 잃어버린 채로 고향에 돌아왔다. 그는 전쟁에서 공포를 이기지 못했고, 그는 그의 대적을 대항하여 전쟁 할 수 없었다.

이와 같은 이야기는 영적 전쟁에 참가하는 중보기도자들에게도 교훈이 될 수 있다. 우리가 만약 전쟁에 나갈 때 공포를 이기지 못하고 전쟁에 나간다면 우리는 앞으로 진군하지 못하고 대적과 싸우지 못할 것이다.

나는 영적 전쟁이 그리스도인들에게 쉽고, 어렵지 않다는 것을 달하고 있는 것은 아니다. 나는 영적 전쟁을 수행하러 해외 여행에서 그 영적 전쟁터에서 기도할 때, 나의 온몸이 전율하는 것 같은 공포와 나를 짓누르는 영적 압박감과 같은 느낌을 여러 장소에서 경험했다. 그러나 나와 나의 팀은 앞으로

전진하여 영적 전쟁을 할 수 있었다. 왜냐하면, 우리는 영적으로 개인적으로 전쟁터에 나가기 전에 잘 준비되었기 때문이었다. 그리고 우리는 하나님은 두려워하는 마음을 우리에게 주신 것이 아니라 근신하며 사랑의 마음을 주셨다는 사실과 말씀을 붙잡을 수 있었기 때문이었다.

그러나 어떤 지역에 위험한 상황에 있을 때 우리가 전쟁하러 나아가지 말아야 하는 때가 있다는 것을 말하고 싶다. 주님은 우리에게 뒤로 물러서 조심하도록 말하실 것이다. 이런 경우에는 당신은 주님께서 그 땅과 백성을 축복하시도록 기도하라. 만약 주님이 어떤 분명한 지시를 주시지 않는다면 위험한 형편과 상황에 있는 전쟁터에 나가지 말라. 그러나 만약 주님이 전쟁터로 나아가도록 분명히 지시하셨다면 당신의 사역에 방해 되는 여러 가지 것들을 두려워하지 말라. 두려움과 공포는 당신이 전쟁에 나아가는 당신을 바른 판단을 하지 못하도록 혼란을 준다. 만약에 두려움과 공포를 안고 전쟁에 나가면 참담한 결과를 가지고 돌아올 것이다.

만약 당신이 영적 전쟁터에 나간다면 공포와 두려움을 직접적으로 대면하라. 공포란 단어조차도 입에서 꺼내지 말라. 사탄과 그의 졸개들은 전능한 존재가 아니며 전지한 존재도 아니다. 당신의 원수들은 당신의 생각과 사고에 두려움과 공포의 느낌을 집어넣을 수 있다. 그러나 당신이 담대하고 용기 있는 마음을 가졌다는 것은 읽을 수 없다. 만약 우리가 공포와 두려움이란 단어를 말하지 않는다면, 그가 그 공포와 두려움들을 통해 중보기도자들을 약하게 만들었다는 것을 모를 것이다.

전쟁터에 나가기를 원한다면 주님께 물어보라. 당신이 전쟁에서 나가 싸우기를 원한다면 주님께서 주신 말씀을 인용해야 한다. 예를 들어 이렇게 기

도할 수 있을 것이다:

"주님, 당신은 세상에 있는 자보다 더 위대하신 분이십니다. 그런데 당신은 내 안에 있는 것을 감사합니다. 예수 그리스도 안에서 모든 것이 가능하다는 것을 믿습니다. 당신은 어둠 속에서 밝은 빛으로 우리를 부르셨음을 감사드립니다. 하나님 당신은 우리가 아바 아버지라고 부를 수 있도록 하셨습니다. 주님, 당신은 우리가 이 싸움에서 이길 수 있도록 부르시고 이 사명을 주셨습니다."

하나님이 주신 말씀을 찾으므로 당신의 믿음의 차원은 높아지며 당신이 당면한 전쟁에서 두려움을 느끼지 않을 것이다.

당신이 두려워하는 상황에 직면했을 때, 하나님을 예배하는 것은 가장 강력한 무기이다. 나는 스페인에서 영적 전쟁을 수행하기 위해 기도 여행을 떠난 경험이 있다고 제2장에서 언급했다. 우리는 지역 주민들을 이방 종교의식에 가입시키려고 소를 잡아 죽이는 의식을 한 스페인에서 고산 지대에 있는 론다(Ronda)지역에 영적 전쟁을 수행하러 떠났다. 그리고 이 지역은 스페인 투우 경기의 원산지였다.

스페인 론다 지역의 영적 분위기는 음산할 정도로 어두웠다. 우리는 주님의 인도를 받으며 거기에서 기도했다. 우리는 그 장소로부터 떠나려고 하였을 때 우리는 주차장에서 길을 못 찾아 출구를 찾을 수 없었다. 우리는 그 도시에서 빠져나올 수 없었다. 우리가 마침내 바른길을 찾았을 때 우리는 주님을 찬양하기 시작했다. 우리는 꾸불꾸불하고 바람이 세차게 부는 산 위에 있는 도시를 빠져나오면서 45분간 주님을 찬양했다. 우리는 산 밑에 도달했을 때 우리는 주님이 주시는 기쁨으로 가득 하였다. 하나님을 향한 경배는 주님의 현존으로 기도팀을 인도하며 두려움과 공포를 부수는 강력한 무기였다.

만약 당신이 공포와 두려움의 순간을 경험한다면, 왜 이런 공포와 두려움이 생기는 지를 주님께서 가르쳐 주시도록 주님께 기도하라. 나는 하나님이 나의 생애에서 두려움으로부터 자유롭게 되는 자유를 주신 것을 나누고 싶다. 우리의 어린 시절은 나와 나의 언니는 부모님들이 달라스에 일을 보러 가신 동안 우리는 유치원에 맡겨졌다. 나는 유치원에서 미끄럼틀에 올라가다가 미끄러져서 나의 팔꿈치는 부러졌다. 그 당시 핸드폰은 없었기 때문에 우리를 돌보고 있던 사람은 우리 부모님들에게 이 사실을 연락할 방법이 없었다. 나는 아파서 계속 울었고, 언니는 나를 달랠 수 없어서 어떻게 할 줄 몰랐다.

자기가 돌보고 있던 아이가 다쳤기 때문에 어찌할 줄 몰라하던 그 보모는 나를 어두운 방에 작은 침대에 누이고 문을 닫고, 언니가 들어가지 못하게 했다. 언니가 나와 함께 있고 싶어 문밖에 서 있던 기억을 지금도 기억한다. 말할 것도 없이 나의 부모님은 헐레벌떡 뛰어와서 나를 데리고 병원에 데리고 갔고, 나와 언니는 다시 그 장소에 가지 않았다.

이 사건이 있은 후에 나는 고소공포증과 밀폐된 장소를 두려워하는 공포에 시달리게 되었다. 나는 성인이 될 때까지 밤에 꿈을 꾸면 악몽에 시달렸다. 심지어 나는 나의 남편과 결혼 후에도, 그리고 아이들을 낳은 후에도 두려움과 공포가 나를 붙잡고 있었다. 만약 나의 남편이 출장가서 집에 없고 혼자 잠을 이룰 경우에 나는 텔레비전과 라디오, 모든 불을 켜 놓지 않고서는 불안해서 잠을 잘 수 없는 지경이었다. 비행기로 여행할 때에도 비행기에서 상영되는 드라마나 영화를 보면서 잠을 청할 정도였다. 그리고 나는 사다리나 발코니에 서 있을 수 없을 정도로 고소공포증에 시달렸다.

하지만 주님이 영적 전쟁과 중보기도에 대해 가르치기를 시작했을 때 나는 비로소 이 두려움과 공포의 문제를 다루어야 한다는 것을 깨달았다. 나는 내가 만약 공포와 문제를 해결하지 못하고 있는데 어떻게 공포와 두려움이 있는 사람들을 도울 수 있는가라고 스스로에게 질문했다. 내가 비행기를 타면 고소공포증이 있어서 비행기 타기가 두려운데 어떻게 전략적 영적 전쟁을 수행하기 위해 다른 나라와 지역을 방문할 수 있는가라고 질문했다. 나는 주님이 이 공포와 두려움으로부터 해방시켜주시도록 주님께 부르짖었다. 내가 교회에서 여전도회 수양회를 갔을 때, 강사 한 분은 우리가 공포에 대항하여 설 수 있도록 도전했다. 그는 우리가 함께 연합하여 이 공포의 문제를 위해 기도하도록 요청했다. 그는 우리를 위해 공포의 영을 대적하고 기도하도록 했고, 공포의 영을 결박했다. 나는 그날 나의 어깨 위에 앉았던 것이 떠나는 것을 느꼈다. 그날 나는 몹시 흥분했고 감격했다.

그날 나는 집으로 돌아와서 나는 내가 공포로부터 해방되었다는 것을 느꼈다. 나는 주어진 승리를 유지하기 위해 공포의 영을 대적해야 한다는 것을 배웠다. 그래서 나는 2달 동안 매일 밤 공포의 영을 대적했다. 나는 우리가 자고 있는 동안에 공포의 영이 내 집에 들어오는 것을 느꼈다. 나는 두려워서 베개를 머리에 처박고 그리고 남편에게 바싹 붙어 있기보다는 그 두려움의 영을 대적해야 한다고 생각했다. 그래서 침대에서 일어나 침실과 응접실을 돌며 공포의 영을 대적하기 시작했다. 나는 집안을 거닐면서 비록 그들이 안 왔지만, 그들의 거기에 있다는 것을 강하게 느꼈다. 그리고 마치 내가 그들을 보고 있는 것처럼 눈으로 째려보기도 하였다. 나는 예수 이름으로 그들이 떠나도록 명령했고 다시는 돌아오지 못하도록 외쳤다. 나는 예수 이름으로 그들이 내 집에서 결코 환영 받지 못할 것이라고 말했고 나의 자녀를 만지지 못하게 명령했다.

나는 그 기간에 나는 한밤 중에 많은 시간을 기도로 보냈다. 심지어 내가 하나님을 예배하고 경배하고 있는 순간에도 공포와 두려움의 영은 다시 찾아오곤 하였다. 나는 마루에서 일어나 공포의 영이 현존하고 있다고 느껴지는 장소에서 얼굴을 맞대고 대적하였다.

나의 남편이 사업차 여행을 가는 날이 돌아왔다. 나는 실제로 내가 두려움으로부터 해방되었는지를 시험하는 기회였다. 나는 나의 자녀를 침실에 재우고, 나는 온 집에 불을 다 끄고, 텔레비전과 라디오를 다 끄고 잠을 청했다. 나는 절대 두려움의 영에 사로잡히지 않았다. 나는 두려워하지 않았다. 그 시간 이래로 나는 공포의 영은 나를 묶을 수 없었고, 나는 자유롭게 비행기를 탈 수 있었다. 하나님은 붙잡고 있는 올가미로부터 나를 자유롭게 하셨다.

▶ 영적 군사 되는 것

해외로 영적 전쟁을 수행하기 위해 준비하는 것은 하나님 나라의 확장을 위해 개인적으로 영적 군사가 되는 것을 말한다. 마태복음 11장 12절은 중보기도자의 모형을 알려준다:

"세례 요한의 때부터 지금까지 천국은 침노를 당하나니 침노하는 자는 빼앗느니라"

여기에서 침노한다는 말은 헬라어 원어로 전투적으로 어떤 행동을 하는 것을 의미한다. 이 침노한다는 뜻은 강력하고 전투적으로 하나님 나라의 일을 감당한다는 말이다. 하나님 나라의 확장을 위해 헌신한 중보기도자들은 하나님이 주신 영적 권위를 역동적이며 전투적으로 사용하는 끈질긴 영적 군사들이다. 영적 전쟁을 수행하는 군사들로서 영적 돌파구와 승리가 이루어질 때까지 영적인 부담감을 가지고 전쟁을 수행한다. 이 전략적 전쟁을 수행하고 목적을 성취하기 위해 전쟁을 감당하는 군사들은 전쟁 계획을 알아야 하고 하나님 아버지의 마음을 품어야 한다. 그리고 그는 지혜와 영적 분별력을 가져야 한다. 에베소서 6장 12절은 우리의 전쟁에 대해 말한다:

"우리의 씨름은 혈과 육을 상대하는 것이 아니요 통치자들과 권세들과 이 어둠의 세상 주관자들과 하늘에 있는 악의 영들을 상대함이라"

우리가 영적 전쟁에 연관될 때, 우리의 싸움은 개인과 어떤 그룹과 어떤 특정의 종족의 그룹들과 싸우는 것이 아니라는 것을 인식해야 한다. 우리의 싸움은 사탄과 그의 졸개들과 전쟁하는 것이다. 우리는 전쟁과 무기로 싸우는 사람들의 전쟁으로부터 많은 교훈을 얻을 수 있을 것이다. 어떤 장군이 적과 전쟁하기 위해 그는 전략과 계획이 필요할 것이다. 그리고 그는 대적의 전략을 알려고 노력할 것이다. 이처럼 대적을 알지 못하면 어떤 효과적 전략도 기대할 수 없을 것이다.

전략적 영적 전쟁을 수행하러 나가는 사람들은 이것이 사람이 죽을 수 있는 전쟁이라는 것을 이해하고 나가야 한다. 전략적 영적 전쟁을 하러 나가는 사람들은 아무런 준비 없이 태연하고 주제넘고 건방진 태도를 가지고 전쟁터에 나가면 위험하다. 주제넘고 건방진 태도는 죄이며 사탄이 역사 할 수 있도록 사탄의 역사를 허용할 수 있는 여지를 준다. 우리는 사탄은 무시무시한 대적이라는 사실을 기억해야 한다. 그의 영적 파워에 대한 지식 없이 전쟁터에 나가는 것은 아주 어리석은 일이다.

나는 사탄을 지나치게 과대평가하고 존경하는 태도로 대하고, 그의 속임수를 흠모하고 있지 않는다는 사실에 주목하라. 나는 우리가 전쟁 하기 위해 그의 전략과 그의 술수를 아는 것이 필요한 것을 말하는 것이다.

전쟁에 나가는 군사들은 죽을 수도 있다는 것을 알아야 한다. 영적 전쟁을 수행하는 사람들은 주님께 무조건으로 순종해야 하고 만약에 목숨을 잃게 될 수 있다는 것을 알고 자기 목숨을 사랑하지 않아야 한다. 나는 영적 전쟁을 수행하러 나가는 사람들에게 이것은 아주 중요한 선언이 되며 군사들은 이 사실을 명심해야 한다고 생각한다. 나는 하나님이 그리스도의 군사들을 전쟁터에서 죽도록 내보낸다고 생각하지 않는다. 그러나 나는 전쟁터에서 죽게 될 수 있다는 전쟁의 위험성의 면모를 강조하고 싶다. 전쟁에서는 희생자가 나올 수 있다. 그것이 전쟁이다. 만약 우리가 우리의 생명을 그 앞에 내려놓는다면, 우리가 어떤 대가를 치르더라도 예수님을 따르는데 충성하게 되는 결과를 보이는 것이며, 죽는 한이 있더라도 우리의 생명을 돌아보지 않고 예수님을 따르는 교훈을 배우게 된다.

▶ 예수님을 따르는 데 치러야 할 대가

당신은 어떤 대가를 치르더라도 예수님을 기꺼이 예수님을 따르고자 하는가? 나는 주님이 나에게 이 질문을 하였던 그날 밤을 잊을 수 없다. 나는 처음 전략적 수준의 영적 전쟁을 위한 기도 여행을 처음 참여했던 기억을 지금도 지울 수 없다. 나의 처음 여행은 나이지리아였다. 내가 출석하고 있던 교회는 전략적 수준의 영적 전쟁을 위한 기도 여행을 참가하고 싶은 사람들을 인터뷰를 하였고, 나는 그 과정을 기다리고 있었다. 주님이 내게 도전하신 때는 인터뷰 전에 있었다. 나는 그때 여러 시간에 보내며 중보기도하고 있었다. 주님은 모든 민족들을 위해 중보기도하고 싶은 마음이 있느냐고 물었다. 그래서 나는 네라고 답변했다. 그런데 주님은 그러면 어떤 대가를 치르더라도 그 일을 기꺼이 할 수 있느냐고 물으셨다. 나는 주님께 그렇게 답할 수 있는 용기와 힘을 달라고 주님께 말했다. 그런데 주님은 죽기까지 나의 생명을 아끼지 않고 버릴 수 있느냐고 물었다. 나는 나의 생명을 기꺼이 버릴 수 있다고 말하기가 쉽지 않았다. 그런데 나는 어떻게 대답해야 할 것인지 갈등을 겪었다. 나는 며칠 후에 주님께서 나에게 그런 헌신을 하도록 힘을 달라고 부르짖기 시작했다. 인터뷰가 있던 바로 전날 나는 어떤 대가를 치르더라도 나는 주님을 따를 수 있다고 말했다. 나는 주님께 그런 힘을 달라고 기도했다. 이 기간에 능력 있는 기도의 시간을 가지게 되었다. 나는 이 기간 동안에 대가를 치르더라도 주님을 따르겠다는 문제를 해결한 귀중한 시간이었다고 생각한다.

나는 다음날 인터뷰하러 갔다. 그리고 모든 일이 잘되었다. 나는 내가 왜 며칠 동안 주님께서 질문하신 질문을 가지고 씨름하게 되었는지를 인터뷰 시간에 알게 되었다. 인터뷰를 책임진 미국 중보기도센터의 앨리스 스미스는 나를 똑바로 바라보면서 다음과 같이 물었다. "당신은 주님을 위해 당신의 생명을 기꺼이 바칠 수 있습니까?"

나는 당신이 그런 질문을 할 줄 알았다. 나는 며칠 전부터 주님 앞에 이 질문 앞에 예라고 대답할 수 있도록 용기를 달라고 기도하고 있었다고 말했다. 나는 내가 주님을 위해 어떤 대가를 치르더라도 주님을 따르기를 원한다고 대답했다. 그리고 나는 이런 힘과 용기를 달라고 주님께 기도하고 있다고 말했다.

나는 이 기도 여행에 팀 구성원으로 선택되지 못했다. 내가 후에 이 뜻을 이해하였을 때, 주님은 나의 앞으로 사역과 사명을 주기 위해 준비시키시는 과정으로 이해하게 되었다. 이때는 내 생각과 안전과 계획을 주님 십자가 앞에 내려놓고 주님을 따르기로 내 영혼을 성찰하는 기회의 시간이었다. 그러나 그때에는 나는 정말로 주님을 따르기 위해 어떤 대가를 치르기로 작정한 귀한 시간이 되었다는 것을 나중에 깨달았다. 후에 우리 교회 담임 목사님은 내 가슴을 찌르는 말씀으로 교인들을 인도했다. 그는 더 깊은 헌신으로 주님께 헌신하도록 청중에게 이야기하기 시작했고, 그는 끝까지 주님께 신실하게 헌신한 그리스도인들의 이야기도 함께 나누기 시작했다. 나는 목사님이 설교할 때, 내가 주님께 자기의 목숨까지 내어놓고 기꺼이 따르기를 헌신하는 이 주제가 아직도 나에게 완전히 해결되지 않았다는 것을 알았다. 나는 날마다 주님 앞에 나가 무릎을 꿇고 소리 높여 기도하였다:

"주님! 나를 끝까지 주님을 버리지 않고 따르는 신실한 자가 되도록 만들어 주소서."

나는 모든 민족들을 위해 기도하는 사명을 감당할 수 있도록 전적으로 헌신 되어 어떤 대가를 치르더라도 주님을 따르는 사람이 되기를 원했다. 나는 이 영적 부담에 대하여 그 누구에게도 말하지 않았다. 심지어 나는 나의 남편에게도 이 기도 제목을 가지고 기도하고 있다고 말하지 않았다. 그것은 나와 주님과 은밀하게 기도하고 있었던 기도 제목이었다.

주님께 이 기도의 제목을 놓고 기도하던 삼 주째 되던 날, 나는 미국 중보기도 센터의 대표로 사역하던 에디와 앨리스 스미스를 위한 중보기도 하는 모임에 참석하였다. 주님은 이 중보기도 모임에 참석하던 중보기도자들을 축복하도록 앨리스에게 말했다. 그녀는 각자를 위해 기도하고 예언하기 시작했다. 그때 나는 주님이 내 앞에 서 계시는 것을 같은 것을 느꼈다. 그녀는 내 앞에 서서 나의 눈을 똑바로 보고 다음과 같이 선언했다:

"주님이 당신이 끝까지 신실하게 충성을 다할 것이라고 말씀하신다."

앨리스의 이 예언의 말씀은 나의 전 존재를 관통하고 흔들어 놓는 듯한 말씀이었다. 나는 전율을 느끼며 두려움에 떨었다. 그녀는 계속 다음과 같이 말했다:

"주님은 당신이 모든 민족들을 위해 기도할 때에 어떤 치열한 영적 전쟁의 상황에서도 자신을 드리고 어떤 대가를 치르더라도 주님을 따를 것이라는 것을 알려주셨다."

그날 밤 이래로 주님은 나를 전략적 수준의 영적 전쟁으로 부르셨다는 것을 나는 확인할 수 있었다. 나는 나의 개인 기도 시간을 활용하여 더 깊은 수준의 전략적 수준의 영적 전쟁에 관한 이해도를 넓혀갔다. 나는 이 영적 전쟁을 경험하기 위해 도시와 주, 그리고 모든 민족들로 영적 전쟁의 범위를 넓혀가게 되었다. 앨리스를 통해 말씀하신 영적 전쟁으로 부르심에 대한 확증의 말씀은 그 이래로 내가 위험하고 강렬한 영적 전쟁의 와중에서도 나를 붙잡고 있었다고 확신을 갖고 말할 수 있다. 왜냐하면, 이 말씀이 나의 영혼을 사로잡았기 때문이었다. 주님이 나에게 말씀하신 사명 앞에 어떤 공포도 영적 전쟁에 대한 주님의 부르심을 방해하지 못했다.

▶ 하나님의 무기를 취하는 것

영적 전쟁에 임하는 모든 크리스천들은 모두 다 그들의 무기를 들고 영적 전쟁터에 나아가야 한다:

> "그러므로 하나님의 전신 갑주를 취하라 이는 악한 날에 너희가 능히 대적하고 모든 일을 행한 후에 서기 위함이라 그런즉 서서 진리로 너희 허리 띠를 띠고 의의 호심경을 붙이고 평안의 복음이 준비한 것으로 신을 신고 모든 것 위에 믿음의 방패를 가지고 이로써 능히 악한 자의 모든 불화살을 소멸하고 구원의 투구와 성령의 검 곧 하나님의 말씀을 가지라 모든 기도와 간구를 하되 항상 성령 안에서 기도하고 이를 위하여 깨어 구하기를 항상 힘쓰며 여러 성도를 위하여 구하라"
>
> (엡 6:13-18)

우리는 반드시 하나님의 무기를 입고 살아야 한다. 하나님의 무기는 우리를 보호하며 삶 가운데서 우리를 그리스도인으로 살도록 만들어 준다. 우리는 일상생활 중에 발생하는 삶의 궁지와 어려운 문제들을 자신들이 하나님의 무기로 다뤄야 한다. 우리의 믿음을 비틀거리게 하는 정신적이며 마음의 상처나 다른 사람에 의해 상처받은 상처들을 이 영적 전쟁의 하나님의 무기로 다루어야 한다. 이와 같은 정신적 상처나 다른 크리스천으로부터 받는 상한 감정들이 생기거든 기도로 해결하고 이 문제를 하나님의 무기를 가지고 다루라.

나는 하나님의 무기를 입은 것에 대해 조심스러운 언급을 하고 싶다. 어떤 사람들을 실제로 하나님의 무기를 만들어 입으면서 그것이 실제로 자신들을 보호해 준다고 생각한다. 이것은 사실 미신적 행동이며, 우상숭배적인 발상이라고 생각한다. 어떤 사람들은 하나님의 무기를 주문처럼 외우고 그것을 계속 부르면 그것들이 자신들에게 영적 힘을 준다고 생각한다. 중보기도자들이 종교적 행위로서 하나님의 무기를 입을 때까지 나는 전략적 수준의 영적 전쟁터에 나가지 않은 중보기도자들을 보아왔다. 그들은 이 하나님의 무기가 그들에게 파워를 준다고 믿는다. 이런 행동은 어떤 면에서 틀렸다고 생각하지 않고 그것은 좋다고 생각한다. 그러나 영적 전쟁터에 나갈 때 에베소서 6장에 기록된 영적 전쟁에 관한 하나님의 무기를 기도해야 하고, 그렇게 하지 않고는 전쟁터에 나가면 안 된다고 생각하며 느끼는 것은 잘못되었다고 생각한다. 왜냐하면, 이것은 미신적인 행동이라고 생각하기 때문이다. 나는 우리가 영적 전쟁에 나갈 때는 반드시 에베소서 6장에 기록된 하나님의 무기에 관한 본문을 읽고 기도해야 한다고 생각하는 고정된 사고는 미신적인 예배의 형태라고 생각한다.

나는 우리가 영적 전쟁터에 나가기 전에 하나님의 임재를 경험하기 위해 시간을 주님과 보내고, 하나님의 말씀으로 무장하는 것이 하나님의 전신 갑

주인 하나님의 무기를 입는 것이라고 생각한다. 우리는 하나님과 기도의 개인적인 밀접한 관계를 통해 거룩해 진다. 우리는 우리가 하나님의 말씀을 읽을 때 우리 삶 가운데서 그것이 날카롭고 역동적인 말씀이 되게 한다. 날마다 우리가 하나님의 임재 앞에 나아갈 때에 우리는 거룩해진다. 이렇게 할 때에 주님은 우리에게 거룩의 옷을 입히신다. 그리고 우리가 이런 하나님과 밀접한 교제의 과정을 가질 때 우리는 바울 사도가 말한 것처럼, 하나님의 무기로 옷을 입고 하나님의 임재 앞에 설 수 있다고 믿는다. 이것이 우리의 영적 권위가 어디에서부터 오며, 우리가 누구를 선택하며, 어떤 거룩한 삶의 모습을 보이고, 그리고 누구를 믿느냐라는 문제에 대한 정답이 된다.

▶ 영적 돌파구를 위한 믿음을 유지하는 것

히브리서 11장은 믿음의 장으로 이미 잘 알려져 있다. 이번 장에서 우리는 믿음의 조상들을 볼 수 있고 믿음의 조상들은 하나님의 나라를 위해 어떻게 믿음을 통해 그것을 성취했는가를 보여준다. 히브리서 11장은 어떻게 그들이 믿음을 통해 영적 돌파구를 이루었는지를 보여준다:

"믿음은 바라는 것들의 실상이요 보이지 않는 것들의 증거니 선진들이 이로써 증거를 얻었느니라" (히 11:1-2)

믿음의 위인이었던 아브라함, 노아, 모세, 에녹, 기드온, 위대한 하나님의 사람들과 경건한 여인들이 하나님의 기업을 믿음으로 받았던 것처럼 기도의 용사들에게도 믿음이 요구된다.

하나님이 당신에게 주신 사명을 감당하는데 있어서 영적 돌파구를 위해 기도할 때 사역에 대한 부정적인 태도는 부정적인 결과를 가져온다는 것을 마음에 새기라. 주임을 신뢰하는 믿음의 부족, 주님이 주신 영적 권위를 신뢰하지 않는 것, 그리고 기도에 헌신 되어 있지 않는 태도는 당신의 믿음을 평가절하시킬 수 있다.

믿음은 영적 돌파구를 가져오기 위해 영적 전쟁의 중보기도에 필수불가결한 요소이다. 우리의 믿음이 날마다 주님과 함께 할 때 우리의 믿음은 성장한다. 그러나 나는 믿음은 우리가 선택할 수 있는 선택 사항이라고 생각한다. 베드로 후서 1장 3절에서 베드로는 말한다:

"그의 신기한 능력으로 생명과 경건에 속한 모든 것을 우리에게 주셨으니 이는 자기의 영광과 덕으로써 우리를 부르신 이를 앎으로 말미암음이라"

이 구절에서 베드로는 그리스도인들이 크리스천다운 삶을 살도록 하나님은 우리에게 모든 것을 주었다고 설명한다. 이 구절은 성경에서 말하는 말씀을 우리가 진실로 마음에 믿는다면, 우리가 할 수 있는 모든 것들을 행할 수 있는 필요한 도구들을 주님이 우리에게 주신다고 생각한다. 누가복음에서 예수님은 다음과 같이 말씀하셨다:

"내가 너희에게 뱀과 전갈을 밟으며 원수의 모든 능력을 제어할 권능을 주었으니 너희를 해칠 자가 결코 없으리라" (눅 10:19)

예수께서는 대적의 계략을 분쇄하고 어둠의 세력들을 밟는 권세를 우리가 가지고 있다고 말씀하신다. 우리는 예수께서 주신 신자의 놀라운 권세를 사용하여 사탄의 견고한 진을 부술 수 있으며, 어둠에 사로잡혀 있는 자들을 해방시킬 수 있다. 예수께서는 다음 구절에서 예수께서는 다음과 같이 말씀하셨다:

"그러나 귀신들이 너희에게 항복하는 것으로 기뻐하지 말고 너희 이름이 하늘에 기록된 것으로 기뻐하라 하시니라" (눅 10:20)

이 구절은 잃어버린 자들을 구원하는 것에 주님이 관심을 표방하는 구절이며, 또한 신자가 잃어버린 자들을 건지는 일이 어떤 능력을 행하는 일보다 가장 우선순위를 차지해야 한다는 것을 강조하시는 말씀이다. 잃어버린 자들을 구원하는 일은 하늘에서 벌어지는 영적 전쟁의 결과이다. 따라서 그리스도인들은 영혼을 구원하기 위해 먼저 영적 전쟁에서 승리하는 것이 필요하다.

영적 전쟁을 수행하기 위한 영적인 준비와 그리고 실질적인 준비 과정 가운데 우리는 어떤 부분에 약점을 가지고 있고, 무엇이 보강되어야 하는지 주님께 기도로 여쭈어 보아야 한다. 또한, 당신은 기도의 과업에 대한 철두철미한 당신의 확신과 잃어버린 영혼을 향한 구원에 대한 열정과 강인한 정신을 주시도록 주님께 구하라. 당신은 주님이 당신에게 주신 영적 권위를 활용하는 삶을 살라. 영적 전쟁을 수행하기 위해 영적 군사의 태도를 가지고 전쟁터로 진군하라. 주님은 당신이 땅의 견고한 진을 깨뜨리기 위해 믿음과 담대함으로 나아가도록 부르셨다. 그래서 그 결과로 어둠 속에 갇힌 영혼들이 구원받도록 당신을 부르셨다는 사실을 잊지 말라. 이제 영적 전쟁터로 나아갈 준비가 되었으며 전쟁터로 나아갈 시간이 되었다.

토론할 질문들

1. 중보기도자들은 어떤 분야에서 전투기도에 연관되기 전에 어떠한 준비가 되어야 하는가?

2. 당신이 중보기도자가 되어 영적 전쟁에 나아가려고 하는 동기는 무엇인가? 당신이 일할 수 있는 어떠한 영역이 있는가?

3. 일상생활 중에서 날마다 찾아오는 유혹을 이길 수 있는 경건 생활의 실천은 무엇인가?

4. 당신의 삶 중에서 영적 게으름의 영역은 무엇인가? 일을 질질 끄는 행위와 게으름에 대해 하나님께 용서를 구하라. 하나님께서 당신의 영적 게으름으로부터 해방시키고 당신이 모든 일에 열심을 낼 수 있도록 기도하라.

5. 중보기도자 개인이 공포의 문제가 해결되지 않고 갈등한 채 전쟁터로 나아갈 경우 무엇이 문제가 될 수 있는가?

6. 당신은 당신의 삶에서 해결되지 않은 어떤 공포를 가지고 있는가? 주님이 그것을 보여주시고 그 문제를 다룰 수 있도록 기도하라. 그리고 당신이 그 문제를 해결 받은 후에는 하나님께 감사의 기도를 드려라.

7. 당신은 주님을 따르는데 어떤 대가를 지불하더라도 따르겠다고 말할 수 있는가? 주님을 따르는데 내가 주님 십자가 밑에 내려놓아야 할 것은 무엇인가?

8
영적 전쟁에 나가는 것

8
영적 전쟁에 나가는 것

　이제 전쟁터로 진군할 시간이 다가왔다. 나는 이번 장에서 영적 전쟁에 하나님을 제한시키는 잘못을 저지르고 싶지 않다. 그리고 나는 당신들이 내가 제시하는 모델을 하나씩 추종하기를 바란다. 영적 전쟁을 수행하는 데 있어서 원리 원칙대로 해야 한다는 문자주의(legalism)는 영적 전투를 수행하는 데 전혀 도움이 되지 않는다. 나는 여기 실제로 영적 전쟁의 현장에서 경험한 실제적 사례를 들어보고자 한다.

　우리가 영적 전쟁터에서 전쟁을 수행하는 데에 가장 중요한 것은 성령님이 인도하시는 대로 순종하는 것이고, 그분의 인도하심을 따라 기도하는 것이다. 그분은 당신이 기도할 때 전투기도 가운데 무엇을 해야 하고 무엇을 하지 말아야 하는 가를 말씀해 주실 것이다. 어떤 경우에 당신이 중요하지 않다고 생각하는 지역들이 강력한 영적 전쟁터가 될 수 있다. 또한, 당신이 중요하다고 생각하는 장소에서는 영적 전쟁을 수행하지 않을 수도 있을 것이다.

심지어 영적 전쟁을 하러 갔던 지역에서 기도도 하지 않을 상황이 올 수 있다. 어떤 지역에서는 당신이 그 지역을 단순히 염탐하는 경우도 있을 것이다. 어떤 지역에서는 다른 중보기도자들의 영적 전투의 결과로 어둠의 세력들이 결박 당하고 견고한 진이 이미 무너져 내린 지역도 있을 것이다. 어떤 지역에서는 마귀의 영적 세력들이 다양한 차원으로 구성되어 있을 수 있다. 그것은 마치 양파와 같이 여러 구조로 형성되어 있을 수 있다. 그것은 어떤 진정한 영적 실체에 도달하기까지 수많은 껍질을 벗겨 내야 할 것이다. 당신이 기도여행을 떠나기 전에 영적 도해를 통해 그 지역을 사로잡고 있는 뿌리 깊은 속박을 알아냈음에도, 그 지역에서 실제로 영적 전쟁을 치르다 보면 그 지역에 더 깊이 숨어 있는 영적 실체들을 발견할 수도 있다. 만약 그 영적 실체를 새로 발견한다면 거기에 따른 전략을 새로 세우라. 그리고 어떻게 효과적으로 기도하는 방법과 전략을 보여주시도록 주님께 기도하라. 또한, 폭로된 어둠의 세력의 실체를 바로 보라. 그리고 깊이 뿌리 박혀 있었던 어둠의 세력들을 모든 수단을 강구하여 다루라. 당신은 영적 전쟁에 임할 때 당신의 그룹이 그 땅에서 영적 전쟁을 벌이는 처음 그룹임을 항상 명심하라. 그러나 당신이 어떤 특정 지역에서 영적 싸움을 벌일 때 당신은 대적들이 그 지역에서 오랫동안 역사했던 어둠의 기초들을 조금씩 밖에 파내고 있지 못한다는 느낌을 받을 것이다. 그러나 실망하지 말고 당신에게 주어진 사명으로 알고 계속 기도하며 영적 전투를 수행하라. 당신의 팀이 그 지역에서 완전한 승리를 거두지 못한다고 할지라도 하나님은 그 지역에 오랜 시간을 통해 세워진 사탄의 견고한 진을 다른 팀이 와서 그 사역을 감당하도록 하게 할 것이라는 것을 당신은 잊지 말라.

예를 들면 내가 중보기도팀과 러시아와 우크라이나에 기도 여행을 떠났을 때 하나님이 우리에게 영적 전투를 지시하신 그 지역에서는 우리가 오기 전에 어떤 전략적 영적 전투기도가 수행되지 않았다. 우리는 이 사실을 그 지역에 도착하여 우리가 처음이라는 사실을 분별했고, 우리 팀이 여러 지역을 다니면서 전략적 수준의 영적 전쟁을 벌이며 기도하는 최초의 팀임을 알았다. 우리는 그 지역에서 주님이 지시한 대로 영적 전쟁을 벌이며 기도했다. 우리는 이 지역에서 또 다른 팀들이 와서 영적 전쟁을 벌이며 기도하는 사역을 위해 우리가 그 길을 예비하는 포장 공사를 하고 있다고 생각했다. 그러나 당신의 팀이 영적 전쟁터에서 기도할 때 어떤 지역에서 영적 돌파구를 마련하는 중보기도팀이 될 수도 있다. 당신의 팀이 어떤 지역에서 어둠의 세력을 향해 마지막으로 날리는 최후의 펀치가 될 수 있으며 그 결과로 그 지역의 영적 분위기를 크게 변화될 수도 있을 것이다. 각자의 팀이 일정한 지역에서 행하는 영적 전쟁의 결과로 그 지역에서 역사 하는 사탄의 견고한 진들을 제거 될 것이며, 그것은 곧 하나님 나라가 확장되는 데 기여하게 될 것이며, 또한 그 지역에서 영적 돌파구를 마련하는 중요한 전환점을 제공할 것이다.

당신이 만약 기도 여행을 떠나게 된다면 당신의 팀이 그 영적 전쟁의 돌파구를 마련할 수도 있고 다른 팀들이 다음에 와서 영적 돌파구의 승전보를 그 지역에서 거둘 수 있다고 생각하라. 당신의 팀이 어떤 특정 지역에서 기도 여행을 가지는 동안 당신이 영적 도해를 통해 그 지역을 연구하면서 발견하지 못한 사탄의 견고한 진들이 밝혀질 수도 있다. 많은 경우는 아니지만 이런 경우에 주님이 새로운 전략과, 거기에서 매일 무엇을 어떻게 행하실 것인지를 보여주실 것이다. 기도 여행 중에 매일 기도로 시작하라. 그리고 성령님의 인도하심에 민감하게 반응하라.

나는 여기에서 기도 여행팀이 현장에 가서 효과적으로 영적 전쟁을 수행하기 위한 19지침들을 제안하고 싶다.

1. 영적 분별력

당신의 기도팀이 어떤 특정 지역에 도착했을 때, 그 지역의 영적 상태와 그 지역의 상황을 제대로 분별하도록 하라. 주께서 새롭게 주신 내용들을 노트에 기록하라. 만약 당신의 팀이 안내자가 있다면, 안내자에게 그 지역에서 발생했던 어떤 영적, 역사적 사실에 대해 질문해보라. 그 안내자가 주는 정보는 기도팀에게 영적 전쟁에 필요한 중요한 단서들을 제공해 줄 것이다.

2. 순종함으로 기도하라

그 지역에 도착하여 안내자가 제공한 정보와 영적 도해를 바탕으로 얻어진 정보를 가지고 지역의 영적 실체와 역사적 사실을 새롭게 분별했다면, 이제 팀이 하나가 되어 기도하기 시작하라. 당신의 기도를 어떤 감정에 지나치게 의존하지 말고 주님께 순종함으로 기도하라. 당신의 팀이 주님에 순종하기로 하고 하나가 되어 기도하기로 동의하였다면 다음과 같은 안내에 따라 행동하라.

3. 눈 뜨고 기도하라

잘 훈련된 군인은 전쟁터에서 눈을 감고 나가 싸우지 않을 것이다. 영적 군사는 눈을 뜨고 대적을 향하여 그의 영적 무기를 잘 활용해야 할 것이다. 좋은 군사는 전쟁에서 그 주변에서 일어나는 상황에 주시하고 조심해야 한다.

내가 이집트로 기도 여행을 하는 동안, 나는 이집트 왕들의 계곡에서 사진을 찍는 일이 나의 과업이었다. 나는 그때 카메라에 필요한 건전지를 사러 자동차 주차장 옆에 있는 상점으로 스티브란 이름을 가진 팀 구성원과 함께 갔다. 당신이 만약 외국인이라면, 기도 여행 중에 혼자 다니지 않고 팀 구성원들과 함께 동행하는 것은 중요하다. 당신 혼자 절대 돌아다니지 말라. 그것은 위험하다.

나는 카메라 건전지를 그 옆에 상점에서 구입한 후 스티브와 나는 일행이 있는 버스를 향해 돌아오고 있었다. 나는 카메라 건전지를 카메라에 끼우느라 내 주변에서 무슨 일이 일어나고 있는지 주의를 집중하지 못했다. 그런데 갑자기 스티브가 나를 앞으로 걸어가도록 팔로 미는 이상한 행동을 하였다. 내가 왜 그러느냐고 말하기 전에 그는 다시 한번 나를 앞으로 나아가도록 밀었다. 나는 왜 스티브가 이상한 행동을 하는지 깨닫게 되었다. 나는 나도 모르게 자동 소총으로 무장한 군인들의 행렬 속으로 걸어가고 있었다. 그 군인들은 자동 소총으로 무장하여 한 민간인을 가운데 두고 그 민간인을 호위하고 있었다. 그들의 총은 그 민간인을 호위하면서 만약의 사태를 대비하여 발포할 수 있는 상황으로 주변 사람들을 겨누고 있었다. 만약 스티브가 나를 밀치지 않았다면 나는 군인들이 나를 의심스런 사람으로 여기고 총을 발포할 수도 있는 상황이기도 하였다. 우리가 우리 팀이 있던 버스로 올라가자 나의 팀 리더인 엘리스 스미스는 내가 주변을 살피지 못하고 위험해 처해 사고가 날 수 있었음에 호통을 쳤다. 항상 팀 구성원들은 기도 여행 기간 잘 알지 못하는 장소에서는 주변을 살피며 주의를 기울여야 한다.

우리가 기도할 때 눈뜨고 기도하는 다른 이유는 하나님이 어떻게 일하고 있는가를 봐야 하기 때문이다. 우리가 기도할 때 눈을 감고 머리를 숙이는 것은 하나님을 경배하고 존경하는 표현이다. 그러나 하나님이 영적 전쟁의 현장에서 마귀의 세력들을 대적하고 승리하시는 모습을 우리가 눈뜨고 봐야 할 필요가 있다고 생각한다. 나는 내가 어둠의 세력들을 대항하여 영적 전쟁을 수행하는 전투기도를 할 때 눈을 뜨고 기도한다.

마지막 전투기도 중에 내가 눈뜨고 기도하는 이유는 하나님이 마귀를 대항하여 역사 하는 기적적인 순간을 놓치고 싶지 않기 때문이다.

4. 팀 구성원들과 가까운 거리에서 기도하라

당신의 팀들이 영적 전쟁을 수행하는 전투기도를 할 때 서로 기도 소리를 들을 수 있을 정도의 가까운 거리를 유지하라. 당신의 팀의 기도는 함께 이루어지고, 당신의 팀 구성원의 기도를 들으며 기도하면 효과적인 팀 사역이 될 것이다.

5. 주님이 계시하여 주시고 보여주시는 하나님의 말씀을 소리 내어 읽으라

당신의 팀이 현장에서 기도하는 동안 하나님은 그 지역이 어둠의 세력으로부터 해방되기를 바라며 그는 예언적 말씀과 하나님의 말씀을 보여주실 것이다. 하나님의 말씀은 날카롭고 역사 하는 능력이 있기 때문에 그 지역에서 영적 돌파구를 위한 필요한 분위기를 창조할 수 있다.

6. 주님이 계시하신 모든 중요한 정보를 들고 기도하라

당신의 팀이 영적 전쟁터의 현장에서 기도하는 동안 성령님이 말씀하시는 음성에 민감하게 반응하라. 영적 전쟁의 현장에서 수집된 정보를 가지고 기도하라. 당신이 이 정보를 가지고 기도할 때 그 지역의 역사적 영적 상황을 이해하는데 도움을 줄 것이다. 당신의 팀이 각 영적 전쟁의 현장을 다니며 기도할 때 더욱 많은 정보와 예언적 말씀이 하나님으로부터 주어질 것이다.

7. 당신이 어둠의 세력이 특정 지역을 더럽혀왔다는 사실을 끌어안고 회개하라

이것은 비록 기도하는 중보기도 팀들이 특정 지역의 죄와 전혀 상관이 없지만, 그 지역에서 어둠의 세력들이 자행한 죄를 나의 죄로 고백하고, 그 죄를 나의 죄로 동일시하며 회개하는 것을 말한다. 이 회개 기도의 내용은 우리가 이 전 장에서 본 것처럼 조상의 죄를 나의 죄로 여기며 회개하는 기도이다. 만약 당신이 그 특정 지역과 같은 동족이라면, 영적 전쟁터에서 같은 동족이 저지른 죄를 회개하라. 하지만, 같은 동족이 아닐지라도 그들의 우상숭배와 범죄를 나의 죄로 여기고 기도하라.

8. 어떤 지역에서는 영적 전쟁에 관한 전투기도가 필요한 경우가 있지만 어떤 지역에서 전투기도가 필요하지 않은 경우도 있다

이런 경우에는 영적 분별력이 필요하다. 주님이 무엇을 위해 기도하기를 바라시는지 주님께 물어보라. 만약 특정 지역에서 전투기도가 필요하지 않을 경우에 당신은 주님의 이름으로 축복하라. 그리고 그 땅의 백성이 구원을 받도록 기도하라. 영적 전쟁이 치열한 어떤 지역에서는 당신은 그 땅의 백성과 지역을 위해 하나님이 전쟁을 수행하는 천사들을 보내시도록 하나님께 기도하라. 어떤 지역에서는 당신은 아무런 일도 하지 않을 수 있다. 당신이 조사한 모든 지역에서 영적 전쟁을 해야 한다는 형식에 얽매이지 말라. 단순히 그 지역을 위해 기도하고 다음 장소로 이동하라.

9. 특정 지역을 더럽혔던 마귀의 영적 파워를 깨뜨리라. 그 지역에서 역사하던 정사와 권세에 대항하여 기도하라

당신이 영적 전쟁을 수행하는 지역이 이시스(Isis)숭배와 관련되어 있다면 대항하는 기도가 요청된다. 만약 당신이 이집트의 이시스를 대항하여 기도한다면 다음은 하나의 전투기도의 모델이 될 것이다. 하나님은 이와 같은 전투기도를 하도록 당신이 영적 전쟁터에 설 때에 당신을 인도할 것이다:

예수님의 이름으로 나는 이시스의 견고한 진과 사탄의 세력 앞에 왔다. 이시스를 통해 일한 사탄아 너의 숨겨진 음모는 이제 폭로되었고 밝혀졌다. 나는 이시스숭배와 하늘의 여왕을 섬기는 숭배와 함께 숨겨져 있는 적 그리스도의 영과 거짓 영들을 대항하여 선포한다. 이시스숭배를 통해 일하고 있는 모든 거짓, 죽음, 불신앙과 공포의 영들은 대항하여 명령한다. 예수의 이름으로 이 땅과 백성 가운데 역사 하는 영아! 묶임을 받을 지어다. 너는 더이상 이 땅에서 숭배될 수 없고, 거짓과 속임수로 백성을 묶어 놓을 수 없다. 이 땅에서 너의 역사는 이제 끝났고, 힘을 잃어 버렸다는 것을 선포하노라. 내가 예수 그리스도의 이름으로 명령하노니 너는 이 땅을 떠날지어다. 너는 이제

이 자리에서 속히 떠날지어다.

10. 결코, 사람들을 대항하여 싸우지 말라. 우리의 씨름과 전투는 사탄의 정사와 권세에 대항한 싸움이다

이 사탄의 영적 세력에 관하여 생각해보자. 전략적 수준의 영적 전쟁에서 우리는 정사라고 불린 사탄의 높은 지위를 차지하는 악령을 만나게 된다. 이 영적 존재는 전략적 영적 전쟁에서 지역을 다스리는 악령이라고 불린다. 당신은 당신의 기도 여행 기간 동안 이 영적 존재가 특정 지역을 장악하고 있는 결과로서 사람들이 복음을 듣지 못하게 하고 그 지역을 통제하는 것으로 보이는 사탄의 견고한 진들을 다루어야 할 것이다. 이 전략적 수준의 영적 전쟁은 또한 사탄이 구축해 놓은 마귀적인 사회구조를 다룬다.

어떤 사람은 기도 여행을 하면서 이 지역을 잡고 있는 영적 세력에 대항한 결과로 중보기도들은 어려움에 처하게 된다고 가르친다. 이것은 사실이다. 특정 지역을 여행하면서 지역을 다스리는 영적 존재에 대항하여 영적 전쟁을 수행한 중보기도자들은 이 영적 존재의 공격으로 아주 감당하기 어려운 감정적, 영적, 신체적 어려움을 경험하기도 한다. 나의 경험을 이야기하자면 기도 여행을 떠나는 중보기도자들이 지역 교회에서 영적 보호를 위한 충분한 기도의 지원을 받지 못했을 경우 심각한 사탄의 역공격을 당하는 것을 보았다. 따라서 이런 경험을 고려해 볼 때 그들을 보호받고 중보기도로 그들을 지원받는 주님이 주시는 영적 지혜를 중보기도자들이 갖는 것이 필요하다. 만약 당신이 전략적 수준의 영적 전쟁으로 하나님이 부르셨다면, 당신이 이 전쟁에서 이길 수 있는 지혜를 주실 것이다.

절대로 사람에 대항하여 영적 싸움을 벌이지 말라. 내가 러시아 키에프 (Kiev)에 있는 한 지역에서 기도하고 있었을 때, 우리는 마술을 시행하던 동방정교(Orthodox) 사제를 두려워하던 한 지역에서 사역하게 되었다. 그 지역과 그 주변에 살고 있던 사람들은 그가 말하는 거짓말로 인해 그를 두려워하고 있었다. 복음 전도자들과 목사들은 이 지역에 복음을 전하기 위해 여러 해 동안 노력하고 있었다. 그러나 복음 전도자들과 목사들이 복음을 전하고 그 지역을 떠난 후에 이 동방정교 사제는 구원을 경험했던 사람들의 집을 개별적으로 방문하여 복음 전파 사역에 훼방을 놓았다. 그는 복음을 받아들인 사람들에게 그들은 거짓 종교에 미혹 당했으며 만약 복음 전도자들이 전한 복음을 받아들인 사람들이 복음을 거부하지 않으면 죽을 것이며 지옥에 갈 것이라고 거짓말을 하였다. 그 마을에 사는 사람들은 순진하여 그들이 받아들인 복음을 다시 포기하기로 하였고 그에게 많은 돈을 기부금 형식으로 주었다. 이 동방정교 사제는 이 기부금을 그가 마약을 하는 일과 술 마시는 일에 탕진하였다. 우리 기도 여행의 구성원 중에 처음으로 기도 여행에 참여한 어느 중보기도자가 있었다. 그는 마을 사람들에게 저주를 퍼붓고 거짓말한 저주가 그 동방정교 사제에게 다시 돌아가도록 기도하였다. 물론 말할 것도 없이 그 사제는 악한 사람이었다. 그러나 중보기도자들은 마귀에게 조종을 받고 붙들려 있는 사람에게는 자비를 베풀어 달라고 주님께 기도해야 하는 것이다. 그리고 중보기도자들은 그 뒤에서 역사 하는 악한 사탄의 영적 세력들을 대항하여 기도하는 것이다. 나는 그 당시 팀의 리더였기 때문에 이 문제를 다루어야 할 책임을 가지고 있었다. 그래서 나는 열심있는 중보기도자의 잘못을 지적하고, 우리는 사람을 대항하고 반대하는 것이 아니라 그들을 통해 역사하고 있는 영적 세력에 대항하여 기도해야 한다고 그의 잘못을 교정해 주었다. 그다음에 나는 우리 기도팀에게 사람을 대항하여 기도하는 것이 아니라 영적 존재를 대항하여 기도해야 한다고 설명하였다. 우리는 그 사제 뒤에서 역사 하는 영적 세력을 대항하여 기도하였고, 하나님께서 그에게 자비를 베푸셔서 그를 구원해 달라고 기도하였다.

11. 예언적 행동을 수행하는 것

바바라는 예언적 행동을 정의하기를 앞으로 이루어질 일과 하나님의 신적 행동을 예언자적 권위를 가지고 행사하는 파워라고 규정하였다.[1] 나는 이 예언적 행동에 관한 성경적인 예는 여호수아의 여리고 성 점령에서 찾아 볼 수 있다고 생각한다:

> "너희 모든 군사는 그 성을 둘러 성 주위를 매일 한 번씩 돌되 엿새 동안을 그리하라 제사장 일곱은 일곱 양각 나팔을 잡고 언약궤 앞에서 나아갈 것이요 일곱째 날에는 그 성을 일곱 번 돌며 그 제사장들은 나팔을 불 것이며 제사장들이 양각 나팔을 길게 불어 그 나팔 소리가 너희에게 들릴 때에는 백성은 다 큰 소리로 외쳐 부를 것이라 그리하면 그 성벽이 무너져 내리리니 백성은 각기 앞으로 올라갈지니라 하시매" (수 6:3-5)

예언적 행동을 수행할 때 신중하게 행동하라. 당신의 기도팀이 위험에 빠질 수 있는 행동은 하지 말라. 그리고 그 지역 주민들이 당신이 하고 있는 행동에 시선을 끌지 않도록 조심하라. 그 지역의 역사적 사적이나 역사적 건물

---
1) Barbara Wentroble, Prophetic Intercession, p.113.

인 신전들을 파손하지 말라. 이런 행동은 크리스천들은 자신들의 소중한 역사적 사적들을 파괴한다는 나쁜 이미지를 가질 수 있을 뿐만 아니라, 당신의 팀 전체가 감옥에 갈 수도 있다는 것을 명심하라.

12. 예언적 행동을 선포하는 일

예언적 행동의 선포는 중보기도자가 특정 지역에서 하나님의 승리를 외치고 마귀의 패배를 선포하는 행위이다. 나는 아이시스(Isis)란 마귀적 신적 존재에 대항하여 신적 권위를 발휘하는 예언적 선포를 이야기하고 싶다. 성경에서 그 본보기로 데모데후서 4장 17절을 언급하고 싶다:

> "주께서 내 곁에 서서 나에게 힘을 주심은 나로 말미암아 선포된 말씀이 온전히 전파되어 모든 이방인이 듣게 하려 하심이니 내가 사자의 입에서 건짐을 받았느니라" (딤후 4:17)

나는 콜로라도의 조그만 마을에서 중보기도 그룹에게 영적 전쟁에 관한 주제에 관해 가르치고 있었을 때의 이야기이다. 그들은 나에게 중보기도 구성원 중 한 신자의 집에서 기도할 수 있겠느냐는 질문을 받았고 나는 그렇게 하겠다고 말했다. 콜로라도 주에 있는 3개의 카운티가 만나는 지점에 하나의 큰 언덕이 있었다. 그런데 뉴에이지를 신봉하는 신봉자들은 이 언덕에 올라가 명상 기도를 하였고 소위 영적 광명과 능력을(spiritual enlightenment) 얻고자 이곳을 찾았다.

중보기도 그룹의 한 성도는 한 집을 구입하였는데, 그 후에 어떤 사람은 이 언덕을 올라가는 일 때문에 여러 번 전화로 그들 부부에게 문의를 해왔다.

이 중보기도 구성원의 부부는 아무런 사전의 지식과 정보를 가지고 있지 않았기 때문에 그들에게 이 장소를 즐겁게 소개하였고, 그들과 함께 언덕에 올라갔다. 한번 이 부부가 그 언덕에 올라갔을 때, 이곳에서 마귀적 행동과 주술적 행위가 벌어졌음을 알아차렸다. 이들 부부는 그곳에서 영적 전쟁이 벌어지고 있다는 것을 인식하였다. 이 부부는 그 언덕에 올라가서 기도해야 할 필요와, 그들은 그들과 이 영적 전쟁을 경험한 사람이 함께 기도해야 한다고 느꼈다. 그 중보기도 그룹과 지역교회 목사님 그리고 나는 그 언덕에 올라가 보았다.

그 땅을 소유한 집주인이었던 이 부부는 마귀적 세력에 대항하여 설 수 있는 법적 권위를 가졌다고 믿었다. 그 부부가 속했던 중보기도 팀은 그들의 사명을 감당하기 위해 영적으로 준비하였다. 이 중보기도 팀은 하나님 말씀이 기록된 큰 막대기를 가져왔다. 이것은 중보기도자들은 우리가 하려고 한 예언적 행동의 한 방법이었다.

우리는 그것에서 마귀에게 제사를 드린 흔적이 있는 3개의 제단을 발견했다. 뉴에이지 신봉자들은 큰 돌로 삼각형을 만들어 제단을 세웠다는 것이 판명되었다. 한 제단에서는 동물들의 뼈가 발견되었다. 우리가 이 마귀에게 드려진 제단을 파괴하는 것은 당연한 일이었다. 하나님은 우리가 거기에서 어떤 예언적 행동을 하도록 인도하셨다. 첫째로는 우리는 그들이 쌓은 제단인 돌무더기를 해체하였다. 둘째로 제단을 쌓기 위해 사용되었던 동물 뼈들을 청소하였다. 그리고 그 땅 위에서 자행된 마귀적숭배가 끊어지고 그 영적 영향력은 상실했다고 예수님의 이름으로 선포하였다. 우리는 거기에서 계속 기도하는 동안 하나님은 우리가 그곳에 하나님의 말씀이 기록된 기둥과 같은 말뚝을 세움으로 예언적 행동을 하도록 인도하셨다.

그 당시 콜로라도 주는 심한 가뭄으로 몸살을 앓고 있었다. 그것은 특히 콜로라도 주 중에 이 그 지역이 심했다. 그 지역에 가뭄이 심해 모든 식물들은 말라 죽었다. 이 언덕에서 아래를 내려다 보았을 때 가뭄으로 죽어가는 잔디들을 한눈에 볼 수 있었다. 중보기도팀 중 네 사람은 주께서 그들을 통해 가뭄이 물러가도록 선포하고 그에 따른 예언적 행동을 요구하신다고 느꼈다. 우리는 세 팀으로 팀을 나누어 제단에 세워졌던 곳에 섰다. 우리는 삼각형 형태의 제단이 세워졌던 자리에 물과 기름을 묻고 거기에 하나님의 말씀이 기록된 말뚝을 세웠다.

그 지역에 영적 권위를 가지고 있던 지역 교회 목사님은 땅과 지역에서 가뭄이 물러가고 그 세력이 끊어졌음을 선포하였다. 그 다음에 나는 땅 위에 풀들이 다시 돋아나고 땅은 다시 푸른색으로 바뀔 것을 기도하였다. 그리고 그 땅의 주민들이 생명과 푸른 풀들을 보며 하나님께 영광을 돌리도록 기도하였다. 한 달이 지난 후 그 지역에 4인치 정도의 비가 내렸다. 그 언덕 주변에는 풀들은 다시 돋아났고 그 이전보다 더 푸른색으로 그 지역은 자연환경이 바귀었다.

13. 특정 지역에서 영적 돌파구의 징조가 보일 때까지 그리고 당신의 사명이 완수될 때까지 기도하라

당신은 하나님을 위해 영적 전쟁을 수행하는 용사로서 어떤 특정 지역에서 사탄의 세력이 무너뜨린 영적 싸움을 경험했다면 그곳에서 견고한 진이 무너졌는지를 확인하고 분별할 수 있어야 한다. 다음은 어떤 특정 지역에서 영적 돌파구를 만든 것을 어떻게 중보기도 팀이 그것을 확인할 수 있는지에 관해 그 예를 들어본다.

당신은 치열한 전투기도를 한 후에 갑작스럽게 평화로운 마음의 평정을 경험하게 될 때 그 지역에서 영적 돌파구가 이루어졌다고 평가할 수 있다. 또한, 당신은 보이지 않은 영적 영역에서 영적 돌파구가 마련되었다는 것을 분별할 수 있을 수 있다. 그리고 하나님이 직접 당신에게 특정 지역에서 사탄의 견고한 진이 무너졌다는 것을 말씀하실 수 있다. 당신은 또한 특정 지역에서 수행한 사명이 완성되었음을 느낄 수 있다. 또한, 보이지 않은 영역에서 영적 돌파구가 마련되었을 때 갑작스런 기후 변화가 나타날 수 있다. 나는 기도 여행을 다니면서 보이지 않은 영역에서 영적 돌파구를 이루어졌는가에 관한 분별을 특정 지역에서 갑작스런 날씨 변화를 통해 알게 되었고, 그것이 마귀의 권세가 무너졌음을 의미하는 영적 돌파구를 경험하였다. 특정 지역에서 전투기도의 결과로서 갑작스런 날씨 변화는 그 지역에서 영적 돌파구가 이루어졌음을 의미하는 놀라운 일들을 경험하였다. 여기에서 나는 내가 경험한 다른 사례를 소개한다.

나는 이집트에서 6일 동안 기도 여행을 마무리하는 단계에 있었다. 그 기도 여행 전에 그리고 그도 여행 내내 주님은 비, 구름 그리고 물에 관한 성경 구절을 우리 기도 여행 팀에게 말씀해 주었다:

> "애굽에 관한 경고라 보라 여호와께서 빠른 구름을 타고 애굽에 임하시리니 애굽의 우상들이 그 앞에서 떨겠고 애굽인의 마음이 그 속에서 녹으리로다" (사 19:1)

"하늘이여 위로부터 공의를 뿌리며 구름이여 의를 부을지어다 땅이여 열려서 구원을 싹트게 하고 공의도 함께 움돋게 할지어다 나 여호와가 이 일을 창조하였느니라" (사 45:8)

"나는 목마른 자에게 물을 주며 마른 땅에 시내가 흐르게 하며 나의 영을 네 자손에게, 나의 복을 네 후손에게 부어 주리니" (사 44:3)

우리가 이집트의 관해 연구 조사할 때 우리는 곧 프리메이슨의 뿌리를 다루게 될 것이라는 것을 알게 되었다. 우리 기도 여행 팀의 구성원 중에 폴(Paul)이라고 불려진 형제는 그의 아버지도 프리메이슨이었고 그 역시 프리메이슨의 최고 계급인 33도의 위치를 가지고 있었던 사람이었다. 폴이 프리메이슨 조직에 숨겨진 사탄적인 내막을 발견한 후에 그는 그 조상들이 프리메이슨과 연관되었던 가족 계보와 연결관계를 끊기를 선언하였고, 프리메이슨과 관련된 모든 것들을 버렸다. 주님은 이 기도 여행에 폴이 중요한 역할을 할 것이라고 말씀하셨다. 하나님은 이집트 기도 여행에서 그를 효과적으로 사용하실 것을 말씀하셨다.

우리는 이집트 신전의 한 폐허가 된 장소를 방문하기로 날짜를 잡았다. 그 장소는 프리메이슨의 주술적 활동을 펼친 이집트 파라오가 건축했던 건물의 장소였다. 우리는 그가 이집트를 다스렸을 때 우상숭배와 마귀적인 종교의식이 있었다는 것을 알았다. 우리 구성원 중의 폴은 그 장소에 도착하기 전까지 밤낮으로 하나님께 중보기도하고 있었다. 앨리스와 나는 이 장소에 도착하기 전 그곳에서 놀라운 일들이 일어날 것이라는 것을 짐작했다.

우리가 그 지점에 도착하였을 때 이 장소는 고대 유물 발굴 작업 때문에 그 장소에 접근할 수 없었다. 기기(Gigi)라는 이집트 크리스천은 갑자기 차에서 내렸다. 그리고 그녀는 발굴 작업 중인 인부들에게 발굴 장소에 접근할 수 있도록 허락을 받고자 하였다. 나는 어떻게 우리가 발굴 장소에 접근할 수 있었는지 그 배경에 관해 약간 자세한 설명을 하고자 한다. 나는 이집트 여자들과 같은 피부 색깔과 머리 색깔을 가졌다. 나는 실제로 기도 여행 중에 이집트 남자들로부터 세 차례 결혼 청혼을 받았다. 어떤 남자는 나와 결혼 청혼을 위해 많은 낙타를 결혼 지참금으로 지불하고 결혼 승낙을 해달라고 엘리스에게 부탁하기도 하였다. 그런데 우리는 이 자리에서 내가 이집트 여자처럼 보이는 외모 때문에 큰 덕을 볼 수 있었다. 나는 선글라스를 벗고 차 앞좌석에 앉아 일하고 있던 인부들을 보고 있었고, 그 인부들은 나를 보고 그 장소에 접근할 수 있도록 허락하였다. 우리는 그 장소로 들어가면서 속으로 쾌재를 불렀다.

우리가 그 장소에 들어갔을 때 우리는 아주 놀랐다. 우리 주변에는 큰 오벨리스크(Obelisks)들은 서 있었고, 그 오벨리스크에는 상형문자들이 새겨져 있었다. 우리는 신전으로 들어가 기도하기 시작했다. 기기는 우리보고 빨리 기도하고 나가자고 말했다. 왜냐하면, 작업하던 인부들이 오래 머물도록 허락하지 않았기 때문이었다. 함께 동행했던 폴이란 구성원은 자신의 조상들이 프리메이슨에 빠져 있었던 과거의 죄악을 자신의 죄악으로 여기며 회개기도를 드렸고, 조상들이 행하던 프리스메이슨의 마귀적 숭배 의식을 자신과 자신의 가족이 버린다고 선언하였다. 앨리스는 그다음에 이 땅에서 자행된 프리메이슨의 마귀적 세력을 깨뜨린다는 전투기도를 하라고 일러주었다. 그리고 다른 민족들에게 전파된 프리메이슨의 영적 영향력이 끊어지도록 기도했다. 과거에 프리메이슨 멤버였던 폴이 프리메이슨의 영적 권세가 끊어지도록 기도하자마자 비가 오기 시작했다. 우리는 이 비를 보고 놀랐고, 어떤 기도 여행 구성원은 마귀 세력이 무너진 결과로 비가 내리는 것을 보자 울기도 하였다. 계속해서 이집트 안내자 기기는 인부들이 오랫동안 머물러 있는 것을 원하지 않기 때문에 빨리 떠나자고 하였다.

앨리스는 차로 돌아와서 우리에게 물었다. "마귀 세력이 무너진 후에 갑자기 비가 내린 기적을 어떻게 생각합니까?" 라고 물었다. 우리는 다음과 같이 대답했다. "예, 맞아요. 주님이 우리에게 말씀한 것처럼 우리의 기도에 주님이 구름과, 비와 물로 응답하셨어요!" 이집트 안내자였던 기기는 다음과 같이 말했다. "나는 이집트에 태어나 33년 동안 이집트에서 살아오면서 이와 같은 비를 본 적이 없습니다. 왜냐하면, 지금은 이집트 기후 여건상 비가 내리지 않는 건기인 10월입니다. 건기인 10월에 이런 비가 내리는 일은 내 평생 본 적이 없습니다" 라고 말했다. 우리는 모두 기기의 말에 다시 한번 놀랐다. 그런데 이집트 건기에 내리는 비치고는 엄청난 비가 내렸다. 이런 소나기와 같은 비는 휴스턴에서나 볼 수 있는 소나기와 같은 비였다. 비는 돌풍을 동반한 채 4시간 동안 내렸다. 그날 밤 호텔로 돌아와 저녁 식사를 할 때 호텔 종업원들은 소나기 같이 내리는 비를 보며 이상하다고 밖을 쳐다보고 있었다. 그들은 왜 이런 비가 억수같이 내리는지 몰랐을 것이다. 우리는 그날 저녁 호텔을 떠나려고 호텔 프런트에서 기다리고 있는데 마침 호텔 지배인은 건기인데 밖에서 내리는 비를 쳐다보고 있었다. 우리는 그에게 지금 건기인데 왜 이렇게 우기처럼 소나기가 내리느냐고 물었다. 그의 대답은 하나님께서 어떤 사람들의 말을 통해 일하신다는 것을 확인되는 것으로 여겨졌다. 이 호텔 지배인은 우리가 누구이며 우리가 어디서 왔는지도 몰랐다. 그런데 그는 우리

를 똑바로 바라보면서 다음과 같이 말했다:

"당신들이 이런 비를 내리게 했다고 생각하는데요?"

하나님이 우리의 기도를 통해 역사 하시고 그 역사를 사람을 통해 확인시켜 주는 것을 감격하여 호텔 로비의 구석에서 앉아 울며 다시 한번 감격했다. 그때 내린 강수량은 3/1인치였다. 그런데 놀랍게도 그 지역의 1년 평균 강수량은 1인치였다. 우리는 하나님은 자연적 영역에서 전투기도의 결과로서 생긴 영적 돌파구를 자연을 통해 나타낼 수 있음을 알았다. 그리고 우리는 영적 돌파구는 영적 영역에서 무너진 사탄의 세력의 무너짐이 자연적 영역에서 갑작스런 자연현상으로 나타날 수 있음을 배웠다. 우리 하나님은 사탄보다 더 강력하고 능력이 있으며, 사탄의 세력의 무너짐을 자연현상으로 보이시는 놀라우신 능력의 하나님이 아니신가!

14. 특정 지역에서 하나님의 원래 작정하신 계획과 의도를 선포하라

당신이 방문하는 지역은 하나님이 원래 작정하시고 계획하신 의도와 계획에 따라 이루어져 있지 않을 것이다. 당신은 사탄의 세력들이 역사한 그들의 계획과 전략에 반대로 하나님의 계획과 의도를 그 지역에서 선포하라. 이것은 당신이 기도해야 할 기도의 본보기이다.

만약 어떤 지역에 죽음의 능력이 강력하다고 느낀다면, 당신은 생명의 능력을 선포하라.

만약 어떤 지역에 공포와 두려움이 존재한다면, 당신은 하나님의 사랑과,

능력과, 영적 담대함을 선언하라.

당신은 어떤 특정 지역에서 사람들이 자만하여 당신들을 반대한다면, 당신은 하나님의 겸손과 상한 심령을 선포하라.

만약 어떤 특정 지역에서 마술과 무당숭배가 성행하고 있다면, 당신은 하나님의 자유와 하나님께 순종의 정신을 선포하라.

만약 특정 지역에서 인종 차별과 편견이 심하다면 당신은 그 지역에서 하나님의 사랑과 사람들을 받아들이는 마음을 선포하라.

15. 세상의 땅을 향한 하나님의 구원사적인 은사들이 회복되기를 기도하라

나는 하나님이 각 도시마다 계획하시고 의도하신 하나님의 구원사적인 은사를 지니고 있다고 믿는다. 그런데 도시들은 하나님이 부여하신 가난한 청지기적 역할을 하지 못하게 하고 도시를 향한 계획과 작정하신 것을 훼방놓고, 어둠의 세력들은 그것을 훔쳐갔다. 존 도우슨(John Dawson)은 그의 책 『Taking Our Cities for God』에서 다음과 같이 말했다:

나는 하나님이 계획하고 작정하신 도시들은 사람들이 서로 자유롭게 대화하고, 평화를 사랑하고, 그리고 사람들이 평안하게 거주하는 거주의 장소라고 믿는다. 도시에 사는 시민들은 하나님이 그 도시마다 주신 유일한 은사를 따라 도시에서 일한다. 나는 세상의 도시들은 하나님이 각 도시를 향한 절대 주권적인 의도와 계획을 지니고 있다고 믿는다. 나는 세상에 있는 각 도시는 하나님의 구원사적인 은사를 가지고 있다고 말하고 싶다.[2]

---

2) John Dawson, *Taking Our Cities for God*(Lake Mary, Fla.: Creation House, 1989)

나는 나의 남편과 10년 동안 휴스턴에서 살았다. 이 도시는 텍사스의 의학의 중심 도시라고 말할 수 있다. 세계에서 유명한 의사들은 이 도시의 의학과 관련된 센터에서 일한다. 이 도시는 세상의 다양한 민족들로 구성되어 있다. 수많은 나라와 민족들로부터 온 사람들은 이 도시에 산다. 많은 사람은 휴스턴이란 도시는 많은 사람에게 질병으로부터 자유함을 누리게 하고, 이 도시가 많은 민족들의 병을 치료하는 축복을 받은 도시라고 여기고 있다.

16. 잃어버린 자들이 구원받도록 하나님께 기도하라

당신은 특정 지역에서 담대하게 기도하라. 당신은 영적 전쟁의 마지막 목표는 영적 전쟁이 아니라 잃어버린 영혼들을 구원하는 것임을 명심하라.

17. 승리를 주신 하나님께 감사하라

하나님은 그 승리의 영광을 받으실 분임을 기억하라. 우리는 기도 여행을 통해 하나님께서 주신 권위로 영적 전쟁을 벌이는 하나님의 도구임을 잊어버리지 말라. 구약 성경에서 하나님의 신적 권위로 하나님의 이름을 높이며 신적 권위를 행사하고 그 영광을 하나님께 돌린 다윗을 우리는 기억한다. 그는 블레셋 군대의 골리앗 장군과 싸워 승리한다:

> "다윗이 블레셋 사람에게 이르되 너는 칼과 창과 단창으로 내게 나아오거니와 나는 만군의 여호와의 이름 곧 네가 모욕하는 이스라엘 군대의 하나님의 이름으로 네게 나아가노라 오늘 여호와께서 너를 내 손에 넘기시리니 내가 너를 쳐서 네 목을 베고 블레셋 군대의 시체를 오늘 공중의 새와 땅의 들짐승에게 주어 온 땅으로 이스라엘에 하나

님이 계신 줄 알게 하겠고 또 여호와의 구원하심이 칼과 창에 있지
아니함을 이 무리에게 알게 하리라 전쟁은 여호와께 속한 것인즉 그
가 너희를 우리 손에 넘기시리라" (삼상 17:45-47)

다윗은 승리의 영광을 그가 취하지 않았다. 그는 하나님이 블레셋 군대와 골리앗을 그에게 붙이시고 그를 통해 그들을 심판하시는 것을 알았다.

18. 찬양과 경배를 계속하라

영적 전쟁을 수행하는 동안 하나님을 선하심, 광대하심 그리고 그의 크신 능력을 찬양하라. 하나님을 예배하는 일은 영적 전쟁을 수행하는 동안 강력한 무기 중의 하나가 될 것이다. 하나님을 예배하고 찬양하는 것이 영적 전쟁에서 큰 무기 중의 하나라는 사실을 구약 성경에서 찾아보기로 한다:

> "백성과 더불어 의논하고 노래하는 자들을 택하여 거룩한 예복을 입
> 히고 군대 앞에서 행진하며 여호와를 찬송하여 이르기를 여호와께
> 감사하세 그의 인자하심이 영원하도다 하게 하였더니 그 노래와 찬
> 송이 시작될 때에 여호와께서 복병을 두어 유다를 치러 온 암몬 자손
> 과 모압과 세일 산 주민들을 치게 하시므로 그들이 패하였으니"
> (대하 20:21-22)

19. 그리고 마지막으로 하나님이 그 승리를 이루시는 분임을 기대하라

열정과, 기대와, 그리고 믿음을 가지고 하나님께 기도하라. 당신을 영적 전쟁으로 부르신 하나님은 그 승리를 주시고 그 일을 성취하시는 신실하신 하나님이심을 믿으라.

토론할 질문들

1. 당신은 영적 전쟁이 벌어지는 현장에서 기도하는 일이 왜 효과적이라고 생각하는가? 그리고 현장에서 벌이는 기도가 효과적이라는 사실에 대해 그 경험을 나누어 보자.

2. 당신은 하나님께 순종해야 하고 기도해야 할 때가 있다는 사실을 설명하라. 왜 어떤 느낌보다 하나님께 순종함으로 기도해야 하는가?

3. 우리가 어떤 특정 지역에서 영적 싸움을 진행할 때, 왜 우리는 전략적 영적 전쟁에서 정사와 권세에 대항하여 영적 전쟁을 벌이고 사람에게 대항하고 적대하지 말아야 하는가?

4. 당신은 기도하면서 어떤 사람들을 대항하여 반대하고 적대해 본 적이 있는가? 만약 그렇게 그 사람들이 악한 사람들이었지라도 사람들을 적대하고 반대하였다면 그런 자신을 하나님께서 용서해달라고 기도하라. 대적들의 조종을 받고 악한 원수들의 계략이 사람들을 통해 역사하지 못하도록 기도하고 그들의 마음들이 부드러워지도록 기도하자.

5. 당신은 기도의 삶 중에서 예언적 행동에 관한 사역에 동참하거나 그런 사역을 경험해 본 적이 있는가? 그 결과는 무엇이었는가?

6. 당신은 개인이나, 어떤 상황 중에, 그리고 도시에서 예언적 행동을 통해 사탄이 패배하였다는 것을 선포해 본 경험이 있는가? 사탄이 어떤 특정 지역에서 패배하고 그 영향력을 상실했다는 징표로 그런 예언적 선포의 결과는 무엇인가?

7. 당신은 당신이 살고 있는 도시에서 하나님이 독특하게 부여하신 구속사적 은사가 무엇이라고 생각하는가?

9
사탄의 역습

9
사탄의 역습

하나님이 우리에게 주신 영적 권세를 사용하여 마귀의 세력들의 계략에 대항하여 우리가 영적 전쟁을 벌일 때, 우리는 사탄의 세력들이 그들의 영역이 손상되고 침략되는 것에 위협을 느낀 나머지 신자들을 공격하는 경우를 경험한다. 사탄의 세력들이 신자들을 공격하는 것은 영적 전쟁의 패배에 대한 복수로 볼 수 있다. 이것은 영적 영역에서 영적 전쟁을 통해 신자들이 특정 지역에서 성취한 돌파구를 방해하려는 시도라고 볼 수 있다.

사탄의 역공격의 종류들

만약 당신이 어떤 특정 지역에서 이루고자 하는 성과가 미진하다면 당신을 위해 중보기도하는 중보 기도자들에게 기도를 더 강력하게 부탁하라. 이것은 사탄의 역공격에 예상되는 시점에서 팀 구성원들을 사탄의 공격으로부터 보호하기 위한 아주 중요한 조치라고 생각한다. 나는 여기에서 당신의 기도팀들이 직면할 수 있는 사탄의 역공격의 다양한 양상들을 묘사하고자 한다.

▶ 실망과 혼돈

기도팀들이 기도하려고 위해 나아갈 때, 사탄은 실망과 혼돈으로 팀을 공격할 수 있다. 원수들의 역공격의 무기인 혼돈과 실망은 개인에게 그리고 팀에게 나타날 수 있다. 이런 원수들의 공격은 당신이 기도할 때 다음과 같은 생각이 당신의 마음을 지배하기 시작한다:

'이런 전투적 기도를 드린다고 해서 무슨 일이 일어날까? 나는 빠지겠어. 내가 이런 전투적 기도를 드릴만큼 성령님의 기름부음을 받지 못했는데….' 이런 생각이 들 때 당신은 기도를 멈추지 말라. 전투기도를 드릴 때 이런 부정적인 사고와 생각에 초점을 맞추지 말라. 이런 생각은 당신이 기도하지 못하도록 하는 방해이며 원수들의 공격임을 알라. 이런 생각이 들 때 당신은 당신의 사고와 생각을 하나님께 관심과 초점을 맞추도록 하라. 그리고 이런 생각이 지배하여 영적 전쟁을 수행하지 못하게 하는 것을 물리쳐라.

기도 여행은 정신적, 신체적, 영적으로 힘든 싸움이다. 기도 여행의 준비가 미진하고 앞으로 잘 진행되지 않을 때 당신의 기도팀들은 피곤해지기 쉽다. 이럴 때 팀 구성원들에게 찾아오는 실망이란 것은 사탄이 역사 하는 발판(foothold)이 되기 쉽다. 기도 여행을 준비하는 일이 잘 순조롭게 이루어지지 않을 때 팀 구성원들은 실망하게 된다. 사탄의 강력한 저항에 부딪혔을 때 팀 구성원들 사이에 실망하는 조짐이 일어나게 된다. 이것은 사탄이 팀의 역사를 저해하도록 위해 역사 하고 일하기 시작한 징조이다. 기도팀에게 주어진 사명과 과업에 대해 팀 구성원들이 의문을 품기 시작하고 그런 감정이 표면에 드러나기 시작할 것이다. 만약 팀의 정신이 다시 살아날 기미가 보이지 않으면, 이럴 때는 팀을 다시 구성할 때임을 팀 리더는 알아야 한다. 팀 리더는 새로운 멤버를 구성하여 팀을 새롭게 꾸미고 주어진 사명을 다시 자각해야 한다. 팀 리더는 팀 구성원들이 하나가 되기 위해 기도의 모임과 그리고 모여서 함께 예배하는 일에 더욱 힘써야 한다. 그것은 팀 구성원들에게 믿음을 더해주고 함께 주어진 사명을 위해 더욱 견고하게 서 가도록 영적인 역동력을 팀에 더해준다. 팀 리더는 팀 구성원을 격려하고 믿음으로 전진하도록 동기를 부여해 주어야 한다.

팀 구성원들 사이에 일어나는 마음이 산만하거나! 혼란에 빠지면 팀을 향한 원수들의 공격이 될 수 있다. 우리 팀이기도 여행을 이집트로 갔을 때, 내가 이전에 언급한 사례인 나도 모르게 기관총으로 무장한 군인들 가운데로 들어갔던 그날, 우리 팀에는 혼란과 혼돈의 날이 되었다. 우리는 혼돈과 혼란스런 그날을 '마리아의 날'이라고 불렀다. 우리는 이집트에 기도 여행하던 여정에 마리아라고 불린 안내자가 우리를 이집트에서 가장 오래된 도시로 데려가기로 되어 있었다. 우리는 그 장소에서 이집트를 위해 기도하려고 그 장소를 방문하기를 원했다. 그녀는 우리가 가기를 원하는 그 장소가 정확히 어디에 있는지 알고 있으며 그들을 그곳으로 데려가겠다고 말했다.

그녀가 말한 그날은 우리에게는 재앙과 같은 날이 되었다. 그녀는 이집트 콥트교(Coptic) 신자였고 그녀는 그 지역에 살았던 이집트 콥트교 주교가 거기에 살고 있다는 것을 알았다. 그녀는 아마도 그 지역에 살고 있던 주교를 만나보기를 원했던 것 같다. 그녀는 콥트교 주교의 교회로 우리를 인도했고, 그녀는 우리가 그곳을 방문해야 한다고 말했다. 그리고 그것은 우리 팀들이 방문하기를 원하였던 장소라고 말했다. 그러나 우리는 다른 계획을 가지고 있었다고 말했다. 그녀는 평생 이 주교를 만나보기를 소원했기 때문에 한 번만이라도 이 교회를 방문하자고 애걸하였다.

우리는 영어를 말하지 못했던 이 주교와 이집트 안내원이 서로 만나 이야기하는 한 시간 동안 밖에서 기다렸다. 이 주교와 우리의 안내자였던 마리아가 서로 이야기하는 동안 그날따라 주교를 방문한 사제가 주교의 방으로 들어갔다. 그 사제는 마을로 돌아가는데 차편이 없다고 말하자 마리아라고 이름한 이집트 안내원은 그녀가 사제를 마을까지 태워주겠다고 자청까지 했다. 우리는 그 사제를 마을까지 태워다 주는 데 거의 2시간을 소요했고, 그날 하루의 일정을 망쳤고, 기도 여행에 필요한 일정은 따르지 못한 채 다른 일로 시간을 소비하였다.

우리 팀의 목적지인 고대 유적지에 가보지 못했기 때문에 마음이 산만해졌고, 혼란스러워졌다. 그러나 우리는 이 일로 분노하지 않았고, 다시 함께 전열을 가다듬었다. 우리는 그날 밤 다시 그룹을 만들었고 하나님이 원하시는 일에 초점을 맞추고자 하였다. 다음 날 우리가 원하던 고대 유적지를 다시 방문하여 기도하기로 일정을 재조정하였다. 물론 우리는 마리아라고 하던 이집트 콥트교 신자였던 그 여자를 우리의 안내원으로 고용하지 않았다. 우리는 우리가 가기를 원했던 그 장소에 가려고 새로운 안내원을 소개받았다.

▶ **경쟁, 질투, 비난과 비방**

"나는 중보기도의 은사를 좋아해요. 그리고 중보기도자들과 함께 기도하는 것이 너무 좋아요. 왜냐하면, 그것은 나로 하여금 굉장한 경쟁심을 불러일으키거든요. 나는 다른 사람들과 경쟁하기를 좋아한답니다. 나는 다른 사람들보다 더 주님의 말씀을 받기를 좋아해요."

우리는 이렇게 말하는 사람들은 왜 기도하고 왜 중보기도 하는지 대충 알 수 있다. 이런 사람들은 다른 사람들보다 제일 먼저 주님의 말씀을 받고, 일하는 그룹에서 항상 첫 번째가 되기를 바라는 다른 사람들과 비교하여 은사를 자랑하며 경쟁하는 사람들이다. 놀라지 말라. 나는 다른 중보기도자들이 나를 그렇게 말해주기를 바랐고, 나는 이렇게 경쟁심을 가지고 행동했던 사람이었다. 당신은 전투기도를 하는 동안 팀 구성원의 멤버들과 경쟁하고자 하는 마음을 배격하라. 나는 이런 경쟁적인 마음과 태도를 가지고 영적 전쟁에 임하는 사람들의 잘못을 지적해주고, 이런 경쟁적인 태도와 마음은 영적 전쟁을 위한 우리의 동기가 되어서는 안 된다고 말해주었다.

팀 구성원 내에 존재하는 질투는 주께서 우리에게 맡겨준 사명에 손상을 입힌다. 이런 질투심은 팀 구성원 내에서 어떤 사람이 독특한 존재로 드러나기를 바라는 마음에서 나오며, 서로 경쟁하는 경쟁심의 결과로서 파생될 수 있다. 우리의 원수는 서로 질투하도록 충동한다는 것을 명심하라. 이런 질투심을 버려라. 나는 여러 번 팀 구성원 내에 이런 경쟁심과 질투심을 가지는 사람들을 보아왔다. 이런 경쟁심과 질투심은 그것을 가지고 있는 개인도 손해이며 팀 구성원에게 도움이 되지 않는다. 나는 이런 경쟁심과 서로 질투하는 질투심이 기도 사역과 하나님의 사역에 역효과를 나타내는 것을 주시해 왔다.

만약 당신이 기도 여행 중이나 사역 중에 질투심이 당신의 마음의 표면에 나타나는 것을 느끼거든, 즉시 사역을 중단하고 기도팀에게 기도해달라고 요청하라. 이런 질투심이 생기고 경쟁심은 팀 구성원들과 팀에게 도움이 되지 않고 오히려 우리의 원수들에게 도움을 주는 결과를 가져온다. 당신은 이런 경쟁적인 마음과 질투 대신 다른 팀의 구성원들을 하나님께서 기름 부으시고 그들을 축복하시도록 기도하라.

만약 당신이 이런 경쟁적인 마음의 태도나 질투심을 가지게 된다면 당신은 조용히 주님과 함께 있는 시간에 이런 사고를 회개하고 질투의 마음과 정신을 꾸짖어 물러가게 하라. 우리 대적 마귀는 당신의 마음을 읽을 수 없다는 것을 기억하라. 당신은 만약 이런 질투하는 마음과 경쟁심이 생기거든 영적 권위를 가지고 소리 내어 이런 사고를 대적하라.

비방과 비난은 중보기도자들의 기도의 사명을 방해하고 산만하게 만드는 또 다른 우리 원수들의 도구이다. 우리의 대적 원수들은 팀의 구성원들과 팀의 리더에 관해 중보기도자들에게 거짓을 말하도록 충동할 것이다. 다른 팀 구성원들과 팀 리더에 관해 비방과 비난이 당신의 생각을 지배하지 못하도록 하고 그런 비난과 비난을 다른 팀 구성원들과 나누지 말라. 이것은 팀에게 도움이 되지 않는다. 팀 구성들을 비방하고 팀 리더들을 비난하는 것은 영적 권위에 대해 반역하는 행위이다. 또한, 팀 구성원들과 리더에 관해 뜬 소문과 험담을 퍼뜨리는 행위는 우리 대적 원수들이 팀 가운데 역사 하도록 문을 열어놓는 행위와 같은 것이다.

당신은 식당에 가서 음식을 주문했을 때 만약 주문하지 않은 음식이 나온다면 어떻게 하겠는가? 당신은 그 음식을 다시 주방에 돌려줄 것이다. 이 같이 팀과 리더를 비방하고 비난하는 생각과 이야기가 떠돌거든 당신은 이런 사고와 비방을 받아들이지 말라. 팀과 팀 구성원들은 서로 예수 그리스도 안에서 우정 관계로 맺어진 사이이다. 팀과 리더 사이에 갈등과 긴장관계가 없도록 하라. 당신은 리더들과 팀 구성원들을 비방하고 비난하게 되는 소리와 부정적인 생각을 듣거든 그런 비방과 비난을 대적하라. 당신은 이런 비방과 비난의 소리를 듣거든 다음과 같이 대적하라:

"나는 이런 비방과 비난의 사고가 우리 팀에서 떠나기를 명령한다. 나는 이런 비방과 비난이 팀에 도움이 되지 않음을 안다. 나는 이런 부정적 사고에 개입하지 않겠다."

▶ 분쟁

사도 바울은 고린도 교인들에게 다음과 같이 편지했다:

"형제들아 내가 우리 주 예수 그리스도의 이름으로 너희를 권하노니 모두가 같은 말을 하고 너희 가운데 분쟁이 없이 같은 마음과 같은 뜻으로 온전히 합하라" (고전 1:10)

팀 사이에 다른 행동은 기도팀에게 분열을 조장할 수 있다. 만약 팀 사이에 분쟁이 생긴다면 당신은 짐을 싸고 집으로 돌아갈지도 모른다. 만약 전쟁을 하는 군인들 간에 격론과 분쟁이 있다면 그들은 그들에게 주어진 사명을 완수하지 못할 것이다. 당신의 팀은 서로 일치함으로 영적 전쟁을 수행하기로 약속을 맺었다. 이것을 잊어버리지 말고 서로 일치와 화합을 다지도록 노력해야 한다.

▶ 약탈물의 유혹

여호수아 7장은 아간의 죄와 그 결과에 대해 묘사하고 있다. 우리는 아간의 죄에서 영적 전쟁을 수행하고 승리를 거둔 영적 용사들이 지켜야 할 중요한 사항을 살펴보기로 한다. 이스라엘 백성이 여리고 성을 점령했을 때 하나님은 이스라엘 백성이 이스라엘 대적들의 물건들을 취하지 말라고 명령하셨다. 그런데 아간은 이 말씀을 무시하고 개인이 약탈한 물건을 몰래 숨겨놓았다. 이것은 이스라엘 백성이 전쟁에서 패한 결과를 야기했으며, 결국 아간과 그의 아들들은 다 죽임을 당했다.

당신은 특정 지역에서 영적 전쟁의 결과로 승리를 쟁취한 후 그 땅에 속한 우상과 관련된 어떤 물건도 집으로 가져오지 말라. 나는 어떤 특정 지역에서 영적 전쟁의 승리를 기념하기 위해 그 나라의 바위와 동전을 집으로 가져오던 어떤 팀 구성원들을 보았다. 모든 것이 다 그렇다고 볼 수는 없지만 우상과 관련된 물건들을 집으로 가져오는 일은 안전하지 않다. 나는 영적 전쟁의 결과가 있던 지역에서 어떤 물건이 그 지역에서 제거된다면 귀신들이 그 물체에 붙어 있을 수 있다. 따라서 절대로 지역의 정사와 권세와, 여신들과 신들의 형상에 새겨져 있는 물건들을 집으로 절대로 가지고 오지 말아야 한다. 이런 물건들은 마귀적숭배와 우상숭배를 상징하는 물건이다. 어떤 특정 지역 사람들이 우상에게 경배하고 마귀숭배를 위해 사용된 물건들을 집으로 가져오는 것은 영적으로 깨끗해진 우리의 집을 더럽힐 수 있다. 우리 집들은 영적으로 거룩하고 깨끗해진 상태에 이런 물건들로 인해 더럽히지 않도록 유

의해야 한다. 이런 우상의 물건들은 마귀가 그리스도인들을 역공격할 수 있도록 우리 집의 문을 열어 놓는 경우가 될 수 있다.

사탄의 역공격으로서 우리 가정에서 보복 행위

사탄의 역공격은 특정 지역의 영적 전쟁터에서 일어날 수 있을 뿐만 아니라, 우리가 집으로 돌아온 우리의 가정에서도 일어날 수 있다. 사탄은 자신이 영적 전쟁에서 패배하지만, 그들은 그들이 영적 전쟁을 수행한 능력 있는 그리스도인들의 승리를 잊어버리지 않는다. 어떤 특정 지역에서 패배한 영적 원수들이지만 그들은 계속 하나님의 계획을 반대하기 원한다는 사실을 잊어버리지 말라. 대적 원수들은 그들에게 수치와 패배를 안겨준 그리스도인들을 곤란하게 만들려고 한다는 사실을 잊지 말라. 바바라 웬트로블(Barbara Wentroble) 사탄이 영적 전쟁에서 승리한 그리스도인들을 대적하려는 의도는 다음과 같이 설명하였다:

우리 원수 대적 마귀는 우리가 영적인 승리를 어떤 특정 지역에서 거두었기 때문에 우리에게 그 패배를 보복하거나, 또한 지속되는 하나님의 계획을 방해하기 위해 우리를 공격하는 계략을 또한 멈추지 않는다는 것을 알아야 할 것이다. 그러므로 우리 대적들은 반격이라고 볼 수 있는 행동을 하려고 할 것이다. 웹스터 사전에서는 반격이라는 용어는 짧고 빠르게 공격하는 행동이라고 정의한다. 우리의 대적은 옛 뱀이라고 불려지는 것을 고려한다면 우리 대적들은 승리한 그리스도인들을 향해 이런 종류의 공격을 감행하려고 할 것이다. 적지 않은 경우에 우리의 대적들은 하나님의 백성을 공격하고자 시도할 것이다.[1]

영적 전쟁을 수행하러 간 그리스도인들을 위해 중보기도 하는 기도의 용사들은 이 사람들이 집에 돌아온 후에도 일정한 기간까지 하나님께서 계속 그들을 원수들로부터 보호하시도록 기도하는 것은 아주 중요하다. 또한 영적 전쟁을 수행하고 돌아온 중보기도 팀 구성원들도 일정한 기간 동안 하나님의 현존 아래에서 기도의 시간을 집중적으로 보내는 것 또한 중요하다. 영적 전쟁에서 승리를 거두었다고 자만하지 말라. 승리의 영광을 주님께 돌려라. 우리는 다만 그분의 도구였다는 사실을 기억하라. 그분이 우리가 승리를 쟁취하도록 역사하신 분이심을 기억하라.

대적에게 영광을 돌리는 것

우리가 대적들의 역공격에 대해 언급하고자 할 때에 원수 대적들에 대하여 지나치게 말을 많이 하면 그들이 영적인 능력이 있는 것처럼 된다. 마태복음 12장 34절은 너희 마음에 가득한 것을 입으로 말함이라고 말한다. 나는 영적 전쟁에서 승리를 거둔 후에 주님의 계획에 대한 말보다 대적들에 대해 많은 이야기를 나눈 어떤 그룹에 참여하였다. 왜 우리는 하나님보다 사탄의 일에 대해 더 많은 초점을 맞추어야 하는가? 우리는 사탄의 계략이 아닌 하나님

---

[1] Barbara Wentroble, Prophetic Intercession, p.170.

을 영화롭게 하도록 부름을 받은 사람들이다. 우리가 사탄에 대해 많은 이야기를 하면 우리는 하나님이 아닌 사탄을 영화롭게 하는 결과를 가져온다는 것을 기억해야 한다. 우리가 하나님께 초점을 맞추는 것을 잃어버리게 된다면 사탄에게 보복의 문을 열게 되는 것이다. 나는 영적 전쟁에서 승리한 후에만 왕의 왕이며 주이신 예수님을 찬송하기로 작정했다. 그만이 홀로 영적 전쟁의 승리의 영광을 받으실 분이시다.

토론할 질문들

1. 당신은 영적 전쟁에서 승리를 거둔 후 사탄의 역공격을 당해본 적이 있는가? 무슨 일이 발생했는가? 어떻게 그 공격에 대항했는가?

2. 당신은 혼돈, 실망, 혹은 질투로 어려움을 겪고 있는가? 하나님께서 돌파구를 주시도록 기도하라.

3. 당신이 실망을 극복한 경험을 나누라.

4. 어떻게 당신은 당신을 향한 비난과 비방을 극복하는가?

5. 당신은 당신을 비난하는 일에 대해 성공적으로 극복한 사례를 토론하자.

6. 당신은 기도 여행 후에 집에 가져온 저주 받은 물건과 같은 물건을 가지고 있는가? 그렇다면, 그것을 밖에 갖다 버려라.

7. 어떻게 우리는 영적 전쟁 후에 사탄을 영화롭게 하는 실수를 저지르게 되는가?

영적 돌파구!

10
영적 돌파구!

당신은 이제 하나님께서 당신에게 맡겨진 사명을 완수했다. 이제는 그 지역에서 영적인 큰 발전을 이루는 돌파구를 볼 것을 기대하라. 나는 이 책에서 돌파구(breakthrough)란 용어를 계속 사용해왔다. 그러나 그 용어의 정의를 정확하게 정의하지 않았다. 웹스터 사전은 돌파구(breakthrough)란 용어를 다음과 같이 정의한다:

"돌파구란 전쟁에서 적의 저항이 거센 수비 지역을 돌파하는 가장 공격적인 습격이라고 정의할 수 있다."

전략적 영적 전쟁이 일어났을 때, 하늘에서 마귀들과 싸워 승리를 쟁취한 놀라운 증거들이 나타날 것이다. 바바라 요더(Barbara Yoder)는 그녀의 책 『The Breaker Anointing』에서 하늘에서 거둔 영적 전쟁의 결과에 관하여 다

음과 같이 설명하고 있다:

영적 전쟁에서 돌파구가 마련되었다는 증거는 개인들, 교회들 그리고 도시들에 나타난다. 어떤 지역에서 영적 돌파구가 마련되었다는 증거는 개인뿐만 아니라 교회 그리고 사회적 정치적 구조, 그리고 그 지역의 종교의 제도에서도 급격한 변화로 나타난다.[1)]

미가서 2장 13절은 영적 돌파구에 관해 다음과 같이 말한다:

"길을 여는 자가 그들 앞에 올라가고 그들은 길을 열어 성문에 이르러서는 그리로 나갈 것이며 그들의 왕이 앞서 가며 여호와께서 선두로 가시리라"

어떤 지역에서 영적인 돌파구를 보는 것은 주께서 어느 지역에서 선두로 행하시는 것처럼 참으로 놀랍고 경의로운 일이 아닐 수 없고 그 지역의 사람들의 삶이 변화된다.

이것이 영적 돌파구이다!

나는 전략적 영적 전쟁을 위해 기도하였을 때 많은 경우 어떤 지역에서 영적인 진보가 즉시 나타나는 것을 보았다. 하지만, 어떤 경우에는 나중에 천천히 나타나는 것을 보았다. 전략적 영적 전쟁의 결과로서 위 두 사례의 경우

---

1) Barbara Yorder, The Breaker Anointing(Colorado Springs: Wagner Publications, 2001), pp. 12-13.

에 영적 부흥이 일어나고 구원 받는 사람들이 많아졌다는 것이다. 나는 이 책에서 영적 돌파구의 결과로서 많은 이야기를 나누었다. 나는 여기에서 영적 돌파구에 관한 다른 양상을 소개하고자 한다.

▶ 잔인한 살인범이 붙잡힘

미국 휴스턴(Houston)에 잔인한 살인범이 나타났다. 그는 네 사람을 잔인하게 살해했으나 범인은 오리무중이어서 휴스턴 경찰은 범인을 잡지 못했다. 이 일로 인해 마치 휴스턴에 공포와 죽음의 영이 덮는 것 같았다. 우리 중보기도자들은 교회에서 중보기도를 하고 있는 동안 우리는 이 범인이 잡히도록 집중적으로 기도했다. 우리는 경찰이 기적적으로 이 살인범을 잡을 수 있도록 기도했다. 우리는 죽음과 공포가 도시 속에서 역사 하지 못하도록 기도했다. 우리는 이 잔인한 살인범 의로 인해 공포에 떠는 일이 끝났다고 선포했다. 그리고 살인범이 잡히는 날이 바로 우리가 기도하는 그날이 될 것을 선포했다.

우리는 집에 도착한 후에 긴급 뉴스를 전하는 소식을 텔레비전에서 보게 되었다. 긴급 뉴스를 전하는 아나운서는 경찰이 어떤 제보자의 전화를 받고 출동하여 살인범을 잡았다고 전하는 소식을 전했다. 어떤 제보자가 경찰에게 전화하여 살인범의 소재를 전해준 시각이 바로 우리가 교회에서 기도하던 바로 그 시간이었다. 이것은 기도가 영적 돌파구를 갖게 해주는 놀라운 이야기가 아닐 수 없다.

▶ 러시아는 종교의 자유를 유지한다

나는 러시아에 수차례 기도 여행을 다녀왔다. 그때마다 그 기도의 결과로 영적인 진보를 보았다. 러시아의 그리스 정교는 그들 스스로 다른 종교와 차별화하여 그들만이 진정한 종교로 여긴다. 러시아의 그리스 정교 주교는 러시아에서 다른 종교를 금지할 것을 러시아 대통령 푸틴(Putin)을 압박하였다. 그리고 러시아 그리스 정교 주교는 러시아 그리스 정교 외에 다른 교회에 국민들이 출석하는 것은 불법이라는 법령을 제정하려고 하였다.

나와 함께 한 중보기도자들은 러시아의 수도 모스코바의 여러 지역을 돌아다니면서 자유(freedom)를 외치며 예언적 행동으로서 기도(the prophetic declaration)를 주님께 드렸다. 우리는 러시아 땅에 마치 황제가 칙령을 내리는 것처럼 그 땅에서 자유를 외쳤다. 러시아에서 그리스 정교 외에는 다른 종교 활동이 금지될 수 있던 그 기간에 우리는 기도하고 있었고 다른 중보기도 팀들도 그것을 위해 전투적인 기도를 하고 있었다. 우리는 집으로 돌아온 여러 주간이 지난 후에 미국 대통령 조지 부시(George W. Bush)는 러시아 대통령 푸틴에게 전화를 걸어 러시아에서 종교 자유를 제한하지 않도록 설득했다. 러시아는 종교 자유를 제한하려는 시도가 다시 재현될 수 있지만, 현재는 러시아 그리스 정교 외에 다른 종교들도 러시아에서 합법적으로 예배를 드릴 수 있다. 러시아에 종교의 자유는 아직 존재한다. 나는 이것을 중보기도의 결과라고 믿는다.

▶ 로마 교황이 과거의 로마 카톨릭의 잘못을 시인하다

우리는 로마로 기도 여행을 떠났다. 우리는 중세 교회가 십자군 전쟁을 통해 유대인들을 잔인하게 학살하고 독일의 히틀러의 나치가 홀로코스트(Holocaust)를 통해 유대인들을 잔인하게 살해한 것을 알고 있다. 우리는 로마의 기도 여행 중에 로마 교회의 잘못을 생각하며 기도하였다. 그리고 우리가 미국으로 돌아온 5개월 후의 일이다. 나의 남편은 텔레비전 뉴스를 보다가 나를 불렀다. 나는 로마 교황 요한 바오로 2세(John Paul II)가 연설하고 있는 장면을 보았다. 그는 2000년 3월 5일 '회상과 화해: 교회의 과거범죄'라는 제목이란 40쪽 분량의 문건을 통해 피로 얼룩진 십자군 원정과 유대인 탄압, 중세의 각종 고문형, 신대륙 원주민 학살 등의 잘못을 인정했다. 그는 피로 점철된 십자군 원정을 통해 1095년 교황 우르반 2세의 칙령에 따라 시작된 십자군 원정으로 많은 유대인 및 회교도들이 학살당했다고 말했다. 이것은 '성지회복'이라는 종교적 명분 뒤에는 다른 불순한 동기들이 숨어 있었다고 고백했다. 그는 또한 교회가 수십 년 전까지 공공연히 반유대주의를 표방했고, 예수를 죽였다는 이유로 초기 기독교도는 유대인을 원수처럼 여겼다고 말했다. 그는 교회의 유대인 탄압이 본격화된 것은 11세기 십자군 원정 때부터였으며 이후 유대인들은 희생양으로 가장 많이 이용됐다고 고백했다. 그는 이런 교회의 죄들을 용서해 달라고 주님께 기도했다. 이런 고백을 통해 그는 이전에 로마 교황들이 저지른 행동을 반성하며 고백한 것이었다. 나는 이것을 기도의 결과로 발생한 영적 돌파구로 믿는다.

영적 전쟁의 소명을 받아들이는 것

나는 그리스도인들의 영적 전쟁에 대한 소명을 주님은 호세아 선지자들 통하여 말씀하신 말씀을 인용하며 경각심을 촉구하고자 한다:

"내 백성이 지식이 없으므로 망하는도다" (호 4:6)

오늘날 우리가 사는 세상에는 수많은 사람이 영적 어둠에 묶여 있다. 하나님의 신부인 교회가 이 영적인 어둠의 땅을 향해 진군하고, 이 세상이 하나님의 것임을 선포해야 한다. 하나님은 아직도 마귀에게 결박당하고 있는 수많은 영혼이 영적 속박에서 풀려지도록 우리를 부르고 계신다. 우리는 예수 그리스도의 신부이며, 예수님은 교회의 신랑이시다. 교회는 지역을 묶고 있는 견고한 진을 파하는 강력함으로 무장하고 마귀를 패배시키고 예수 그리스도의 승리를 어둠의 땅에서 선포해야 한다:

"내가 너희에게 뱀과 전갈을 밟으며 원수의 모든 능력을 제어할 권능을 주었으니 너희를 해칠 자가 결코 없으리라" (눅 10:19)

예수께서는 마귀의 정사와 권세를 밟도록 하늘과 땅에 속한 하나님의 모든 권세를 우리에게 이미 주셨다. 또한, 시편 44편 5절은 우리가 하나님이 주신 영적 권세를 활용하도록 다음과 같이 말한다:

"우리가 주를 의지하여 우리 대적을 누르고 우리를 치러 일어나는 자를 주의 이름으로 밟으리이다"

예수께서는 영적으로 죽은 세상을 구원하시려고 십자가에 죽으시고 부활하심으로 인간 구원을 완성하셨다. 그리고 그 십자가에서 마귀의 세력들을 무찌르시고 이 세상이 주님의 소유임을 선언하셨다. 우리가 마귀의 존재들과 모든 악한 영들의 모습들을 패배시키는 것은 우리가 예수님의 이름을 의지하는 것에 달려있다. 예수께서 누가복음 10장 19절에서 말한 것처럼 마귀의 세력들인 뱀과 전갈을 밟는 것은 예수님의 이름을 신뢰하는 것에 달려 있다.

　하나님은 당신이 당신의 이웃을 위해 기도하라고 부르신다. 또한, 하나님은 당신의 도시를 위해 기도하라고 부르신다. 하나님은 당신의 나라를 위해 기도하라고 부르고 계신다. 전략적 영적 전쟁으로 부르시는 하나님의 부르심에 응답하자. 예수님의 승리를 붙들고 어둠의 세력이 붙잡고 있는 세상을 향하여 나아가자. 예수를 하나님과 주님으로 믿는 우리가 영적 원수들을 밟는 권세를 가졌다는 것을 확신하고 싸움터로 나아가자.

토론할 질문들

1. 당신이 개인의 삶, 당신의 상황, 교회, 이웃, 도시, 나라와 민족들 속에서 당신이 영적 돌파구를 경험한 것들을 나누어 보자. 그리고 나의 삶의 경험에서 영적 진전과 변혁을 주신 하나님께 감사하자.

2. 마지막으로 다음과 같은 기도를 함께 드리고자 한다.
아버지 하나님! 이 땅의 백성을 향한 당신의 신실하심에 감사를 드립니다. 저를 중보기도의 사역의 협력자로 부르신 것을 감사드립니다. 이것은 당신이 제게 맡겨주셨던 영적인 부담이지만 기도의 사명을 수행하기 위한 특권이며 명예로운 사역임을 알고 감사를 드립니다. 아버지 하나님! 당신이 제게 맡기기를 바라시는 지역과 민족들을 보여주시옵소서. 당신이 제게 주기를 원하시는 기도의 제목들을 말씀해 주시옵소서. 아버지여! 제가 마지막 추수의 때에 당신이 말하기를 원하는 것을 듣고 보기를 원합니다. 제게 나의 이웃, 나라와 민족들을 행한 당신의 심장을 주시옵소서. 오, 주여! 이 땅에 어둠에 속박 가운데 있는 족속들을 위해 부르짖기를 원합니다. 주님! 예수님의 이름으로 대적 원수들의 계략이 폭로되고, 그 땅에 노략질을 당하고, 사탄의 견고한 진이 무너지기를 선포합니다. 주여! 또한, 나의 인생과 나의 지역을 향한 당신의 계획을 붙들기를 원합니다. 주여! 내가 주님의 부르심에 순종함으로 나아갈 수 있도록 도와주옵소서. 주여 내가 주 앞에서 순결하고 거룩하도록 도와주옵소서. 제가 유혹에 빠지지 않도록 도우시고 항상 거룩함으로 인도하소서. 주님이 말씀하시는 것을 기대함으로 듣겠습니다. 세상을 향해 기도할 수 있는 중보의 특권을 주신 것에 감사드립니다. 주님께서 이 모든 영광과 존귀를 받으시기를 바라며 예수님의 이름으로 기도드립니다. 아멘.

부 록

〈부록 A〉

기도 여행 참가자를 위한 교회 약정서

참가자 이름:

교회(기관):

연락처:

교회들과 선교 단체들은 이 참석자들을 기도로 재정적으로 지원한다. 기도 여행에 참가하는 데 필요한 훈련을 하는 참가자들은 지역 교회 담임 목사 혹은 영적 지도자의 추천서가 필요하다. 기도 여행은 전략적 수준의 영적 전쟁을 위해 훈련하고 여행하는 사명이기 때문에 지역 교회의 개인 기도 후원이 절실히 요청된다. 이 추천서는 참가자가 목회자의 영적 권위 아래 임을 확인한다. 각 참가자는 기도 후원자를 모집해야 하며, 지역 교회는 이 참가자를 위해 기도로 후원해야 한다. 이런 중보 후원자와 지역 교회의 기도는 참가자가 여행 기간에 대적들의 공격으로 생길 수 있는 사고, 질병, 사망으로부터 보호받을 수 있다고 믿는다.

목회자 추천서

나는 _____ 가 이 기도 여행에 참가 하기를 희망하고 있음을 잘 알고 있습니다. 나는 이 참가자를 (년)동안 보아왔으며, 신앙적으로 성숙하고 어떤 상황에도 인내할 수 있음을 알기에 이 사람을 기도 여행에 추천합니다.

목회자 이름:
교회(기관):
주 소:
메 일:
전화번호:
일 시:

일자: _____
목회자 서명: _____ (인)

〈 부록 B 〉

기도 여행을 위한 팀 서약서

　우리는 이 중보기도 사역 기간에 헌신할 것임을 서약한다. 이 사역 기간에 인내를 통하여 뒤에 이어지는 내용의 참 뜻을 알고 각 개인은 다르지만 합력하여 선을 이루시는 하나님께 쓰여이기를 바란다.

- 하나님께서 우리를 각기 다르게 창조하셨고, 그분의 목적을 위하여 제마다 다른 은사를 주셨다는 것을 기억하며 서로 존중하라.

- 하나님 안에서 함께 사역하는 팀원들의 단결을 위해 서로 기도하고 협력하기를 힘쓰라. 서로 받들고, 섬기고, 하나님께서 우리를 용서한 것 같이 서로 용서하라. 서로 다름을 인정하고 사탄이나 그 틈새를 노릴 지라도 가르지 못하게 항상 기도하고 힘쓰라.

- 하나님이 우리를 위해 세우신 지도자의 영적 권위에 순종하도록 하라.

● 사역기간이나 앞으로는 우리의 마음가짐이 하나님의 뜻에 따라 섬김의 자세를 추구하여 항상 육체적으로나 정신적으로 깨끗한 영의 상태가 되게 노력하라.

● 우리는 영혼을 구하는 것이 하나님 나라를 구하는 것임을 기억하라. 어떤 사람들은 주님은 천천히 응답하신다고 말하는 것처럼 주님은 천천히 그 약속을 응답하시는 분이 아니다. 그는 당신과 모든 사람이 멸망하기를 원하지 않고 모든 사람들이 회개하기를 바라신다(벧후 3:9).

날짜 _____ 이름 _____ 서명(인)

팀 구성원과 서명

1. _____ 서명(인)   2. _____ 서명(인)
3. _____ 서명(인)   4. _____ 서명(인)
5. _____ 서명(인)   6. _____ 서명(인)
7. _____ 서명(인)   8. _____ 서명(인)

책임에 대한 조항

우리는 기도 여행 중에 발생할 수 있는 어떤 불편함, 손실, 손해, 부상에 대한 책임을 스스로 진다는 것을 서약하고 서명한다. 나는 기도 여행 중에 일어난 사고와 모든 책임을 사역자와 간사들, 그리고 나의 지역 교회가 그 책임이 있다고 여기지 않을 것을 서약하고 서명한다.

날짜 _____ 이름 _____ 서명(인)
팀장의 서명 _____ 서명(인)

※ 이 서약서는 오직 기도 여행의 서약서의 사용을 위해 쓰일뿐 그 이외 다른 법적 의도를 위해 사용될 수 없습니다.

〈부록C〉

기도 여행 참가자의 개인 정보 양식

날 짜: _____ ~ _____ 까지 이양식을 돌려주십시오.

성 명: _____

성 별: ☐ 남 ☐ 여

직 분: _____

주민등록 번호: _____

주 소: _____

전화번호: _____

직 업: _____

※여권번호/만기일: _____ / _____

※ 해외 기도 여행일 경우에만 기록해 주세요.

가족 사항

결혼: ☐ 미혼   ☐ 기혼
배우자 이름: _____
자녀들 이름과 연령:

건강 상태

· 당신의 건강은 어떻습니까?   ☐ 좋다   ☐ 보통이다   ☐ 나쁘다

· 신체 장애가 있습니까?   ☐ 예   ☐ 아니요
'예'인 경우, 어떤 장애가 있는지 구체적으로 기록하시오.
_____

· 당신은 이 기도 여행 동안 신체적으로 피해야 할 공간적 제약들이 있습니까?   ☐ 예   ☐ 아니요
'예'인 경우, 어떠한 곳인지 기록하시오.
_____

· 당신은 현재 복용하고 있는 약이 있습니까?   ☐ 예   ☐ 아니요
'예'인경우, 그것에 대해 기록하시오.

_____

_____

· 당신은 알레르기를 가지고 있는가? 그렇다면 자세히 기록하시오.

☐ 예   ☐ 아니요

'예' 인 경우, 어떠한 증상인지 구체적으로 기록 하시오.

_____

· 당신은 건강 보험을 가지고 있습니까? ☐ 예   ☐ 아니요

'예' 인 경우, 구체적으로 기록하시오.

보험회사: _____ 전화번호: _____

· 당신은 해외 보험을 가지고 있습니까? ☐ 예   ☐ 아니요

'예' 인 경우, 구체적으로 기록하시오.

보험회사: _____ 전화번호: _____

비상 사태에 긴급 연락처

이름: _____ 관계: _____

주소: _____

전화: _____ 이 메일: _____

영적 배경

당신은 언제 예수님을 영접하였는가?
_____
_____

과거에 주님과의 관계를 생각하면 떠오르는 단어에 ∨표 하시오.

☐ 영적침체   ☐ 메마름   ☐ 훈련의 시간
☐ 성장   ☐ 탁월한 영성   ☐ 친밀한 관계

당신은 과거에 교회에서 어떤 활동을 하였는가?
_____
_____

당신의 삶에서 하나님과 가까이 함에 갈등이 되는 요소들이 무엇인지 ∨표 하시오.

☐ 미루는 버릇 ☐ 게으름   ☐ 두려움   ☐ 불신감
☐ 거짓말   ☐ 편견   ☐ 더러움   ☐ 공포
☐ 분노   ☐ 통제력   ☐ 간통   ☐ 반항심
☐ 음란물   ☐ 감정변화 ☐ 초조함   ☐ 만성피로

☐ 자부심　☐ 만성적 질병　☐ 비평적 태도　☐ 자기 연민
☐ 거절　　☐ 화　　　　　☐ 무가치성　　☐ 중독
☐ 질투　　☐ 악몽

사역 연관 관계 (관련사항에 모두 V 표시 하세요)

___ 나는 그리스도께 사람들을 인도하는 방법을 안다.

___ 나는 축사 사역 팀을 하고 싶다.

___ 나는 영적 전쟁 팀에 관련된 기도 여행을 가고 싶다.
만약 가고 싶다면 언제, 어디로 가고 싶은 지 기록하라.
_____
_____

___ 나는 선교 여행을 다녀온 적이 있다.
다녀온 적이 있다면 언제, 어디로 다녀왔는지 기록하라
_____
_____

☐ 나는 중보기도자로서 훈련 받은 적이 있다.

☐ 나는 성경 공부 팀이나 그룹 기도 팀에 관련하여 사역한 적이 있다.

기도 여행 중 당신이 팀사역에 도움이 될만한 사역자로서의 능력이나 영

적 은사 등을 기록 하시오(예를 들어, 치유사역, 찬양사역, 연주사역, 분별력, 전도력, 봉사심 등).

_____
_____

왜 당신은 기도 여행의 팀이 되기를 원하는가?

_____
_____
_____

당신은 전투기도와 중보 기도에 대한 당신의 경험을 기록하고, 그 외 훈련을 받은 적이 있는 모든 것을 기록 하시오.

_____
_____

당신은 다른 나라의 여행을 경험한 적이 있는가?

_____
_____
_____
_____
_____

당신은 과거 5년 동안 기도에 관해 어떤 책을 읽어보았는가?
_____
_____

당신은 과거 5년 동안 영적 도해와 영적 전쟁에 관해 책을 읽어본 적이 있는가?
_____
_____

당신이 생각하는 영적 전쟁에 대한 생각을 쓰시오. 또한, 마귀의 지점이 되는 것은 무엇이며, 당신은 하나님께서 믿는 자들에게 권세를 주었다고 생각하는가?
_____
_____
_____
_____

영적 전쟁에서 승리한 당신의 체험이 있다면 기록하시오.
_____
_____
_____
_____

관계

당신은 스스로가 좋은 팀원이라고 생각하는가? 아니라면 왜 그렇게 생각하는지 이유를 쓰시오.

_____
_____
_____

당신이 지금까지 자신과 교리가 다른 크리스천과 직면하여 어려움을 겪은 적이 있는가?

_____
_____
_____

당신은 리더의 지시를 따르는데 어려움이 있는가?
있다면 왜 그렇게 생각하는지 설명해보라.

_____
_____
_____

당신은 여자가 리더일 때 그 지시를 따를 수 있는가?   ☐ 예   ☐ 아니요 만약 당신의 기도팀이 여행할 때, 당신은 팀과 함께 생황하면서 서로에게 불편함을 주지 않도록 기도 여행 중 친구들이 방문하든가, 다른 사역과 여행하는 것을 허용하지 않는다는 이 규칙을 지킬 수 있겠는가?

☐ 예　　☐ 아니요

날짜 _____ 이름 _____ 서명(인)

※ 이 서약서는 오직 기도 여행의 서약서의 사용을 위해 쓰일뿐 그 이외 다른 법적 의도를 위해 사용될 수 없습니다.

〈 부록 D 〉

러시아 / 우크라이나 기도 여행 리포트

이 리포트는 2001년 9월 기도 여행을 하였던 러시아와 우크라이나에 관한 기록이다. 나는 기도 여행을 문서로 만들기 위해 다음과 같은 기록을 남겼다. 가능하면 기도 여행에 돌아온 후에 빨리 이런 기록을 남겨 두는 것이 좋다. 이 기도 여행 팀은 9명으로 구성되었다. 이 팀 구성원들은 오랫동안 인간관계, 서로의 영적 신뢰, 기도팀을 통해 선발되었다. 또한, 팀의 부부들은 서로 영적 전쟁에 관해 서로 훈련되기 위해 부부가 초청되었다. 이 팀은 놀라운 팀이었다고 느꼈다. 우리 팀은 함께 잘 연합하는 팀이어서 다시 이 팀들과 함께 기도 여행을 떠나고자 한다면 기꺼이 함께 동행할 것이다.

연구 조사

우리가 연구 조사를 시작했을 때에 주님께서 노프고로드(Novgorod), 러시아(Russia), 키에프(Kiev)와 우크라이나(Ukraine)를 위해 기도하도록 인도하셨다는 것을 느꼈다. 노프고로드(Novgorod)와 키에프(Kiev)는 러시아에서 가장 오래된 도시들이었다. 초창기 러시아 사람들은 그 지역에 정착하였다. 그들은 신비 종교를 섬겼으며, 그들은 많은 신들과 여신을 섬겼을 뿐만 아니라 볼로스(Volos), 제우스(Zeus), 소피아(Sophia)란 신들을 섬겼다. 이 부족들은 사람을 잡아 신들과 여신들에게 인간 희생 제물을 드렸다. 많은 부족은 다른 부족들의 아이들을 신들에게 희생 제사를 드리기 위해 유괴했다. 많은 부족의 아이들은 만일 부모들에게 순종하지 않으면 제우스에게 희생 제물로 드려질 수 있다는 말을 듣고 자랐다.

주께서 우리에게 보여주신 부족은 트리필리안 부족(Trypillian)의 문화였다. 이들은 4000여 년전 우크라이나 지역에 살아왔던 사람들이었다. 그들은 위대한 땅의 신(the Great Mother Earth)을 섬겨왔다. 이 여신은 쿠팔라(Kupala)와 디바나(Divanna) 혹은 다이아나(Diana)로 알려졌다. 우리는 이전에 이 여신은 우크라이나에 알려져 있다. 이 우크라이나 지역 중 하나인 지역이 데비크(Devich) 산은 오직 젊은 처녀들만이 용납되었던 지역이었다고 한다. 9월에는 제사장과 9명의 젊은 처녀들은 디바나(Divanna)에게 희생 제물을 드리기 위해 산에 올랐다. 이 여신은 산의 중간에 위치했고 9명의 여신숭배를 위한 젊은 처녀들은 9인치 사이로 떨어져 이 여신을 경배했다. 그런데 우리 팀도 9명으로 구성되어 있었다. 이런 이방숭배는 사람을 잡아 피를 뿌리는 희생 제사를 드렸다. 제우스숭배 또한 이 지역에서 등장하였다.

이 산에는 각 암놈 새들은 이 여신을 보호하는 수호신들이라고 생각했다. 이런 영향으로 이 지역에서 남자들은 여자들을 여신으로 여겼다. 우리는 이 지역에서 뉴 에이지 운동(a New Age group)의 한 그룹이 존재한다는 것을 발견했다. 이 그룹의 이름은 우크라이나의 영적 사람들(the Ukrainian Spiritual Republic)이란 이름이었다. 그들은 이 산에서 여신을 예배하는 일들을 복원하는 일에 헌신된 사람들이었다. 그들은 조상의 영적 통찰력과 그리고 세상에 있는 사람들을 위해 기도하고 있었다. 그들은 1년에 3번 이곳에 오고, 사람들이 이곳에 와서 영적 통찰력을 얻도록 홍보하고 있었다.

9세기 이 백성은 그 땅에는 다른 통치 수단이 없었고, 그들은 루릭(Rurik)이라는 바이킹을 그 땅에 와서 다스리도록 하였다. 그는 블라디미르(Vladimir)의 조상이 되었고, 러시아 사람들이 강제로 세례를 받도록 강요하여 러시아를 기독교화를 시도했던 사람이었다. 바이킹 족들은 이 땅에 세워졌던 신들과 여신들을 숭배하였다. 후에 블라디미르는 이 여신들과 신들을 숭배했고, 심지어 인간들을 산 채로 희생 제물로 드리는 일들을 자행했다.

988년 블라디미르는 러시아 정교에 세례를 받기로 하였다. 그가 세례를 받기로 한 것은 다분히 정치적인 이유 때문이었다. 그는 비잔틴 공주와 결혼하기로 원했는데 비잔틴 제국 왕가는 그가 만약 러시아 정교의 세례를 받아들이면 결혼을 허락한다고 말했다. 그 결과로 이 두 제국은 양자 간에 평화가 성립되었다. 결혼 후에 블라디미르는 노브고로드(Novgorod), 키에프(Kiev)의 모든 주민들은 세례를 받도록 요구했다. 그는 세례를 거부한 사람들의 집과 소유를 불태웠다. 그래도 복종하지 않으면 그들도 함께 불태웠다. 그때 노브고로드(Novgorod)에 볼가강(the Volga River)은 피와 죽은 시체로 가득 찼다고 전해진다. 그 당시 볼가강 길이는 거의 800미터였는데 사람들은 사람의 시체로 가득한 강을 도보로 걸을 수 있었다고 한다. 불행히도 우리가 거기에 머물러 있었을 때에는 상세한 정보를 얻을 수 없었다. 아마도 러시아 정교 사제들은 초창기에 이 강요된 세례가 기독교에 부정적인 영향을 미친다고 생각했기 때문에 이런 기록을 남겨두기를 원하지 않았을 것이다.

우리는 거기에 머무는 동안 볼가강에 흘려진 무고한 사람들의 죽음과 피를 생각하면서 이 강을 하나님께서 거룩하게 하시도록 기름을 부으며 기도했다.

블라디미르는 모든 이방인들의 우상들을 파괴했다. 그러나 백성은 그들의 신들을 성경에서 나오는 성인들과 선지자들로 대체했다. 예를 들어 이방인의 페룬(Perun)이란 신은 엘리야로 불러졌고, 목코샤(Mokosha)는 마리아로 불려졌다. 왜냐하면, 러시아 사람들은 러시아 정교의 제도와 권위에 복종하는 것을 원하지 않았기 때문에 그들은 이런 성경적인 인물들을 그들 자신의 종교의 인물로 대체하였다.

노브고로드(Novgorod)

우리는 노브고로드(Novgorod)와 키에프(Kiev)에 기도 여행을 떠나기 전에 지구촌 추수 사역(Global Harvest Ministries)에 주최하는 기드온 군대(Gideon's Army)의 세미나에 참석했다. 이 회의 초점은 위도와 경도 40도와 70도 사이에 위치한 유럽 국가의 영적 돌파구를 마련하기 위한 세미나였다.

우리 팀 구성원 중의 한 사람은 우리가 독일에 가기 전에 하나님으로부터 어떤 지시를 받았다. 주님은 우리가 열쇠와, 기름과 겨자씨를 가지도록 하게 했다. 이것은 하나님께서 러시아에서 영혼의 추수가 있게 될 것이며 이것들을 예언적 행동(a prophetic act)으로 사용될 것이라고 말씀하셨다.

우리가 그 기도 여행 전에 그 세미나에 참석했던 중보기도 중의 하나는 우리가 하나님께서 유럽 국가의 경도 40도와 위도 70도 사이에 하나님의 계획을 푸는 도구로 사용될 것이라고 말했다. 이 말은 우리가 하나님의 계획을 잘 알고 있었고 우리가 우리의 결과로서 영적 돌파구를 마련할 것이라고 말했다.

우리는 이 모임을 마치고 노브고로드(Novgorod)를 향해 출발하기 전에 성 피터스버그(St. Petersburg)로 비행기를 타고 갔다. 우리 팀의 한 구성원은 그날 밤 한 숨도 잘 수 없었다고 말했다. 그녀는 대적들이 그의 기도를 방해하고 있다는 것을 알았고, 그녀는 공포의 영이 그녀를 공격하고 있다는 것을 알았다. 그녀는 다시 기도하기를 시작했고 찬양하면서 그녀의 영이 되살아나는 것을 느꼈다고 했다. 주님은 시편 105편과 108편을 주셨다. 그녀는 시편 105편 1-15, 39-45절을 읽었다. 그녀는 주님이 열방들의 땅을 사람들에게 주셨다는 것을 알았다. 그런데 그녀가 읽고 있는 성경이 시편 105편이었는데 그날이 바로 10월 5일이었다는 것을 알고 이것이 그녀의 팀에게 주시는 말씀으로 이해하였다. 그녀는 이 말씀이 전쟁터로 가기 전에 우리에게 주는 약속의 말씀으로 느꼈다. 그리고 주님은 시편 108편을 가르치셨다. 그녀가 깨었을 때에 주님께 찬양하였다. 주님은 시편 108편 13절을 사용하여 하나님과 함께할 때에 우리가 승리를 얻을 것이며 하나님이 대적을 흔들 것이라는 말씀을 그녀에게 주었다.

우리 팀은 다음 날 저녁에 만남을 가지고 말씀을 나누었다. 그런데 다른 팀 구성원은 시편 106편과 107편을 묵상했다고 고백했다. 우리 팀이 묵상한 시편 105, 106, 107, 108편은 우리가 노브고로드(Novgorod)에서 사역할 일정과 같았다(10/5, 10/6, 10/7, 10/8일).

우리는 10월 5일에 러시아의 노브고로드(Novgorod)에 도착했고, 10월 6일에 기도를 시작했다. 그날 노브고로드에서 영어를 할 줄 아는 가이드를 붙여주셨다. 그녀는 신자는 아니었지만, 그녀는 우리를 잘 도와주었다. 그녀는 우리가 러시아의 키에프(Kiev)와 노브고로드(Novgorod) 지역의 역사를 알고 있는 것에 매우 놀랐다. 그녀가 우리에게 알려준 러시아의 역사는 아주 유익했다. 그녀가 준 정보에 따르면 러시아 역사에 있어서 노브고로드(Novgorod)는 러시아 역사의 아버지라고 불려졌고 키에프(Kiev)는 러시아 역사의 어머니로 알려진 만큼 아주 중요한 지역이었다. 이것은 전략적 기도 여행을 하는 데 있어서 아주 정확한 정보를 주는 것이었다.

노브고로드(Novgorod) 사람들은 성 소피아(St. Sophia)와 징조의 여신을 숭배했다(Our Lady of the Sign). 그들은 노브고로드(Novgorod)를 보존하고 성장시키는 존재로 여겼으며 이 여신들에게 영광을 돌리며 숭배했다. 이 지역에는 전쟁과 갈등으로 점철되어 왔다. 세계 제2차 대전에 독일 나치가 침략한 후에 이 지역은 오로지 42명의 시민만 생존했다고 한다. 이 지역의 전 역사를 통해 볼 때 이 지역 사람들은 수많은 전쟁과 무고한 피를 흘렸다. 이 지역은 또한 하늘의 여왕(The Queen of Heaven)을 숭배하였다. 이것은 우리가 우상을 숭배할 때 재난을 당하고 고난과 저주를 받는다는 것을 생각할 때 이 지역이 왜 이런 전쟁과 재난이 일어났는가를 알려주는 것입니다. 우리는 이날 이 지역에서 기도하였다. 가장 중요한 장소는 예수님이 오시기 전에 수천 년 동안 이 지역 사람들이 페론숭배(Perun)를 하였던 지역이 바로 페론 지역이었다. 러시아 정교는 후에 이 장소에 수도원을 세웠고, 교회는 이방신의 숭배 자리에 희생 제사를 드렸던 사람들의 묘지 위에 교회를 세웠다. 우리가 이 지역에 도착했을 때 이방 종교의 사제는 와서 이 지역의 역사를 소개하여 주었다. 그는 이 이방신 신전 터 위에 교회가 세워졌다는 것을 자랑하였다. 그는 이 지역 주민들은 미래에 페론숭배가 더 왕성하게 할 의도로 이 지역에 신전을 새울 것을 원한다고 말했다.

우리는 그가 우리에게 말한 후 우리가 신전 안에 들어갈 수 있는지 물어보았다. 우리는 그 신전에 들어가 마리아숭배를 하려고 타고 있는 촛불을 몰래 껐다. 우리는 더 걸어가고 있을 때 우리는 낮게 깔리는 저음과 같은 신음하는 소리를 들었다. 그런데 이런 소리는 높은 마귀가 소리치는 소리와 같은 소리를 듣는 것 같았다. 이것은 1~2분가량 지속되었다. 인간이 이런 소리를 내는 것은 불가능한 것처럼 보였다.

우리 팀 구성원들 모두는 이런 소리를 직접 들었다. 우리가 무덤에 가까이 갈수록 더욱 큰 소리도 들렸다. 말할 것도 없이 우리는 이 지역에서 기도하였다. 우리는 사람들이 페론과 이방신에게 희생 제사를 드렸던 지역에서 이 마귀적인 숭배의 능력을 깨뜨리기 위해 기도하였다. 우리는 이런 영적 세력들의 능력을 깨뜨리기 위해 기도하였고 주께서 이 땅을 고치시기를 기도하였다. 우리는 기름을 칠한 열쇠를 그곳에 묻었다. 우리는 시편 106편 34-48절을 읽으면서 주님께 예배하였다. 우리는 이 신전이 마리아숭배와 하늘의 여왕에게 사람들이 숭배하지 말도록 선포하며 기도하였다.

우리는 그 교회 주변을 돌면서 기도했고 기름으로 교회의 문과 땅을 기름칠했고 저주와 죽음의 영이 부서지도록 기도했다. 우리가 버스로 걸어왔을 때에 사제는 교회 밖으로 걸어 나왔고 약간 혼란스런 얼굴의 표정을 한 채 우리를 쳐다보았다. 우리는 그 수도원에서 기도하는 모습을 보지 못했다. 우리는 왜 그가 이런 표정을 하였는가를 알 수 있었다. 아마도 그는 그 수도원에서 어떤 영적 분위기를 알아차렸던 것으로 짐작했다. 그렇지 않았다면 그가 밖으로 나와 우리를 그런 혼란스런 표정으로 유심히 쳐다보지 않았을 것이다.

우리는 10월 7일에 놀라운 일을 하게 되었다. 우리는 영어를 할 줄 아는 안내원이 없었음에도 이런 놀라운 일을 할 수 있었다. 우리는 이런 일들을 아무런 방해도 받지 않고 기도할 수 있었다. 우리의 안내원이었던 러시아 여자는 우리가 기도하기를 바랬던 장소에 관한 모든 자료와 정보를 주었다. 유리는 이전에 연구했던 연구 조사에서 노브고로드(Novgorod)의 지역에 관한 연구 조사를 우리 안내원이 다시 확인해주는 결과가 되었다. 이 장소는 모든 러시아 정교의 도시 중에서 가장 거룩한 도시라고 여겨졌다. 러시아 사제들은 도시에서 과거 20년간 부흥을 경험했다. 러시아 안내원은 러시아 정교 사제들은 노브고로드(Novgorod) 도시에서는 오직 4개의 침례 교회와 1개의 카톨릭 교회밖에 없다는 것을 자랑스럽게 말한다고 말했다.

우리는 이 장소의 많은 곳에서 기도했다. 대부분 장소는 소피아(Sophia)와 하늘의 여왕(the Queen of Heaven)에게 헌신된 러시아 정교 교회들이었다. 그중에 성 소피아 사원과 자비의 동정녀 사원(the Virgin of Mercy)이라는 두 개의 가장 중요한 장소들이었다. 우리는 로마에서 경험했던 것처럼 하늘의 여왕에게 헌신된 장소는 너무 영적으로 강했다. 성 소피아 사원은 노브고로드(Novgorod)에서 가장 큰 사원이었고, 자비의 동정녀 사원(the Virgin of Mercy)은 19세기에 세워졌고 두 번째로 큰 사원이었다. 우리는 그 사원을 예배하는 시간에 들어갔는데 우리는 거기에서 큰 슬픔을 느꼈다. 모든 형상과 그림들은 동정녀 마리아를 숭배하는 그림과 형상이었다. 우리는 그 장소에서 예수님은 보좌에 앉아있지 않으셨고 마리아 위에 앉지 않고 있다는 것을 발견했다. 동정녀 마리아는 하나님과 예수님과 함께 있었고 예수님은 단지 그녀 옆에 있었다. 동정녀 마리아는 보좌에 앉아 있었던 것처럼 하늘의 여왕(소피아)도 예수님과 동정녀와 같이 왕관을 쓰고 있었다. 예수님만을 영광스럽게 한 러시아 정교 교회는 한 교회도 없었다. 이런 모습은 로마 카톨릭 교회에서 본 그대로였다. 사제들은 모든 사람에게 성자들에게 촛불을 밝히도록 양초를 사라고 하였다. 우리 기도 구성원들은 더 많이 기도할수록 하나님의 보호를 받고 더 많은 하나님으로부터 응답을 받았다.

수도원 안에서 우리는 기도하고 영적으로 분별하고 우리는 밖으로서 나가 수도원 뒤에서 다시 기도하였다. 우리는 어둠의 세력에 빠져 어둠에 결박되어 있는 사람들을 생각하며 울었다. 우리는 그곳에서 하늘의 여왕의 파워가 깨지도록 기도하였고 그 장소가 하나님 한 분만 예배하는 자리가 되도록 기도하였다. 우리는 어둠의 영이 붙잡고 있는 영들을 결박하고 기도하였다. 우리는 또한 러시아 정교 사제들이 예수 그리스도 안에 있는 진정한 지식을 알도록 하나님께서 그들의 꿈과 환상을 통해 나타나 역사 하시도록 기도했다. 우리는 그다음에 주님을 찬양하고 그에게 찬양으로 영광을 돌렸다. 우리는 열쇠에 기름을 바르고 겨자씨를 그 장소에 묻었다. 그 당시 하나님의 임재는 놀라웠고 값진 경험이었다.

다음에 우리는 소피아 사원으로 자리를 옮겼다. 우리는 그 사원에 들어가기 전에 그 서원 밖에서 일어났던 수백 년 전에 일어났던 과거의 슬픈 역사를 알고 있었다. 우리는 키에프(Kiev)와 노브고로드(Novgorod) 지역을 다스렸던 이반(Ivan)이란 사람이 이 지역 다스렸다는 것을 알았다. 그는 노브고로드(Novgorod) 지역의 백성은 다루기가 어려워서 사람을 잔인하게 취급하였다. 그는 이 지역에 도착했을 때 군인들을 시켜 여자 아이들, 노인들, 남자들을 무더기로 잡아 소피아 사원 밖에 집합시켰고 죽였다. 그때의 기록에 따르면 소피아 사원의 바닥은 피로 물들었다고하다. 그 후에 이반이란 지도자는 성 소피아 사원에 매일마다 개최된 예배에 참석했다. 그는 아무런 도움을 받을 수 없던 무고한 시민들을 학살한 후에 그는 예배에 참석하였는데 그는 사제들에게 죄를 고백하고 용서를 빌었다고 한다. 그러나 다시 예배를 마친 후에는 다시 무고한 시민들을 살해 하는 일을 계속했다고 한다. 이 살육은 2주간 동안 계속되었다. 그는 수백 명의 사람을 살해하였고, 그가 이렇게 사람들을 죽인 이유와 의도는 노브고로드(Novgorod) 사람들이 너무 자유로운 사고방식을 갖고 있어서 그 백성을 쉽게 다스릴 수 없기 때문이라고 하였다. 그는 완전히 무력으로 그 지역의 사람들을 다스리려고 사람들을 죽였다. 이런 사건은 이전에 이 지역에서 사람들에게 러시아 정교를 백성에게 강요하고 세례를 강요했던 블라디미르(Vladimir)란 지도자와 같이 행동했다. 이런 악한 행동과 통치 행위는 하늘의 여왕의 권세 아래 행해졌다. 우리는 여기에서 죽음과 통제의 영적 세력을 결박하고 깨뜨리기를 위해 기도했다.

사원 안에서 우리는 기도하기를 시작했다. 이 사원은 마리아의 형상을 만들어 숭배했다. 수백 년 동안 러시아 군대의 군인들은 전쟁에 나갈 때마다 마리아숭배를 위한 형상을 앞세우고 나아갔고, 전쟁에 승리를 얻기 위해 이 마리아에게 기도했다. 이 마리아는 전쟁의 승리를 보장해주는 존재가 되었던 것이다. 군인들은 성의 벽에 마리아 형상을 걸어놓았다. 그들은 마리아가 전쟁에서 승리를 가져다 주고 있다고 믿었다. 이 소피아 사원은 블라디미르(Vladimir)의 아들, 야로스라프(Yaroslav)가 건축하였다. 이 사원은 콘스탄티노플(Constantinople)에 있는 성 소피아 신전과 자매 사원으로 고려된 키에프에 있는 성 소피아 성당과 관련이 있었다. 이 3개의 사원이 마리아숭배와 관련되어 있다는 것을 고려할 때, 대적의 견고한 진이었음이 분명하다.

나의 남편은 이 마리아 형상 앞에 나아가 그것을 쨰려보았고 하나님께서 이런 우상숭배를 무너뜨리도록 기도하였다. 그는 마리아를 숭배하지 않았고 인사하지 않았다. 그런데 마리아에게 숭배하고 성호를 긋기 위해 다가온 한 늙은 여자는 그가 마리아에게 적당한 숭배의 태도를 보이지 않자 화가난 모양이었다. 즉시 그 여자는 마리아 형상 앞에 나아와 키스를 하고 숭배하고 성호를 그으며 숭배했다. 나의 남편은 이 마리아 형상에 숭배를 하는 것은 미신이며 공포와 속박의 결과임을 알리고자 마리아에게 숭배하지 않고 절하지 않았던 것이다. 죽은 성자의 시체도 성당 안에 안치되어 사람들은 그들을 숭배하고 그들에게 키스했다. 사람들은 성자와 마리아에게 촛불을 피우고 있었다. 이 성당에 온 사람들은 마리아와 죽은 성자들을 숭배하기 위해 촛불을 사고 돈을 지불하고 그들의 기도가 응답되기를 바랬다. 우리는 기름을 손에 바르고 마리아 형상에 발랐다. 나는 마리아 형상 앞에 나아가 그녀의 눈이 파괴되도록 기도하고 이 지역 사람들을 더는 묶지 못하도록 선포하며 기도하였다. 우리는 그녀의 영적 파워가 무너지며 사람들을 다시는 암흑 가운데 묶어놓지 못 하도록 진정으로 하나님께 돌아오도록 기도하였다. 나는 성당의 기둥 중 하나를 선택하여 그곳에 기름을 묻힌 열쇠를 파묻었다.

우리는 함께 모여 이 영적 세력이 파괴되도록 연합하여 기도했다. 우리는 키에프와 콘스탄티노플에 있는 성 소피아 성당에 연관된 영적 결속을 분쇄하기 위해 기도했다. 우리는 시편 107편을 읽고 우리는 하나님께서 이 지역 사람들에게 영적 부흥을 주시도록 기도했다. 그리고 러시아 정교의 종교적 행태를 버리고 하나님께 돌아오도록 기도했다. 우리는 또한 이 지역에 있는 소수의 예수님을 주로 모시고 거듭난 신자들과 교회들의 사역에 축복하시고 그 결과로 그들의 예배에 오는 백성을 볼 수 있도록 기도했다.

우리의 목표는 이 지역을 붙들고 속박하고 있는 악한 영들을 물리치고 영적 부흥을 가져오는 것이었다. 이 지역에서는 분명히 마귀의 높은 지위를 차지하는 악한 세력들과 영적 전쟁이 일어나지 않았던 것이 분명했다. 주님은 우리가 이곳에서 높은 지위를 차지하는 정사와 권세에 대항하는 첫 번째 기도팀임을 알게 하셨다. 나는 우리 팀이 우리에게 맡겨진 사명을 충실하게 순종하는 팀이었다는 것을 알았다.

키에프(Kiev)

우리가 키에프에 도착했을 때, 우리가 그 지역에서 기도하기를 원하던 지역을 안내할 사람을 만났다. 우리는 거기에서 우리를 인도할 크리스천 안내자를 만났다. 주님이 우리에게 기도해야 할 중요한 지점을 가르쳐주셨기 때문에 우리는 트리필리안 문화(Trypillian culture)와 데비크 산(the Devich Mount)을 알고자 했다.

동굴 위에 위치한 수도원은 키에프에서 영적 전쟁을 위한 전략적인 곳이였다. 나의 남편은 이 지역을 잘 설명해줄 성경 대학에서 성경을 가르치는 성령 충만한 강사가 있다고 말했다. 그는 이 지역에서 하나님을 예배하는 일에 적극적으로 활동하고 있었다.

10월 9일 우리는 키에프에서 기도를 시작했다. 우리는 우리를 위해 중보기도 하는 중보기도자들로부터 키에프에서 놀라운 일들을 경험할 것이라는 예언의 말씀을 들었다. 이것은 후에 사실임이 판명되었다. 우리는 세계 제2차 대전에 독일 나치가 10만 명의 유대인과 우크라이나 사람들을 학살한 지역인 바빈 얄(Babyn Yar)이란 지역에 도착했다. 나치 군인들은 더 나은 안전한 장소로 그들을 이동시켜준다고 속여 그들을 구덩이에 모아놓고 총을 쏴서 죽였다. 그들은 거대한 구덩이에 사람들을 파묻었다. 우리의 안내원은 이 구덩이에 사람들을 산 채로 묻었기 때문에 그 지역에 주민들이 구덩이로부터 신음하는 소리를 들었다고 말했다. 우리는 이 자리에서 나치 군인들이 사람들을 학살했던 죄악을 안고 회개했다. 우리는 창세기 4장 6~10절에서 아벨의 피가 땅에서 호소하는 구절을 보면서 무고하게 죽은 사람들을 생각하며 그 구절을 읽었다. 그다음에 우리는 땅에 무고하게 흘려진 피의 희생을 정결하게 해달라고 기도했고 그 지역에 사는 영혼들이 주님께 돌아오도록 기도했다. 우리는 그 땅을 향해 과거로부터 영적으로 자유롭게 되도록 자유를 외쳤다. 하나님은 이런 기도를 키에프에서 사역을 할 동안 계속 하도록 하셨다.

우리는 키에프의 성 소피아 성당 주변에서 마귀의 패배를 선언하며 예수님이 주님이시며 오직 유일한 구원자이심을 선포했고 키에프에서 숭배될 것이라는 것을 선포했다.

다음에 우리는 블라디미르를 기념하는 기념비에 서서 기도했다. 우리는 사람들에게 강제로 세례를 받게 하고 그것을 반항하는 자들을 살육한 죄와 마귀들의 속박에 대항하여 그들의 세력과 능력이 패배했음을 선포했다. 우리는 블라디미르가 자신이 러시아와 우크라이나에 기독교화하는 데 큰 책임을 다하였다는 거짓을 대항하며 기도했다. 그런데 블라디미르 전에 러시아는 기독교가 전래된 역사적 사실을 발견했기 때문이었다. 우리는 하늘의 여왕숭배와 더불어 블라디미르를 숭상하는 성 블라디미르 성당에 멈추었다. 블라디미르 성당에는 블라디미르는 성당 벽에 예수님처럼 숭배되고 있었다. 만약 어떤 사람이 처음 방문했다면 아마도 블라디미르는 그 성당에서 예수님의 위치를 차지하고 있다고 착각이 들 정도였다. 사람들은 성인들과 마리아를 숭배하고 있었다.

성당 벽에는 여신의 형상이 있었습니다. 우리는 이 여신이 누구냐고 사제에게 물었는데 그는 이름을 몰랐다. 우리는 성당을 청소하는 여자에게 이 여신이 누구냐고 물었다. 그녀는 이 여신은 절대군주와 같은 존재였다고 말했다.

그 여자는 우리가 이 교회를 좋아한다고 말했다. 나는 우리가 다니는 미국의 교회는 러시아 교회와 아주 다르다고 말했다. 그리고 우리는 마리아에게 기도하지 않고 예수님께 기도한다고 말했다. 그녀는 예수님과 성경에 대해 많은 호기심을 가지고 질문했다. 그녀는 성경을 읽지 않는다고 말했다. 왜냐하면, 그녀는 단지 사제가 말하는 것을 듣는다고 말했다. 그녀는 마리아가 가깝게 있기 때문에 마리아에게 기도한다고 말했다. 우리가 그 여자에게 복음을 나눌 때에 어떤 다른 여자가 우리에게 접근하여 러시아 말로 소리를 질러댔다. 우리의 안내원 야나(Yana)가 진정시켜도 그 여자는 계속 소리를 질러댔다. 우리 안내원은 이 여자와 대화를 시도하던 나를 잡아 끌어내면서 그만 하라고 말했다. 나는 그녀가 무슨 말을 하며 소리를 질러대느냐고 물었다. 우리 안내원은 우리가 예수님께 기도하는 것을 가르치기 때문에 그녀가 생각할 때 청소원 여자에게 다른 종교를 강조하고 강요하고 있다고 비난하고 있다는 것이었다.

우리는 주변으로 피했고 잠시 후에 그 청소부는 다시 와서 더욱 많은 복음의 진리에 대해 알고자 하였다. 우리는 그녀가 원한다면 예수님과 복음에 대해 더 자세히 알려줄 수 있다고 말했다. 그녀는 그전까지 복음과 예수님이 기도를 받으신다는 진리를 전혀 들어보지 못했다고 말했다. 그리고 그녀는 집에 가서 다시 성경을 연구하겠다고 말했다. 우리는 자비의 마음으로 주님께서 그녀를 축복하기를 바라는 뜻에서 약간의 돈을 그녀에게 주었다. 우리는 그녀를 위해 기도했다. 후에 우리의 안내원이었던 야나(Yana)는 그녀의 교회를 그녀에 초대했다는 말을 들었다. 야나는 기도팀이 기도할 때 어떤 사람이 복음에 관심을 가지고 그런 일이 성당 안에서 일어난 일은 거의 드문 일이라고 말했다. 그녀는 우리의 기도가 어둠의 세력들을 물리치는 증거라고 말했다. 우리는 밖으로 나오면서 러시아 여성을 위해 기도했고 야나를 향해 소리쳤던 여성을 위해서도 기도했다. 야나를 향해 소리쳤던 여성은 야나에게 접근해서 그녀가 소리쳤던 일을 사과하고 우리의 대화를 방해한 것에 대해 미안하다고 사과했다. 야나는 성당에서 일어난 일은 평범한 일이 아니라고 말했다.

우리는 키에프 시로 들어가는 원래의 관문 지역이었던 현재의 게이트 타워(the Gate Tower)에서 기도했다. 고대에 유로스라프(Yorolsav)란 통치자는 이 문으로 들어오는 사람들에게 들어오는 대가인 통관세로 금을 요구하였다고 한다. 우리는 이 탑의 꼭대기로 올라오면서 주님이 우리에게 주님을 찬송하도록 한다는 것을 느꼈다. 우리는 과거에 역사 하던 이곳에서 주님을 찬양하고 문으로 들어오는 사람들이 주님을 찬양하도록 기도했다. 우리는 이 지역에서 주님이 영광을 받으시고 왕이심을 선포했다. 유리는 이곳에서 자유의 목소리가 선포되고 있다는 것을 느꼈다. 우리는 성문의 꼭대기로 올라가 동서남북을 바라보며 도시를 향해 한목소리로 '자유'(freedom)를 3번 외쳤다. 우리는 이 선포가 놀라운 기름부음이 있다는 것을 느꼈다. 우리는 매번 어떤 지역에서 영적 자유를 선포할 때마다 느꼈던 것처럼 이번에도 그것을 느꼈다. 우크라이나 사람들이 이제는 공산주의 통치 가운데 있지 않지만, 그들은 공산주의 통치 아래 오래 있었기 때문에 아직도 그 영향 아래 있다고 느꼈다. 우크라이나 사람들은 아직도 자유롭게 웃고 그들 자신을 표현하는데 아직 익숙하지 않은 것 같았다. 우리는 우크라이나 사람들은 영적 자유를 맛보도록 기도하는 것이 우리의 기도 제목이었다.

    그날 저녁 우리는 저녁을 먹기 위해 호텔 로비에서 기다리고 있을 때, 우리 구성원 중 한 사람이 내려와서 뭐하느냐고 물었다. 그는 트리필리안 문화(Trypillian culture)와 데비크 산(the Devich Mount)의 장소를 찾는데 어려움을 가지고 있다고 말했다. 우리가 기도하고 있을 때 우크라이나 신학교를 졸업한 블라드(Vlad)다는 우크라이나 성도가 와서 도와주겠다고 말했다. 그는 피터 와그너 박사의 영적 전쟁과 기도에 관한 책을 5권을 읽었다고 했다. 그는 영적 전쟁과 기도에 대해 더 배우고 싶었다고 말했다. 그는 트레포리(Trepolie)라고 불린 이 지역에서 목사들과 사역자들이 사역하기에 어려움을 겪고 있다고 말했다. 그런데 우리 구성원 중 한 사람이 이 우크라이나 신자인 블라드에게 이 지역 이름이 무엇이냐고 다시 물었다. 그는 다시 트레폴리(Trepolie)라고 말했다. 그런데 이 지역은 놀랍게도 우리가 찾고 있었던 트리필리안 문화(Trypillian culture) 지역이었다. 블라드는 우리 팀이 기도하기 위한 지역의 모든 장소를 알았다.

러시아 정교 개혁 운동에 참여하고 있던 세르게이(Sergei)라는 러시아 정교 제사장은 목요일에 수도원 동굴에서 만날 수 있다고 말했다. 그는 지하 터널이 180마일 되는 지역과 수도원 사이에 대해 우리에게 정보를 전해 줄 수 있다고 말했다. 우리는 세르게이가 우리에게 기도하기 위한 중요한 정보를 주기를 기대했다. 그날 우리는 기도하면서 우리가 그 지역의 사탄의 견고한 진을 파할 것을 기대하고 준비했다.

수요일 날 우리는 트리폴리로 갔다. 우리는 그 지역의 박물관에서부터 여행을 시작했다. 우리는 슬라브 지파들(the Slavic tribes)이 독수리와 사슴을 숭배하였다는 것을 알았다. 나는 주께서 데비크 산(the Devich Mount)의 영향으로 그 지역에 있는 마을들을 위해 기도하라는 것을 느꼈다. 그날 우리는 산에 올라가 기도했다. 그리고 우리는 비타치프(Vytachiv)라는 마을로 가서 기도했다. 이 마을은 뉴에이지 운동 그룹의(the Ukrainian Spiritual Republic) 영향 아래 있었으며 교회는 하나도 없었다.

우리는 이 마을 모퉁이에 가서 기도했고 우리는 나무로 만든 작은 신전과 하늘의 여왕(the Queen of Heaven)에게 봉헌된 모퉁이에 가서 기도했다. 우리는 여기에서 뉴에이지 운동의 그룹이 여기에서 산들과 신전을 보면서 그들이 하늘의 여왕을 숭배했다는 것을 알고 놀랐다. 우리도 하늘의 여왕에 봉헌된 그 장소로 달려갔다. 이 뉴에이지 그룹들은 위대한 땅의 신(the Great

Moist Mother Earth)에게 땅을 봉헌한 그림과 글씨를 갖고 있었다. 그들이 봉헌한 돌에는 음양(ying and yang)을 상징하는 모습이 있었다. 마지막 돌에는 하늘의 여왕과 독수리가 날개를 펼친 그림이 있었다. 우리는 나무로 된 신전 안으로 들어가려고 했다. 이 나무로 된 신전 안에는 하늘의 여왕의 그림이 있었다. 우리는 그 다음 날 신전 꼭대기에 이상하게 생긴 십자가를 보았다. 그 그림에는 이상한 퍼즐이 있었으나 우리는 알 수가 없었다.

우리가 이 신전을 보는 동안에 차가 한 대 도착했다. 그 사람은 바로 도시의 시장이었다. 시장은 열쇠를 가지고 와서 우리가 들어가도록 허락해 주었다. 그는 우리가 그 신전 안에 들어가도록 허락했을 뿐만 아니라 신전의 곳곳을 살펴보도록 허락했다. 우리의 한 팀은 그 시장의 주위를 환기시키기 위해 그와 잡담을 하고 있었다. 신전 안에는 하늘의 여왕에게 봉헌된 이상한 물건들이 많았다. 예수님의 모습은 이상하게 그려져 있었다.

신전 벽에는 이 뉴에이지 그룹들과 하늘의 여왕의 형상을 휘장으로 봉해진 마을과 언약을 맺고 있다는 것을 알 수 있었다. 그날은 1992년이었다. 이 해는 바로 성 야곱 성경 대학(St. James Bible College)이 문을 연 해였다. 이 학교는 성령으로 충만한 지도자를 양성할 목적과 복음을 이 지역에 효과적으로 전파할 목적으로 세워졌다. 이 학교에서 집중적인 교과 과정을 통해 영적 전쟁과 중도 기도자들을 훈련하는 학교였다.

나는 이 학교 출신이었던 우크라이나 지도자인 블라드에게 그의 사명은 이 지역에서 이런 사역을 하도록 주께서 부르셨다고 말했다. 그런데 우리의 원수인 마귀는 같은 그 해에 이 지역에서 뉴에이지 운동의 그룹을 통해 키에프와 우크라이나 지역에서 영적 활동을 시작하고 있었다는 것을 알았다. 나는 그에게 그날부터 그와 그를 따르는 지도자들이 이 땅에서 영적 전쟁과 효과적인 중보기도 사역을 할 수 있도록 부르셨다고 말했다. 그리고 그들의 사역을 통해 이 지역에서 어둠의 세력이 붙들고 있는 영적 억압이 풀리고 하나님 나라가 확장되도록 기도했다. 우리는 이 지역에서 교회가 영적 돌파구를 마련할 수 있도록 기도했다.

우리는 이 지역에서 하늘의 여왕의 권세가 무너지도록 영적 전투기도를 드렸다. 그리고 성령님이 이 지역에서 능력으로 역사 하시도록 기도했다. 우리는 신전 안에 있는 모든 형상 위에 기름을 붓고 마귀의 세력들이 무너지도록 기도했다. 그런데 그 순간 마리아숭배의 그림이 떨어졌고 우리는 마리아숭배가 완전히 무너질 수 있도록 선포했다. 이 뉴에이지 그룹들이 마리아를 다시는 숭배하지 않고 진정한 하나님을 섬기도록 기도했다.

우리 팀은 풍차 속으로 들어갔다. 우리는 그 안에서 이 뉴에이지 운동이 건축하기를 바라는 3개의 신전 건축의 그림이 있었고 그 안에는 부처(Buddha)의 그림과 하늘의 여왕의 그림을 보았다. 우리는 그 안에서 이 뉴에이지 운동의 리더가 쓴 뉴에이지 신념과 하늘의 여왕에 관한 글들과 책을 발견했다. 이 책들과 글들은 이전과 같이 하늘의 여왕과 언약을 맺는 내용이었다. 우리는 거짓 속임수가 사라지고 하나님께서 이 지역 사람들에게 구원을 주시도록 기도했다.

우리는 신전의 코너에서 둘러서서 손을 잡고 주님을 찬양했다. 우리는 주님의 임재를 느꼈다. 우리는 이 돌에 새겨진 하늘의 여왕의 세력을 파하고 3개의 신전이 결코 세워지지 못하도록 기도했다. 블라드는 기름을 바른 열쇠와 겨자씨를 돌에다 파묻었다. 그때에 시장은 우리를 보고 있었다. 그는 우리가 마리아를 숭배하고 있는 것으로 알았다. 우리는 돌아오면서 시장의 집을 잠깐 들렀다. 그는 이 마을과 이교 숭배 사상에 관한 책자를 선물로 주었다.

우리는 버스에서 도끼를 들고 있는 뉴에이지 운동의 지도자를 보았다. 그는 도끼를 들고서 이 지역에 수많은 사람을 잔인하게 죽였다고 전해진다. 우리는 이 지역의 5개 마을의 중심가도 기도하러 갔다. 우리는 지역 사람들을 축복하고 데비크 산으로 갔다. 우리는 그 산에 올라가서 자유를 외치며 선포했다.

하늘의 여왕숭배와 연관된 고대 잔해들은 출토되었다. 이 산은 하늘의 여왕을 숭배한 사람들을 파묻은 지역이었고 죽은 사람의 거대한 무덤이 되었다. 우크라이나 뉴에이지 그룹들은 그전에는 축제나 경축 기간 동안에 와서 제사를 드렸는데 지금은 날마다 와서 제사를 드리다시피 하고 있었다.

우리가 산 정상에 올라왔을 때에 산 밑에 사는 마을 사람들이 와서 우리도 우크라이나 뉴에이지 그룹이냐고 물었다. 그들은 이 산에 우크라이나 뉴에이지 그룹이 와서 최근 타임캡슐을 묻고 그 묻은 자리를 알아보려고 별 모양을 그려놓았다고 말했다. 이 별 모양은 다윗의 별 모양이었는데 그 의미는 무당과 마술을 상징했다. 이 별 모양은 러시아의 장군 블라미디르를 상징했다. 그는 신전을 많은 이방신들에게 봉헌했다. 나는 이 별의 상징은 하늘의 여왕숭배와 연관되어 있다고 생각되었다. 이 뉴에이지 그룹은 키에프와 우크라이나 지역이 과거와 현재와 미래에 하늘의 여왕에 헌신하고 이 우상에게 영광을 드리고자 하였던 것이다.

우리는 이 산에서 한 시간 동안 기도하였다. 우리는 이 지역의 사람들의 죄악과 우상숭배를 끌어안고 회개 기도를 했다. 우리는 죽음의 영, 우상숭배의 영, 공포, 무당, 적 그리스도의 영이 무너지도록 기도했다. 우리는 동서남북을 향해 자유를 외치며 선포했다. 우리는 기름을 바른 열쇠를 묻고 타임캡슐 바로 옆에 겨자씨 씨들을 묻었다. 블라드는 러시아 성경과 우크라이나 성경을 이 산에 묻고자 하였다. 우크라이나 뉴에이지 그룹들이 캡슐을 묻고 시멘트로 묻었기 때문에 파는 것은 어려웠다. 그러나 블라드가 삽을 가지고 와서 나중에 그것들을 꺼내고 파괴했을 것이다. 나는 우리가 이날 수도원에서 기도하던 날은 놀라운 섭리의 날이었다. 나는 우리가 여기 오기 6개월 전에 키에프에 영적 돌파구를 마련할 하늘의 여왕에 봉헌된 물건들을 깨뜨리게 될 것이라는 주님의 말씀이 있었다.

우리는 이 연구 조사에서 1051년에 발견된 동굴 수도원을 발견했다. 이 동굴 수도원은 120여 명의 죽은 성인들의 뼈와 유명한 의사들, 예술가들이 묻혀 있었다. 이 장소는 우크라이나에서 가장 성스런 장소라고 여겨졌다. 우리는 이 장소에 가기 전날 중보기도 하며 시간을 보냈다. 나는 하나님께서 놀라운 일을 행하실 것을 알았다.

우리는 아침 10시에 이 장소에 도착하여 러시아 정교의 개혁 교회 사제인 세르게이(Sergei)를 만나려고 기다렸다. 이것은 주님께서 계획하신 놀라운 만남이었다. 그는 와서 우리에게 이 장소에 관한 많은 정보를 제공했다. 그리고 그는 러시아 정교 사제들이 자기를 좋아하지 않기 때문에 함께 동행하는 것은 어려울 것 같다고 말했다. 그는 주님을 만나고 구원받는 사람들을 못살게 구는 종교 마피아와 같은 사람이 있다고 말했다. 사람들은 이 사람이 아직 살아있다는 것을 이상하게 여길 정도였다. 러시아 사제 세르게이는 같이 가겠다고 말했다. 그는 만약 이 러시아 종교 마피아가 자기를 알아보면 즉시 거기를 떠난다고 조건하에 동행하였다. 그는 이 장소에 들어갈 것을 미리 준비하겠다고 말했다. 나중에 우리는 알았는데 이로 인해 세르게이는 자기와 자기 가족이 살해 위협을 느끼며 살아가고 있다는 것을 들었다.

그는 러시아 정교에 내려온 하늘의 여왕숭배를 가르쳐주기 위해 강의했다. 그는 5-6세기에 러시아 정교에 이방주의 숭배 사상이 러시아 정교에 다양한 방법으로 들어왔다고 알려주었다. 러시아 제국주의 군주는 러시아 종교와 이방 종교를 혼합하였다. 러시아 군주 블라디미르란 군주는 기독교로 회심을 하지 않은 사람이었다. 우리는 블라디미르가 노프고로드(Novgorod)사람들을 죽여 볼가 강에 던졌다는 사실을 들었다. 그러나 사람들은 죽지 않기 위해 억지로 세례를 받았다고 말했다.

세르게이는 러시아 정교에서 모든 예배는 러시아 언어로 드려지는 것이 아니라 슬라브 민족 언어로 이루어졌다고 말했다. 러시아 정교는 수많은 사람에게 슬라브 민족 언어로 시험을 쳤는데 그들은 주기도문을 쓰지도 못했다. 심지어 사제들도 무엇을 기도하고 말하는지 몰랐다. 왜냐하면, 그 당시 사람들은 러시아 말로 설교하고 말하면 쫓겨났기 때문이었다.

사제들은 그들이 설교하는 내용이 무엇인지 모르고 가르쳤다는 것이다. 사제들은 지극히 게으르고 돈을 좋아했다. 따라서 러시아 정교에서 성령님의 사역과 개혁을 방해하는 사람들은 바로 사제들이었다. 세르게이가 사역하는 교회에 어떤 사제들은 평상복을 입은 사제들이 참석하고 하나님의 말씀을 들으러 온다는 것이었다. 불행히도 많은 사람은 죽음의 위협 때문에 세르게이 교회에 참석하지 못한다고 했다. 세르게이는 지하 수도원에서 가까운 곳에 수녀원이 발견되었는데 수녀원 옆에는 죽은 자와 낙태된 아이들의 시신이 발견되었다고 말했다. 사제들이 이 낙태된 아이들의 아버지였던 것이었다. 동성애를 한 사람들도 사제들 사이에 있었다. 그들 중에 많은 사람은 알코올 중독자였고 마약을 하는 사람들이었다. 세르게이는 많은 사제를 주님께로 인도했다. 그는 빨간 깃발을 우크라이나의 중요한 지역에 세워 놓고 그곳에 하나님의 역사가 일어나도록 기도했다. 그는 또한 다른 나라에서 사람들이 와서 이 지역에서 영적 돌파구를 마련해 줄 사람들이 오도록 기도했다는 것이다. 우리는 그의 기도가 응답된 사람들이었던 것이었다. 우리는 서로 기도가 응답되었던 사실을 함께 기뻐했다.

나는 이 지역을 붙들고 있는 견고한 지역이 어딘가를 물어보았다. 그는 즉시 동굴이라고 말했다. 이 동굴은 우크라이나 지역에서 놀라운 기적의 장소로 알려진 곳으로 120명의 죽은 성인들의 무덤으로 알려진 지역이었다. 그는 우리에게 타락, 욕심, 저주, 동성애, 죽음, 공포, 정치적 타락, 무당, 적그리스도의 영에 대항하여 기도하도록 요청했다. 우리는 이 영적 세력들을 대항하여 기도한 후 수도원에 들어갔다.

우리는 지하의 수도원에 들어가고 있었을 때 경찰이 소리쳤다. 그것은 사람들의 행렬을 방해하지 말라고 경찰이 러시아어로 소리친 것이었다. 우리는 몰랐지만, 이 날은 10월 11일로 죽은 120명의 성인들의 뼈를 경축하는 축제의 행렬이었던 것이었다. 사제들, 수도사들, 러시아 정교도들이 행렬을 이루어 수도원에 들어가고 있었다.

그 행렬에 마리아숭배를 위한 형상을 앞에 두고 노래를 불렀는데 그 노래는 마치 장례식 노래와 같았다. 그들은 마리아와 죽은 영혼에 노래를 불렀다. 행렬은 500여 명이 되었고 30분 동안 계속되었다. 이것은 세르게이에게 슬픈 광경이었다. 나는 그에게 러시아 정교가 숭배 사상이냐고 물었다. 그는 그렇다고 대답했다.

　우리는 약 5분간 그 행렬을 기다리다가 수도원에 들어가고 있는데 차 한 대가 뒤에서 오고 있었다. 차에서 사제들이 내리자 세르게이는 자기가 여기에 있으면 문제가 될 것을 알았기 때문에 악수하고 급히 나갔다. 그는 우리가 수도원의 견고한 진을 찾아내 영적 돌파구를 이룰 것을 확신하고 갔다.

　우리는 행렬의 제일 뒤에 있었기 때문에 들어가는 시간이 1시간 30분 소요되었다. 그들은 행렬을 하는 동안 하늘의 여왕과 죽은 성인에게 노래했다. 그들은 하나님과 예수님과 성령님에게는 한 마디도 찬양을 부르지 않았다. 우리는 그들을 어떤 영적 중압감으로 그들을 압제하고 있다는 것을 느꼈다.

　우리는 수도원의 깊은 곳에 도달하여 기도하기를 시작했을 때에 어떤 여자는 기도하지 말라고 말했다. 터널은 3피트였고 거기에는 죽은 성인들의 시체를 담은 관이 벽에 죽 늘어서 있었다. 그들은 이 죽은 성인이 기름을 분출하여 그 결과로 사람들의 병이 치유된다고 믿었다. 다시 말해서 그들은 죽은 성인을 숭배하고 있었다. 세르게이는 많은 사제가 죽은 성인들과 이 터널에 산다고 말했다. 어떤 사람들은 10년 혹은 12년 동안 이 속에서 산다고 했다. 어떤 사제는 죽기까지 37년 동안 밖에 나오지 않고 이곳에 산다고 말했다.

　우리는 죽은 성인의 관에 기름을 바르고 영적 세력들이 깨지도록 기도했다. 우리는 죽은 성인과 마리아숭배를 위한 제단에 기름을 바르고 기도했다. 우리는 18개월 되는 아이를 데리고 온 할머니를 보았다. 이 할머니는 죽은 성인이 입을 맞추도록 관에 아이를 데려왔다. 우리는 이 광경을 가장 가까운 거리에서 보았다. 사제가 시간이 되어 올라가라고 해서 우리는 수도원 위로 올라왔다.

우리는 돌아와 이 숭배 사상과 마리아숭배를 대항하여 전투기도를 하였다. 우리는 모든 사탄의 견고한 진이 무너지도록 기도했다. 우리는 시편 111편을 읽고 하늘의 여왕의 세력이 무너지고 깨지도록 기도했다. 우리는 모든 사제들과 신자들이 참 하나님과 예수 그리스도를 믿고 돌아오도록 기도했다. 우리는 공산주의와 러시아 정교 사이에 견고한 영적 연합을 깨기 위해 기도했다. 러시아 정교가 공산주의 정부와 연합하여 온 백성과 키에프와 우크라이나에 영향력을 행사하는 노력이 폭로되도록 기도했다. 그리고 블라디미르가 러시아 기독교의 아버지라는 속임수가 무너지도록 기도했다. 그리고 죽은 성인들의 시체를 숭상하고 하늘의 여왕을 숭배하는 풍습이 무너지도록 기도했다. 그리고 우리는 예수께서 이 땅의 주인이심을 선포했다.

우리는 지역 교회에서 어떻게 우리가 영적 전쟁을 하였는지를 간증하였다. 교회 교인들은 어떻게 그 수도원에 들어가서 기도했는지를 듣고 놀랐다. 우리는 이 러시아 기도 여행에 주님이 놀라운 경험을 제공하셨다. 주님은 우리에게 사탄의 견고한 지역과 그것을 위해 기도하는 특권을 주신 것에 감사했다. 다음에도 주께서 우리에게 맡겨주실 과업을 기대하고 기다리고 있다. 이런 놀라운 기회를 주신 하나님을 찬양한다.

〈 참고문헌 〉

Alves, Elizabeth. *Becoming a Prayer Warrior: A Guide to Effective and Powerful Prayer*(Ventura: Regal Books, 2003)

Arnold, Clinton E. *Power and Magic: The Concept of Power in Ephesians*(Grand Rapids: Baker Book House, 1997)

_____. *Powers of Darkness: Principalities & Powers in Paul's Letters*(Downers Grove: Intervarsity Press, 1992)

Collins, Mary Ann. *Freedom from Catholicism*(Colorado Springs, Colo.: Wagner Publications, 2001)

_____. *Unmasking Catholicism: What Hides Behind the Modern Public Image?*(Lincoln, Neb.: iUniversity: 2004)

Connor, Kevin J. *Interpreting the Symbols and Types*(Portland: Bible Temple Publishing, 1992)

Damazio, Frank. *The Making of a Leader*(Portland, Ore.: Trilogy Productions, 1988)

De Rosa, Peter. *Vicars of Christ the Dark Side*(New York: Crown Publishers, 1988)

Deere, Jack. *Surprised by the Voice of God: How God Speaks Today Through Prophecies, Dreams, & Visions*(Grand Rapids, Mich.: Zondervan, 1996)

Grubb, Norman. *Rees Howells: Intercessor*(Fort Washington, Pa.: Christian Literature Crusade, 1952)

Haggard, Ted. *Primary Purpose: Making It Hard for People to Go to Hell from Your City*(Lake Mary, Fla.: Creation House, 1995)

_____. *Taking It to the Streets: How Dynamic Prayerwalking Changes Lives and Transforms Cities*(Colorado Springs, Colo.: Wagner Publications, 2002)

Hawthorne, Steve and Kendrick, Graham. *Prayerwalking: Praying On-Site With Insight*(Lake Mary, Fla.: Creation House, 1993)

Hinn, Benny. *Good Morning, Holy Spirit*(Nashville: Thomas Nelson, 1990)

Jacobs, Cindy. *Possessing the Gates of the Enemy: A Training Manual for Militant Intercession*(Grand Rapids, Mich.: Chosen Books, 1991)

_____. *The Voice of God*(Ventura: Regal Books, 2001)

_____. *Deliver Us from Evil*(Ventura: Regal Books, 1995)

Kinnaman, Gary. *Overcoming the Dominion of Darkness*(Grand Rapids, Mich.: Chosen Books, 1990)

Michaelsen, Joanna. *The Beautiful Side of Evil*(Eugene, Ore.: Harvest House, 1982)

_____. *Like Lambs to the Slaugther*(Eugene, Ore.: Harvest House, 1989)

Milligan, Ira L. *Every dreamer's handbook: The dreamer's solution to prickly problems, or, Don't sit on the cactus*(Shippenburg, Pa.: Treasure House, 1982)

_____. *Understanding the Dreams You Dream*(Shippenburg, Pa.: Treasure House, 1997)

Murphy, Ed. *The Handbook for Spiritual Warfare*(Nashville: Thomas Nelson, 1992)

Nee, Watchman. *Spiritual Authority Changed Into His Likeness*(Richmond, Va: Christian Fellowship Publisher, 1972)

_____. *The Twilight Labyrinth: Why Does Spiritual Darkness Linger Where It Does?*(Wheaton, Ill.: Tyndale House, 1978)

Otis, George. *The Last of the Giants*(Tarrytown, N.Y.: Chosen Books, 1991)

_____. *Informed Intercession*(Ventura: Regal Books, 1999)

Peretti, Frank E. *This Present Darkness and Piercing the Darkness*(Westchester, Ill.:

Crossway, 1986)

Petrie, Alistair P. *Releasing Heaven on Earth: Gods Principles for Restoring the Land*(Grand Rapids, Mich.: Chosen Books, 2000)

Piece, Chuck and Rebecca Sytsema. *Ridding Your Home of Spiritual Darkness* (Colorado Springs, Colo.: Wagner Publications, 1999)

_____. *When God Speaks*(Colorado Springs, Colo.: Wagner Publications, 2003)

_____. *The Future War of the Church*(Ventura: Regal Books, 2001)

Pierce, Chuck and John Dickson. *Worship Warrior*(Ventura, Calif.: Regal Books, 2002)

Pike, Albert. *Morals and Dogma of The Ancient And Accepted Scottish Rite of Freemasonry*(New York: H. Macoy, 1878)

Prince, Derek. *They Shall Expel Demons: What You Need to Know about Demons Your Invisible Enemies*(Grand Rapids, Mich.: Chosen Books, 1998)

Redding, Moses W. *The Illustrated History of Freemasonry*(New York: Redding & Co, 1901)

Sheets, Dutch, Intercessory Prayer: *How God Can Use Your Prayers to Move Heaven and Earth*(Ventura, Calif.: Regal Books, 1996)

Sherrer, Quin and Ruthanne Garlock. *A Woman's Guide to Breaking Bondages* (Ann Arbor, Mich.: Servant Publications, 1994)

_____. *A Woman's Guide to Spiritual Warfare & The Spiritual Warrior's Prayer Guide*(Ann Arbor, Mich.: Servant Publications, 1992)

Silvoso, Ed. *That None Should Perish: How to Reach Entire Cities for Christ Through Prayer Evangelism*(Ventura, Calif.: Regal Books, 1994)

Sjoberg, Kjell. *Winning the Prayer War*(Chichester, England: New Wine Press, 1991)

Smith, Alice. *Beyond the Veil*(Ventura, Calif.: Regal Books, 1996)

Smith, Eddie and Smith Alice. *Spiritual Housecleaning: Protect your house and family from spiritual contamination*(Ventura, Calif.: Regal Books, 2004)

Sorge, Bob. *Envy: The Enemy Within*(Ventura, Calif.: Regal Books, 2003)

Wagner, Doris. *How to Cast Out Demons: A Guide to the Basics*(Ventura, Calif.: Regal Books, 2000)

Wagner, C. *Praying With Power: How to Pray Effectively and Hear Clearly from God*(Ventura, Calif.: Regal Books, 1997)

_____. *What the Bible Says About Spiritual Warfare*(Ventura, Calif.: Regal Books, 2001)

_____. *Warfare Prayer: How to Seek God's Power and Protection in the Battle to Build His Kingdom*(Ventura, Calif.: Regal Books, 1992)

_____. *Your Spiritual Gifts Can Help Your Church Grow: Small Group Study Guide*(Ventura, Calif.: Regal Books, 2002)

_____. *Confronting the Queen of Heaven*(Colorado Springs, Colo.: Wagner Publications, 1998)

_____. *Prayer shield: How to intercede for pastors, Christian leaders, and others on the spiritual frontlines*(Ventura, Calif.: Regal Books, 1992)

_____. *Confronting the Powers: How the New Testament Church Experienced the Power of Strategic-Level Spiritual Warfare*(Ventura, Calif.: Regal Books, 1996)

_____. *Engaging the Enemy How to Fight and Defeat Territorial Spirits* (Ventura, Calif.: Regal Books, 1991)

_____. *Humility*(Ventura, Calif.: Regal Books, 2002)

_____. *Churches That Pray: How Prayer Can Help Revitalize Your Church and Break Down the Walls between You and Your Community*(Ventura, Calif.: Regal Books, 1993)

_____. *Hard-Core Idolatry: Facing the Facts*(Colorado Springs, Colo.: Wagner Publications, 1999)

_____. *Prayer Shield How to Intercede for Pastors, Christian Leaders, and Others on the Spiritual Frontlines*(Ventura, Calif.: Regal Books, 1992)

_____. *Breaking Strongholds in Your City: How to Use Spiritual Mapping To make Your Prayers More Strategic, Effective and Targeted*(Ventura, Calif.: Regal

Books, 1993)

Wentroble, Barbara. *Praying With Authority*(Ventura, Calif.: Regal Books, 2003)

_____. *Prophetic Intercession*(Ventura, Calif.: Regal Books, 1999)

_____. *God's Purpose for Your Life*(Ventura, Calif.: Regal Books, 2002)

Yoder, Barbara J. *The Breaker Anointing*(Colorado Springs, Colo.: Wagner Publications, 2003)

_____. *Mantled with Authority: God's Apostolic Mandate to Women* (Colorado Springs, Colo.: Wagner Publications, 2001)

전투기도
(AUTHORITY TO TREAD)

인쇄일	2008년 6월 25일
발행일	2008년 7월 5일
지은이	레베카 그린우드
엮은이	홍성철
펴낸이	장사경
편집장	강연순
해외마케팅 팀장	장미야
마케팅	한영휴, 김진헌, 이현빈
편집디자인	이유화, 김은혜
경영총무	조자숙
펴낸곳	Grace Publisher(은혜출판사)

주소 서울 종로구 숭인 2동 178-94
전화 (02) 744-4029 팩스 (02) 744-6578
출판등록 제 1-618호(1988. 1. 7)

ⓒ 2008 Grace Publisher, Printed in Korea
ISBN 978-89-7917-833-3   03230

이 출판물은 저작권법에 의해 보호를 받는 저작물이므로 무단 전재와 무단 복제를 할 수 없습니다.

AUTHORITY
TO
TREAD

AUTHORITY TO TREAD

전투기도

하나님 나라를 위해 하나님 권위로 생명까지 담보로 한 전투기도

레베카 그린우드 지음 | 홍성철 옮김

AUTHORITY TO TREAD

REBECCA GREENWOOD

Authority to Tread
Copyright © 2005 by Rebecca Greenwood
Originally published in English under the title
Authority to Tread by Chosen Books,
A division of Baker Publishing Group
Grand Rapids, Michigan, 49516, U.S.A. All Rights reserved.
Korean Translation Copyright ©2006 by Grace Publishing Company,Seoul, Korea.

이 책의 한국어판 저작권은 Baker Publishing Group과의 독점관권 계약에 의해
은혜출판사에 있습니다. 신 저작권법에 의하여 한국 내에서 보호를 받는 저작물이므로
무단 전재와 무단 복제를 금합니다.

서문

피터 와그너(C. Peter Wagner)

세례 요한이 요단강에서 예수님에게 세례를 주었을 때, 나는 예수님이 사탄의 땅을 침략했다고 생각한다. 이것은 세계 제2차 대전의 D-Day와 같은 날이었다고 생각한다. 바로 그날부터 예수님과 그의 제자들은 하나님 나라의 복음을 선포하기 시작했다. 왕국을 정의하자면, 하나의 왕이 가지고 있는 정부 형태의 제도이다. 예수님은 사탄의 왕국을 침략하고 하나님 나라의 왕이 되셨다. 예수께서 침략하시던 왕국의 주인은 사탄이었다. 아담과 하와의 타락 이래로 땅 위에 있던 인간들은 공중의 권세 잡은 자인 사탄의 통제 가운데 있었다. 사탄은 그가 원하던 것들을 땅 위에서 무엇이든 할 수 있었다.

그러나 하나님의 아들 예수께서 이 땅에 오셨을 때, 상황은 완전히 변했다. 예수님의 시대부터 지금까지 이 영적 전쟁은 더욱더 치열해지고 있다. 하나님의 나라는 이전보다 더욱더 확장되어 왔고, 확장되고 있다(마 11:12). 그런데 사탄은 그의 때가 얼마 남아 있지 않았다는 것을 알기 때문에 하나님의 백성을 향한 그의 분노는 더욱 격렬해지고 있다. 예수님께서 이 전쟁을 시작하셨고, 그의 재림 때에는 이 영적 전투는 끝이 난다. 그러나 그는 우리와 아직 함께 계시지 않고 계시지만, 하나님의 우편 보좌에서 그의 교회를 위해 간구하고 계신다. 예수님은 하나님 나라의 복음이 이 땅 위에 있는 모든 민족들에게 전파되기를 바라며 이 사명을 그의 교회에게 위임하셨다. 교회는 스스로 사탄을 대적하기 위한 능력을 가지고 있지 못한다. 그래서 그는 하나님께로 가셨고, 그는 그를 믿는 모든 자에게 주시는 하나님의 능력을 주시기 위해 성령님을 교회에 보내셨다. 예수께서는 우리를 그냥 홀로 있게 하지 않으시고 제 3위이신 성령님을 통해 너희와 항상 함께 있겠노라고 약속하셨다.

예수께서는 그를 따르는 무리들에게 사탄과 싸워 승리할 수 있도록 그의 영적 권위를 부여하시고 이 땅을 떠나셨다. 예수께서는 제3위이신 성령님이 그들 가운데 오실 때, 영적 능력을 받을 것이라고 약속하셨다. 그리고 그는 이 땅 위에 있는 모든 족속을 그의 제자로 삼으라는 지상 명령을 주셨다. 그는 그의 권세의 이름을 사용하도록 제자들에게 가르쳤고, 그들이 왕의 권위로 대적들을 대항하도록 하늘과 땅에 속한 모든 영적 권위를 이미 부여하셨다.

그러면 예수께서 하늘과 땅에 속한 모든 권세를 그리스도인들에게 주었다는 의미는 무엇인가? 그것은 하나님의 복음으로 사탄과 그의 군대를 물리치고 하나님 나라를 확장하는 영적 전쟁을 이기는 권세를 교회에 주었다는 뜻이다. 다시 말하자면 현재 교회는 사탄의 군대와 전투 중에 있다. 그러면 교회는 어떻게 이 영적 전투를 수행해야 하는가? 이 영적 전투를 수행하기 위해 어떻게 준비하고 나아가야 하는가? 무엇이 효과적인 영적 전투를 위한 진군수단인가? 만약에 우리가 사탄을 제압할 수 있는 예수께서 부여하신 영적 권세가 있다면 어떻게 이 영적 권세를 더 받을 수 있는가? 어떻게 우리는 대적들의 전투 계획을 분별할 수 있는가? 사탄과의 영적 전쟁에서 신자가 당할 수 있는 예측할 수 있는 위험은 무엇인가? 그러면 우리 모두가 영적 전쟁을 수행하기 위해 나가야 하는가? 아니면 어떤 사람들은 남아서 무엇을 해야 하는가? 누가 이 영적 전쟁을 수행하기 위한 전사가 될 수 있는가? 어떻게 우리는 전쟁에서 이겼는지, 아니면 패배했는지를 알 수 있는가? 하나님은 이 영적 전쟁을 위해 제공한 새로운 무기들은 무엇인가? 어떻게 하나님의 교회는 이 영적 전쟁을 위한 전서를 훈련할 수 있는가?

이 책에서 레베카 그린우드(Rebecca Greenwood)는 이 여러 가지 질문에 대한 답변을 줄 것이다. 레베카는 영적 전쟁을 위해 중보기도자가 갖추어야 할 특별한 지침을 제시한다. 그녀는 성령님으로 충만하며, 하나님의 음성을 들을 수 있으며, 대적들을 향해 거룩한 분노를 터뜨릴 줄 아는 기도의 용사이다. 그리고 그녀는 이 영적 전쟁에서 무엇이 일어나고 있는지 분석하는 능력을 가지고 있으며, 다음 전략을 세우기 위해 어떻게 신속하게 움직여야 하는지를 잘 아는 기도의 사람이다. 많은 중보기도자들은 조용한 골방에서 그들의 사역을 하는 자여야 한다. 그녀 역시 조용히 골방에서 중보기도 하는 사역을 운영하고 있다. 또한, 전방 사역(Front lines)을 통해 최전선에서 대적들과 싸워 본 경험을 가지고 있다. 그녀는 에베레스트 산, 러시아, 스페인, 네팔과 같은 많은 영적 전쟁터에서 영적 전쟁을 수행해 본 경험을 가지고 있다.

나는 그녀가 이 책에서 경험한 내용을 통해 그녀는 영적 전쟁의 용사임을 자부한다. 그녀는 전략적 수준의 영적 전쟁의 풍부한 경험을 가지고 있다. 그녀는 그의 경험을 통해 우리의 영적 싸움은 아직 끝나지 않았다는 것을 확인해 줄 것이다. 우리는 1990년대에 교회가 영적 전쟁을 수행해야 한다는 사명을 갖고 많은 서적이 홍수처럼 출간되었다는 것을 잘 알고 있을 것이다. 2000년대에는 교회가 영적 전쟁을 수행하도록 햇불을 들게 될 것이다. 이 책은 교회가 햇불을 들게 하는 역할을 감당하게 할 것이다. 우리는 이 영적 전쟁에 대해 새롭게 알고 있다. 이 책은 영적 전쟁에 관한 새로운 안목을 제공해 줄 것이다. 왜냐하면 하나님은 교회에 이 영적 전쟁을 수행하도록 새로운 계시를 주는 것을 계속하실 것을 믿기 때문이다.

이제 우리의 대적은 벽의 코너에 몰려 이제는 도망칠 곳이 없다. 우리는 이 전쟁에서 계속 밀어붙여야 한다. 우리는 10~15년 동안 전략적 수준의 영적 전쟁을 수행하여 왔는데, 레베카는 이 전쟁에서 우리가 더욱 힘을 내도록 우리에게 도전한다.

이 책 『전투기도(Authority to Tread)』는 전략적 영적 전쟁을 위한 새로운 분석, 통찰력, 그리고 많은 정보를 제공해 주는 책이다. 이 책은 또한 레베카가 정사와 권세, 하늘에 속한 악한 영들과 싸워 경험한 개인적인 경험들로 우리를 흥미진진하게 만들 것이다.

여러분은 이전에 발간된 전략적 수준의 영적 전쟁에 관한 책을 읽으면 이 영적 전쟁에 관해 더 도움을 얻을 것이다. 만약 그렇게 한다면 여러분은 여러분의 삶을 향한 하나님의 새로운 도전을 경험하게 될 것이다.

콜로라도 스프링스에서

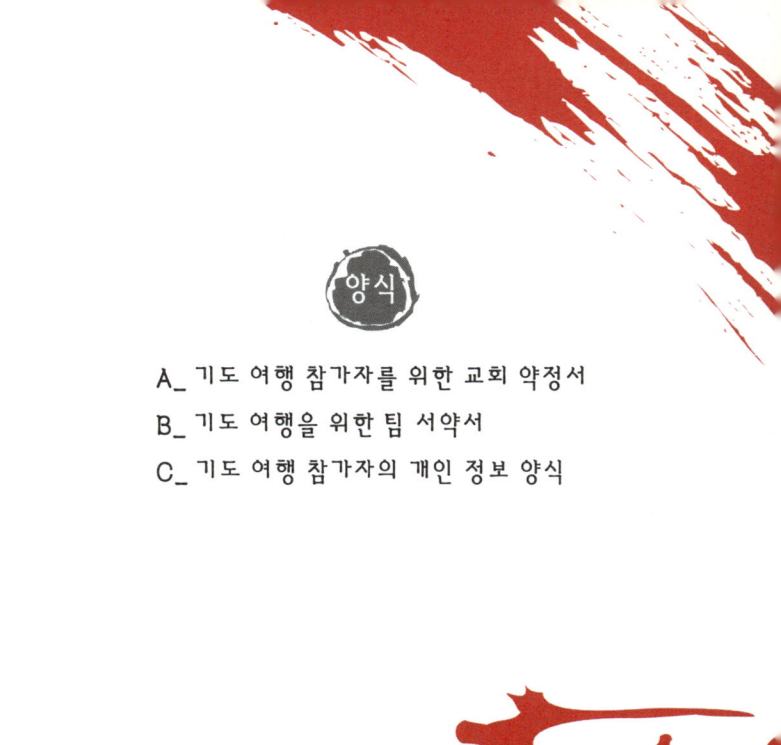

양식

A_ 기도 여행 참가자를 위한 교회 약정서

B_ 기도 여행을 위한 팀 서약서

C_ 기도 여행 참가자의 개인 정보 양식

〈 양식A 〉

기도 여행 참가자를 위한 교회 약정서

참가자 이름:
교회(기관):
연락처:

    교회들과 선교 단체들은 이 참석자들을 기도로 재정적으로 지원한다. 기도 여행에 참가하는 데 필요한 훈련을 하는 참가자들은 지역 교회 담임 목사 혹은 영적 지도자의 추천서가 필요하다. 기도 여행은 전략적 수준의 영적 전쟁을 위해 훈련하고 여행하는 사명이기 때문에 지역 교회의 개인 기도 후원이 절실히 요청된다. 이 추천서는 참가자가 목회자의 영적 권위 아래임을 확인한다. 각 참가자는 기도 후원자를 모집해야 하며, 지역 교회는 이 참가자를 위해 기도로 후원해야 한다. 이런 중보 후원자와 지역 교회의 기도는 참가자가 여행 기간에 대적들의 공격으로 생길 수 있는 사고, 질병, 사망으로부터 보호받을 수 있다고 믿는다.

목회자 추천서

나는 _____ 가 이 기도 여행에 참가 하기를 희망하고 있음을 잘 알고 있습니다. 나는 이 참가자를 (년)동안 보아왔으며, 신앙적으로 성숙하고 어떤 상황에도 인내할 수 있음을 알기에 이 사람을 기도 여행에 추천합니다.

목회자 이름:
교회(기관):
주 소:
메 일:
전화번호:
일 시:

일자:
목회자 서명:　　　　　　　　(인)

⟨ 양식B ⟩

기도 여행을 위한 팀 서약서

우리는 이 중보기도 사역 기간에 헌신할 것임을 서약한다. 이 사역 기간에 인내를 통하여 뒤에 이어지는 내용의 참 뜻을 알고 각 개인은 다르지만 합력하여 선을 이루시는 하나님께 쓰여지기를 바란다.

- 하나님께서 우리를 각기 다르게 창조하셨고, 그분의 목적을 위하여 제마다 다른 은사를 주셨다는 것을 기억하며 서로 존중하라.

- 하나님 안에서 함께 사역하는 팀원들의 단결을 위해 서로 기도하고 협력하기를 힘쓰라. 서로 받들고, 섬기고, 하나님께서 우리를 용서한 것 같이 서로 용서하라. 서로 다름을 인정하고 사탄이나 그 틈새를 노릴지라도 가르지 못하게 항상 기도하고 힘쓰라.

- 하나님이 우리를 위해 세우신 지도자의 영적 권위에 순종하도록 하라.

_____

_____

• 당신은 알레르기를 가지고 있는가? 그렇다면 자세히 기록하시오.

☐ 예   ☐ 아니요

'예' 인 경우, 어떠한 증상인지 구체적으로 기록 하시오.

_____

• 당신은 건강 보험을 가지고 있습니까? ☐ 예   ☐ 아니요

'예' 인 경우, 구체적으로 기록하시오.

보험회사: _____ 전화번호: _____

• 당신은 해외 보험을 가지고 있습니까? ☐ 예   ☐ 아니요

'예' 인 경우, 구체적으로 기록하시오.

보험회사: _____ 전화번호: _____

비상 사태에 긴급 연락처

이름: _____ 관계: _____

주소: _____

전화: _____ 이 메일: _____

영적 배경

당신은 언제 예수님을 영접하였는가?
_____
_____

과거에 주님과의 관계를 생각하면 떠오르는 단어에 ∨표 하시오.

- ☐ 영적침체 ☐ 메마름 ☐ 훈련의 시간
- ☐ 성장 ☐ 탁월한 영성 ☐ 친밀한 관계

당신은 과거에 교회에서 어떤 활동을 하였는가?
_____
_____

당신의 삶에서 하나님과 가까이 함에 갈등이 되는 요소들이 무엇인지 ∨표 하시오.

- ☐ 미루는 버릇 ☐ 게으름 ☐ 두려움 ☐ 불신감
- ☐ 거짓말 ☐ 편견 ☐ 더러움 ☐ 공포
- ☐ 분노 ☐ 통제력 ☐ 간통 ☐ 반항심
- ☐ 음란물 ☐ 감정변화 ☐ 초조함 ☐ 만성피로

☐ 자부심　　☐ 만성적 질병　　☐ 비평적 태도　　☐ 자기 연민
☐ 거절　　　☐ 화　　　　　　☐ 무가치성　　　☐ 중독
☐ 질투　　　☐ 악몽

사역 연관 관계 (관련사항에 모두 V 표시 하세요)

___ 나는 그리스도께 사람들을 인도하는 방법을 안다.
___ 나는 축사 사역 팀을 하고 싶다.
___ 나는 영적 전쟁 팀에 관련된 기도 여행을 가고 싶다.
만약 가고 싶다면 언제, 어디로 가고 싶은 지 기록하라.

_____
_____

___ 나는 선교 여행을 다녀온 적이 있다.
다녀온 적이 있다면 언제, 어디로 다녀왔는지 기록하라

_____
_____

☐ 나는 중보기도자로서 훈련 받은 적이 있다.
☐ 나는 성경 공부 팀이나 그룹 기도 팀에 관련하여 사역한 적이 있다.
기도 여행 중 당신이 팀사역에 도움이 될만한 사역자로서의 능력이나 영

적 은사 등을 기록 하시오(예를 들어, 치유사역, 찬양사역, 연주사역, 분별력, 전도력, 봉사심 등).

_____
_____

왜 당신은 기도 여행의 팀이 되기를 원하는가?

_____
_____
_____

당신은 전투기도와 중보 기도에 대한 당신의 경험을 기록하고, 그 외 훈련을 받은 적이 있는 모든 것을 기록 하시오.

_____
_____

당신은 다른 나라의 여행을 경험한 적이 있는가?

_____
_____

당신은 과거 5년 동안 기도에 관해 어떤 책을 읽어보았는가?

_____
_____

당신은 과거 5년 동안 영적 도해와 영적 전쟁에 관해 책을 읽어본 적이 있는가?

_____
_____

당신이 생각하는 영적 전쟁에 대한 생각을 쓰시오. 또한, 마귀의 지점이 되는 것은 무엇이며, 당신은 하나님께서 믿는 자들에게 권세를 주었다고 생각하는가?

_____
_____
_____
_____
_____

영적 전쟁에서 승리한 당신의 체험이 있다면 기록하시오.

_____
_____
_____
_____
_____
_____

관계

당신은 스스로가 좋은 팀원이라고 생각하는가? 아니라면 왜 그렇게 생각하는지 이유를 쓰시오.

_____
_____
_____

당신이 지금까지 자신과 교리가 다른 크리스천과 직면하여 어려움을 겪은 적이 있는가?

_____
_____
_____

당신은 리더의 지시를 따르는데 어려움이 있는가?
있다면 왜 그렇게 생각하는지 설명해보라.

_____
_____
_____

당신은 여자가 리더일 때 그 지시를 따를 수 있는가? ☐ 예 ☐ 아니요.

만약 당신의 기도팀이 여행할 때, 당신은 팀과 함께 생활하면서 서로에게 불편함을 주지 않도록 기도 여행 중 친구들이 방문하든가, 다른 사역과 여행하는 것을 허용하지 않는다는 이 규칙을 지킬 수 있겠는가?

☐ 예   ☐ 아니요

날짜 _____ 이름 _____ 서명(인)

※ 이 서약서는 오직 기도 여행의 서약서의 사용을 위해 쓰일뿐 그 이외 다른 법적 의도를 위해 사용될 수 없습니다.

부록

전투기도노트

기도 | Date. . . .

전 투 기 도

대 상	
장 소	
구 분	☐ 개인 ☐ 중보 ☐ 긴급 ☐ 일반 ☐ 기타( )
기도 제목	

기도 중 상황 변화와 응답

감사와 찬양

....

....

....

....

....

기도   Date.   .   .   .

전 투 기 도

대 상	
장 소	
구 분	☐ 개인 ☐ 중보 ☐ 긴급 ☐ 일반 ☐ 기타( )
기도 제목	

기도 중 상황 변화와 응답

감사와 찬양

....

....

....

....

....

기도 | Date. . . .

전 투 기 도

대 상	
장 소	
구 분	☐ 개인 ☐ 중보 ☐ 긴급 ☐ 일반 ☐ 기타( )
기도 제목	

기도 중 상황 변화와 응답

감사와 찬양

....

....

....

....

....

기도 | Date. . . .

전 투 기 도

대 상	
장 소	
구 분	☐ 개인 ☐ 중보 ☐ 긴급 ☐ 일반 ☐ 기타( )
기도 제목	

기도 중 상황 변화와 응답

감사와 찬양

기도 | Date. . . .

전 투 기 도

대 상	
장 소	
구 분	☐ 개인 ☐ 중보 ☐ 긴급 ☐ 일반 ☐ 기타( )
기도 제목	

기도 중 상황 변화와 응답

감사와 찬양

....

....

....

....

....

기도 | Date. . . .

전투기도

대 상	
장 소	
구 분	☐ 개인 ☐ 중보 ☐ 긴급 ☐ 일반 ☐ 기타( )
기도 제목	

기도 중 상황 변화와 응답

감사와 찬양

기도 | Date. . . .

전투기도

대상	
장소	
구분	☐ 개인 ☐ 중보 ☐ 긴급 ☐ 일반 ☐ 기타( )
기도 제목	

기도 중 상황 변화와 응답

감사와 찬양

기도 | Date. . . .

전투기도

대 상	
장 소	
구 분	☐ 개인 ☐ 중보 ☐ 긴급 ☐ 일반 ☐ 기타( )
기도 제목	

기도 중 상황 변화와 응답

감사와 찬양

....

....

....

....

....

기도 | Date. . . .

전투기도

대상	
장소	
구분	☐ 개인 ☐ 중보 ☐ 긴급 ☐ 일반 ☐ 기타( )
기도 제목	

기도 중 상황 변화와 응답

감사와 찬양

....

....

....

....

....

기 도 | Date. . . .

전 투 기 도

대 상	
장 소	
구 분	☐ 개인 ☐ 중보 ☐ 긴급 ☐ 일반 ☐ 기타( )
기도 제목	

기도 중 상황 변화와 응답

감사와 찬양

....
....
....
....
....
....

기도 | Date. . . .

전투기도

대상	
장소	
구분	☐ 개인 ☐ 중보 ☐ 긴급 ☐ 일반 ☐ 기타( )
기도 제목	

기도 중 상황 변화와 응답

감사와 찬양

....
....
....
....
....

기도 | Date. . . .

전투기도

대 상	
장 소	
구 분	☐ 개인 ☐ 중보 ☐ 긴급 ☐ 일반 ☐ 기타( )
기도 제목	

기도 중 상황 변화와 응답

감사와 찬양

기도 | Date. . . .

전 투 기 도

대 상	
장 소	
구 분	☐ 개인 ☐ 중보 ☐ 긴급 ☐ 일반 ☐ 기타( )
기도 제목	

기도 중 상황 변화와 응답

감사와 찬양

기도 | Date. . . .

전투기도

대 상	
장 소	
구 분	☐ 개인 ☐ 중보 ☐ 긴급 ☐ 일반 ☐ 기타( )
기도 제목	

기도 중 상황 변화와 응답

감사와 찬양

....

....

....

....

....

MEMO